진실이 밝혀지다

소련역사에 대한 거짓말

노동자교양문고 3

진실이 밝혀지다
 — 쏘련 역사에 대한 거짓말 (제3판)

지은이: 마리오 소사(Mário Sousa)
옮긴이: 채만수
펴낸이: 채만수
펴낸곳: 노사과연

편집: 김해인
교정·교열: 김해인, 최상철
표지디자인: 이규환

등록: 302-2005-00029 (2005.04.20.)
주소: 서울시 동작구 본동 435번지 진안상가 나동 2층 (우156-060)
전화: (02) 790-1917 | 팩스: (02) 790-1918
이메일: wissk@lodong.org
홈페이지: http://www.lodong.org

초판 발행: 2010년 11월 6일
개역판 발행: 2011년 11월 6일
제3판 1쇄 발행: 2013년 6월 1일
제3판 2쇄 발행: 2018년 6월 1일

ISBN 978-89-93852-13-4

* 책값은 뒤표지에 있습니다.
* 잘못된 책은 바꿔드립니다.

진실이 밝혀지다
소련역사에 대한 거짓말

마리오 소사(Mário Sousa) 지음

채만수 옮김

노사과연
노동사회과학연구소

일러두기

1. 대본
   (1) 제1편 "쏘련 역사에 대한 거짓말"은 1998년 4월, 맑스-레닌주의 공산당 (KPML(r))의 기관지 ≪*Proletären*≫에 실린 글이다. 영역본 "Lies concerning the history of the Soviet Union"을 대본으로 번역하였고, 스웨덴어본 "Sanningen som kom bort"를 참조하였다.
   (2) 제2편 "1930년대 쏘련에서의 계급투쟁-쏘련공산당(CPSU) 내의 숙청과 정치재판"은 저자가 2001년에 쓴 글이다. 영역본 "The class struggle during the thirties in the Soviet Union. The purges of the CPSU and the political trials"를 대본으로 번역하였고, 스웨덴어본 "Klasskampen under 1930 talet i Sovjetunionen-Utrensningarna i kommunistpartiet och de politiska rättegångarna"와 불역본 "LUTTE DE CLASSES EN UNION SOVIÉTIQUE PENDANT LES ANNÉES 30. Les purges au sein du Parti Communiste et les procés politiques"를 참조하였다.
   (3) 제3편 "안토니 비버의 ≪스딸린그라드≫ 비평-나찌의 전쟁 흑색선전"은 저자가 2004년 9월에 쓴 글이다. 영역본 "'Stalingrad' by Antony Beevor-a piece of Nazi war propaganda"을 대본으로 번역하였고, 스웨덴어본 "Antony Beevors bok 'Stalingrad'-En nazistisk krigshistoria"를 참조하였다.

2. 주
   (1) 모든 주는 각주로 처리하였다.
   (2) 제1편의 모든 주는 '역주'이다.
   (3) 제2편과 제3편에서 별도의 표시가 없는 주는 모두 저자의 주이다. 역주의 경우, 별도로 '역주'로 표시하였다.

3. 부호 사용
   저작과 신문, 잡지는 ≪ ≫로, 논문과 기사는 " "로 표시하였다.

4. 외국어 표기 및 병기
   (1) 외국 인명 및 지명 등의 경우, 되도록 원어에 가깝게 표기하는 것을 원칙으로 하였다.
   (2) 독자의 이해를 돕기 위해 필요한 경우 ( ) 속에 원어를 병기하였다.

한국어판 저자 서문

여기 소개되고 있는 나의 글들은 우리가 살고 있는 세계의 역사적 발전에 관한 진실을 탐구한 결과물이다. 나는 역사적 발전을 인식한다는 것이 계급투쟁과 인류의 미래를 이해하는 데에 매우 중요하다고 생각한다.

우리 공산주의자들은 인민의 마음을 얻어, 그들이 새로운 사상, 즉 연대와 사회주의의 사상, 전 인류를 위한 새로운 미래의 사상의 편에 서게끔 하려고 노력하고 있다. 역사를 안다는 것은 이러한 작업에서 하나의 기초이다.

공산주의 운동의 역사, 그리고 사회주의를 위해 투쟁하는 나라들의 역사를 알고 이해하는 것, 이것이 우리에게 특히 중요하다. 쏘련의 역사와 거기에서 스딸린 동지가 수행한 역할을 이해하는 것이 그 커다란 부분을 차지하고 있다. 동시에 이는 제국주의 프로파간다에 맞서 싸우는 무기이며, 또한 자본주의에 맞선 일상의 투쟁에서 영감의 원천이다.

2009년 4월
마리오 소사(Mário Sousa)

제3판 서문

개역판(재판)을 발행한 지 1년 반이 조금 지나 제3판을 인쇄하게 되었다.

제3판에는, 쏘련과 스딸린에 대하여 체계적이고 조직적으로 벌어져 온 수많은 거짓과 모략들 가운데 또 다른 한 예로서, 스딸린의 지시에 의해 쏘련이 저질렀다고 선전되어 온 '까띤 숲 학살'의 진상을 부록으로 싣는다. 필자는 맑스-레닌주의 영국 공산당(CPGB-ML)의 부의장 겸 국제비서 엘라 룰(Ella Rule)이고, 번역의 수고는 연구소의 장진엽 회원이 맡아 주었다. 원문은 'http://www.stalinsociety.org.uk/katyn.html'에서 볼 수 있다.

독자들이 지적해 준 몇 개의 오·탈자를 수정한 것을 제외하면, 그 외에는 재판과 동일하다.

마지막으로, 사족(蛇足)인 줄 번히 알면서도 독자들에게 '개역판 서문'을 환기시키고 싶다. 이 책에서 제시하는 사실들에 대해서 전혀 반증하지 못하면서도 —혹시 '대꾸할 가치도 없다'며 스스로를 기만·위로하고들 계실지 모르겠지만— "진실이 두려운 반쏘·반공의 '사회주의 혁명 투사들'"께서는, 부끄러워하며 입을 다물긴커녕, 때론 수군대고 때론 외마디 소리를 질러대면서 여전히 뒷구멍에서 적의와 비난을 쏟아 내고 있기 때문이다. 하기야 긴 세월 동안 길들여지고 굳어 버린 그 반공 노예근성·속물근성이 하루아침에 어디 가랴! 하물며 애써 보려 하지 않고, 애써 들으려 하지 않음에야!

2013년 5월 5일
채만수

개역판 서문

초판에 존재하던 여러 오역을 최대한 바로잡고, 독자의 이해를 돕기 위해 역주를 보완했다.

* * *

당연히 예상했던 것이지만, 만연한 '청산주의', '기회주의'에 맞서, 아니, 보다 정확히 말하자면, 자신들의 주관적 의도야 어떻든 실제로는 제국주의의 악의적 선전, 악의적 중상을 좌익적 언사로 확대재생산하고 있는 '혁명 투사들'의 반쏘·반공 성전(聖戰)에 맞서 싸우고 있는 우리 연구소의 일련의 작업에 대해서 극단적으로 상반된 반응들이 잇따르고 있다. 한편에선, 저들의 반쏘 선전이 분명 제국주의자들이 날조한 악의적 중상인 줄 알면서도 저들의 악선전을 반증할 구체적인 증거와 자료들을 좀처럼 찾지 못하던 노동자와 청년·학생들로부터 매우 반가운 작업이라는 평가와 격려가, 그리고 다른 한편에선, 진실이 두려운 반쏘·반공 '사회주의 혁명 투사들'이 쏟아 내는 적의와 비난이.

다만 이 적의와 비난은, 정면에서 구체적으로·논쟁적으로가 아니라, 뒷구멍에서! "스딸린주의가 어떻구 …" 따위의, 제국주의자들과 그 앞잡이들로부터 배운 예(例)의 비열하고 내용 없는 상투어들로! 수군대거나, 욕설을 퍼붓고, 외마디 소리를 질러대면서!

나는 감히 요구한다.

"스딸린주의가 어떻구 …" 운운하는 반쏘·반공 '사회주의

혁명 투사들'이여! 당신들이 자신의 반쏘 주장의 정당성을 입증할 자신이 있다면, 그렇게 내용 없는 상투적 언어로 뒷구멍에서 수군덕거리거나 외마디 소리만 질러대지 말고, 공개적으로 나서라! 적어도 이 작은 책에서 제시하는 사실증거들과 논거들을 반증하는 사실적·이론적 증거들을 구체적으로 제시하며 나서 보라! 아니, 하다못해, 이 책에 인용되고 있는, 이른바 '모스끄바 재판' 당시 모스끄바 주재 미국 대사나 스웨덴 대사, 당시 모스끄바를 방문했던 영국의 판사·의원 등등, 누가 보더라도 그리고 어떤 면에서도 명백히 스딸린이나 쏘련공산당, 쏘련정부 당국의 처사들을 옹호할 계급적 이해와 동기를 가질 수 없었던 서방측 인사들이 제공하고 있는 증언들이라도 반증할 —즉, 그들의 판단이 틀렸다거나, 저자 마리오 소사나 역자가 그들의 증언들을 왜곡·변조하고 있다거나, 혹은 있지도 않은 증언들을 날조하고 있다고 입증할— 증거나 논거들을 구체적으로 제시하며 나서 보라!

아니면, 구구히 떠들지 말고 입을 다물라!

그리고 부끄러운 줄 알라!

2011년 10월 26일
노사과연 소장 채만수

역자 서문

쏘련과 현실사회주의의 붕괴 이후, 한국에 다양한 '청산주의', '기회주의' 서적들이 번역·소개 되었다. 그리고 지금 우리 운동에는 그러한 '청산주의', '기회주의'의 흐름이 만연하게 되었다.

우리는 이러한 현실에 맞서 싸우기 위해 다양한 노력을 경주하고 있다. 여기 소개되는 마리오 소사의 글들 역시 이러한 노력의 하나이다.

이 책의 일부는 이미 연구소 월간 기관지 ≪정세와 노동≫을 통해 소개된 바 있다. 기관지에 이 글의 연재를 진행하며, 단행본 출판을 약속했었는데, 너무 늦어져 버렸다. 기다려 주신 독자들에게 송구할 따름이다. 독자들에게는, 최대한 정확한 번역을 하기 위한 시간이 필요했다는 말로 양해를 구하고자 한다.

또한 책의 출판을 오랫동안 기다려 주신 마리오 소사 선생에게도 이 자리를 빌려 감사와 미안한 마음을 전한다.

출판이 늦어져 죄송하다는 말에 마리오 소사 선생은 이렇게 말을 전해 왔다: "아무런 문제가 없다. 동지! 그것은 중요한 것이 아니다. 중요한 것은 당신들이 사회주의를 위해 매우 훌륭한 작업을 하고 있다는 것이다!"

소사 선생의 말대로, 이 책이 한국의 사회주의 발전을 위한 한 걸음이 되기를 소망해 본다.

2010년 11월 6일
노사과연 편집부

차례

일러두기	iv
한국어판 저자 서문	v
제3판 서문	vi
개역판 서문	vii
역자 서문	ix

제1편
쏘련 역사에 대한 거짓말 … 1

제2편
1930년대 쏘련에서의 계급투쟁
— 쏘련공산당(CPSU) 내의 숙청과 정치재판 … 65

제3편
안토니 비버의 《스딸린그라드》 비평
— 나찌의 전쟁 흑색선전 … 263

【부록】 까띤 숲 학살 … 303

저자 소개 … 329

제1편
쏘련 역사에 대한 거짓말

I. 스딸린 시대에 쏘련에서 수백만 명이 감금되고 죽었다는 조작된 역사

히틀러에서 허스트, 콘퀘스트, 그리고 쏠제니찐까지

 이 세상에서 쏘련의 노동수용소(굴락, gulag)에서 벌어졌던 살인과 의문의 죽음에 관한 무시무시한 이야기를 못 들어 본 사람이 있을까? 스딸린 시대에 쏘련에서 수백만의 사람들이 굶어 죽었으며 수백만의 반대파가 사형에 처해졌다는 이야기를 모르는 사람이 있을까? 이런 이야기들은 자본주의 세계의 서적, 신문, 라디오, 텔레비전 그리고 영화에서 계속 반복되면서, 사회주의의 희생양이 된 수백만 명에 대한 신화는 지난 50년 동안 끝도 없이 자라났다.

 그렇지만 도대체 이 숫자들은 어디에서 나온 것일까? 그 숫자들의 출처는 누구일까?

 또 다른 의문. 이 이야기들의 진실은 무엇일까? 그리고 예전에는 비밀이었지만, 1989년 고르바쵸프에 의해 연구목적으로 개방된 쏘련의 국가 문서고에는 어떤 정보가 있을까?

 부르주아 신화광들은, 스딸린 시대에 쏘련에서 수백만의 사람이 죽었다는 자신들의 이야기가, 국가 문서고가 개방되는 그 날에 사실임이 증명될 것이라고 한결같이 이야기했었다. 그들의 이야기는 사실로 증명되었는가?

이 글은 스딸린의 쏘련에서 수백만의 사람들이 기아로, 그리고 노동수용소에서 죽었다는 신화의 기원이 어디이며, 그 배후에는 누가 있는지를 보여준다. 필자[1])는 쏘련의 문서 보관소에서 행해진 조사 보고서들을 연구한 후, 스딸린 시대에 쏘련에서 구금되었던 사람의 실제 숫자와 그들이 감옥에 구금되었던 기간, 사망자와 사형이 선고된 사람의 실제 숫자에 대해 구체적인 데이터로 기록된 정보들을 제공할 수 있게 되었다. 진실은 신화와는 큰 차이를 보인다.

---

1) 필자 마리오 소사(Mário Sousa)는 스웨덴의 맑스-레닌주의 공산당(KPML(r))의 당원이다. 이 글은 1998년 4월 공산당 신문 ≪프롤레타리아트(*Proletären*)≫에 게재되었다. KPML(r)은 Kommunistiska Partiet Marxist-Leninisterna(revolutionärerna)의 약어이며, 영어로는 Communist Party Marxist-Leninists(the revolutionaries)이다. 이 당은 1970년 10월에 창당되었으며, 2005년 14차 당대회에서 지금의 Kommunistiska Partiet(영어로 Communist Party)로 이름을 바꾸었다. 스웨덴 전역에 40개의 지부를 두고 있으며, 원외 정당으로는 이 나라에서 가장 큰 당으로서, 이 당은 개량주의와 사회민주주의를 단호히 배격하며, 맑스-레닌주의의 전통을 계승하고 있다. 2,600명의 사람들이 당기관지 ≪*Proletären*≫을 구독하고 있으며, 총 3,200부를 발행하고 있다. 이 글의 저자 마리오 소사는 24명으로 구성된 당 중앙위원회의 위원이며, 웁살라(Uppsala) 지역의 위원장이다.

≪프롤레타리아트(*Proletären*)≫의 정식 명칭은 ≪*Marxist-Leninist Proletären*≫으로 Kommunistiska Partiet에서 발행하는 맑스-레닌주의 주간신문이다.

참고로, 저자가 소속되어 있는 당은, 스웨덴 공산당(Sveriges Kommunistiska Parti, Communist Party of Sweden)과 다른 당이다.

히틀러에서 허스트, 콘퀘스트, 쏠제니찐을 관통하는 역사적인 연결고리가 있다. 1933년에 독일에서는 앞으로 수십 년 동안 세계사에 흔적을 남기게 되는 정치적 변화가 일어났다. 1월 30일 히틀러는 수상이 되었고, 폭력적이며 법을 무시하는 새 정부형태가 구체화되기 시작했다. 나찌는 권력을 공고히 하기 위해 3월 5일에 새로운 선거를 실시할 것을 공포했고, 이 선거에서 확실하게 승리하기 위해 그들은 장악하고 있던 모든 선전수단을 이용한다. 선거 일주일 전인 2월 27일, 나찌는 의사당에 불을 지르고 공산주의자들에게 그 죄를 뒤집어씌웠다. 그 결과 공산당과 그 당원들은 구속되었고, 국가를 감싼 분위기는 극도의 긴장상태에 돌입하게 된다. 의회 선거에서 나찌는 유권자의 약 48%인 1천7백3십만 표를 획득했고, 288개 의석을 확보했다(1932년 11월의 선거에서 나찌는 1천1백7십만 표를 획득해, 196개 의석을 확보했었다). 공산당을 금지한 후 나찌는 사회민주주의당과 노동조합 운동을 짓밟기 시작했으며, 최초의 강제수용소(concentration camps)[2]는 성별의 구분 없이 좌익인사로 가득 차게 되었다. 그 사이, 의회에서의 히틀러의 권력은 우익의 협조로 계속 증대했다. 3월 24일에 히틀러는 향후 4년간 의회와 협의 없이도 국가를 통치할 수 있는 절

---

[2] 강제수용소(Konzentrationslager). 1933년 2월 제정된 '국민과 국가의 방위령'에 의하여 나찌가 국내외에 설치한 감옥이다. 공산당원·사회주의자·민주주의자 등 모든 반파쇼주의자와 나찌 체제에 순응하지 않은 자들을 일반국민으로부터 고립시켜 말살하고, 나아가서는 전 국민에게 공포심을 불러일으키기 위한 목적에서 설치되었고, 많은 사람들이 아무런 재판절차도 거치지 않고 이 수용소로 끌려가 기한도 없이 구금되었다.

대권력을 부여하는 법을 의회에서 통과시킨다. 그때부터 공개적인 유대인 박해가 시작되었으며, 유대인들도 공산주의자와 사회민주주의자 좌파들이 이미 구금되어 있던 강제수용소에 수용되기 시작했다. 히틀러는 독일의 무장과 군사화를 제한하고 있던 1918년의 국제협약3)을 깨뜨리면서 절대권력을 강화해 갔다. 나찌 독일은 무서운 속도로 재무장하기 시작했다. 이것이 바로 쏘련에서 수백만 명이 죽었다는 신화들이 틀을 갖추기 시작할 때의 국제정세였다.

독일 국민생활권의 일부로 간주되던 우끄라이나

독일 지도부에서 히틀러의 측근에 있었던 선전장관 괴벨스(Goebbels)는 독일 인민에게 나찌의 환상을 심어 주는 일을 담당하고 있었다. 그것은 광대한 국민생활권(Lebensraum)4)을 가진 대독일(Greater Germany)5)에 사는 인종적으로 순수한

---

3) 제1차 세계 대전에서 독일제국이 항복하고 휴전 조약을 맺은 것은 1918년(11월 11일)이지만, 독일의 무장을 강력하게 제한했던 '베르사유 강화조약'은 1919년 6월에 서명되었다. 따라서 이 부분에서 1918년은 1919년으로 수정되어야 할 것으로 보인다. 다만, 이 부분은 스웨덴어 원문에서 그냥 국제조약(internationella överenskommelser)으로 되어있고, 영어·불어·그리스어 등의 번역본에서만 보인다. 번역 과정에서 번역자들의 오류가 있었지 않았나 생각해 본다.
4) 나찌 독일이 영토 확장의 주요 동기로 삼았던 소위 '(국민)생활권'을 말한다. 영어로는 habitat, living space 등으로 번역한다.
5) 독일어로 Großdeutschland. 19세기까지 대독일(주의)은 독일 통일에 있어 오스트리아를 배제하는 프로이센의 소독일(주의)에 대립되는, 오

독일인민이라는 몽상이었다. 이 국민생활권의 일부는, 조만간 독일이 점령하여 병합하려는 생각을 품고 있는, 본래 독일보다 훨씬 넓은 동유럽이었다.

1925년에 이미 히틀러는 그의 ≪나의 투쟁(Mein Kampf)≫에서 우끄라이나를 이 독일 생활권의 필수불가결한 부분으로 지목했다. 우끄라이나를 비롯한 동유럽의 다른 광활한 지방들을 '적절한' 방식으로 사용하기 위해서는 그 지역들이 독일에 속해 있어야 했다. 나찌의 선전에 의하면, 독일 민족을 위한 공간을 만들기 위해 나찌의 무력이 이 지역을 해방시킬 것이라 했다! 독일의 기술력과 계획으로 우끄라이나를 독일의 곡물 생산 지역으로 변모시키겠다고 말이다! 그러나 독일은 먼저 우끄라이나를 '열등한 존재들'인 그곳 주민들로부터 해방시켜야 했다. 나찌의 선전에 의하면, 이 '열등한 존재들'은 독일인들의 가정, 공장, 농장 등 독일 경제가 필요로 하는 모든 곳에서 노예 노동력으로 사용될 것이라 했다.

우끄라이나를 비롯한 쏘련의 다른 지역을 점령한다는 것은 곧 쏘련과 전쟁을 벌인다는 것을 의미했으며, 이는 미리 준비를 해야만 하는 일이었다. 이 때문에 괴벨스를 수반으로 하는 나찌의 선전성(宣傳省)은 우끄라이나에서 볼쉐비끼가 저지른 대량학살에 대한 선전, 즉 농민들로 하여금 사회주의 정책을 받아들이도록 강제하기 위해 스딸린이 고의로 파국적인 기근

스트리아의 사상이었다. 나찌에 의해 이 사상은 유럽의 모든 독일민족(게르만)을 통합한다는 사상으로 정립된다. 1943년 공식적으로 나찌는 자신들의 국호를 대독일제국(Großdeutsches Reich)으로 부른다.

을 촉발하여 대량학살을 저질렀다는 흑색선전을 벌이기 시작했다. 이 캠페인의 목적은 독일 군대에 의한 우끄라이나 '해방'을 위한 세계적 여론을 조성하는 것이었다. 그러나 엄청난 노력에도 불구하고, 그리고 나찌의 흑색선전문의 일부가 영국 신문들에 보도되었음에도 불구하고, 우끄라이나에서의 '대량학살'에 관한 나찌의 선전은 세계적으로 그다지 성공적이지 못했다. 히틀러와 괴벨스가 쏘련에 대한 그들의 중상모략적 유언비어를 퍼뜨리기 위해서는 분명히 도움이 필요했다. 그들은 그 도움을 서방의 대국, 미국에서 찾아냈다.

윌리엄 허스트 — 히틀러의 좋은 친구

윌리엄 랜돌프 허스트(William Randolph Hearst)는 나찌가 쏘련에 대해 펼친 심리전을 지원한 억만장자이다. 허스트는 소위 '황색 언론', 즉 선정적 언론의 '아버지'로 알려진 미국의 유명한 신문 소유주이다. 백만장자 광산업자이자, 상원의원이며, 신문 소유주인 그의 아버지 조지 허스트(George Hearst)가 1885년에 윌리엄 허스트에게 ≪San Francisco Daily Examiner≫를 관리하게 함으로써 신문 편집인으로서의 윌리엄 허스트의 이력이 시작되었다.

이는 또한 북미 사람들의 일상생활과 사고(思考)에 강한 영향을 미치게 된 허스트 신문 제국의 출발이기도 했다. 아버지의 죽음 후, 그는 상속받은 광산의 주식을 모두 팔아 자본을 언론계에 투자하기 시작했다. 그가 처음으로 매수한 것은 유서 깊은 신문인 ≪New York Morning Journal≫이었는데, 이후 허스트는 이 신문을 선정주의적 쓰레기로 완전히 바꾸어 버렸다. 그는 선정적인 기사를 사기 위해서라면 돈을 아끼지 않았다. 보도할 만한 잔혹한 사건이나 범죄가 없을 때에는 으레 그의 기자들과 사진사들이 사건을 '날조'했다. 진실인 것처럼 제시되는 숱한 '날조된' 잔혹한 사건들과 거짓말들, 바로 이것이 '황색언론'의 특징이다.

허스트는 이러한 거짓말들 덕택에 백만장자, 그리고 신문업계의 저명인사가 되었다. 1935년에 이미 그는 세계에서 가장 부유한 사람들 중 한 명이 되어, 그의 재산은 어림잡아 2억 달러에 달했다. ≪New York Morning Journal≫을 매입한 이후, 그는 계속해 미 전역에서 일간 및 주간 신문들을 사들이거나 설립했다. 1940년대에 허스트는 25개의 일간신문, 24개의 주간신문, 12개의 라디오 방송국, 2개의 세계적인 뉴스 통신사, 영화용 뉴스를 공급하는 사업체인 코스모폴리탄 영화사(Cosmopolitan Film Company), 그리고 그 밖의 많은 사업체를 소유하고 있었다. 1948년 그는 미국 최초의 텔레비전 방송국 중 하나인 볼티모어의 BWAL-TV를 인수했다. 허스트의 신문들은 미국 전역에서 매일 1천3백만 부가 팔렸고, 독자는 거의 4천만에 육박했다! 미국 성인 인구의 거의 3분의 1이 매일같이 허스트의 신문을 읽고 있었던 것이다! 게다가 세계 도처의 수백만의 사람들은 그의 뉴스 통신사와 영화, 일련의 신문들을 통해 허스트의 언론으로부터 정보를 얻었는데, 그것들은 전 세계에 걸쳐서 거대한 양으로 번역되고, 출판되었다.

이상에서 인용된 숫자들만 보아도 허스트의 제국이 수십 년에 걸쳐 미국 정치에, 그리고 실로 세계 정치에 얼마나 많은 영향을 미칠 수 있었는가를 알 수 있다. 그가 영향을 미친 문제들 중에는 미국이 쏘련의 편에 서서 제2차 세계대전에 참전하는 것을 반대한 것과, 맥카씨(McCarthy) 일당에 의한 1950년대의 반공산주의 마녀사냥이 포함되어 있다.

윌리엄 허스트는 극렬한 보수주의자이자 민족주의자였고 반공주의자였으며, 그 정견은 극우파였다. 1934년에 허스트는 나찌 독일로 여행을 떠나는데, 그때 히틀러는 그를 내빈이자 친구로 예우하며 맞는다. 이 여행 이후 허스트의 신문들은 한층 더 반동적 성향을 띠게 되고, 사회주의와 쏘련, 특히 그 지도자인 스딸린에 반대하는 기사들을 끊임없이 실어 댔다. 또한 그는 자신의 신문들을 통해 공공연하게 나찌 흑색선전물들을 퍼뜨리려 노력했으며, 히틀러의 오른팔인 헤르만 괴링(Hermann Göring)이 작성하는 기사들을 연재했다. 하지만 수많은 독자들이 허스트의 이 도를 넘은 행위에 항의했고, 그는 결국 이들 기사를 중단하고, 그것이 게재된 신문들을 회수해야 했다.

히틀러를 방문한 후 허스트의 선정적인 신문들은 쏘련에서 일어나는 끔직한 사건들에 대한 '폭로'로 채워졌다. 살인, 대량학살, 노예상태, 지배자들의 사치와 인민들의 굶주림, 이런 모든 것들이 거의 매일 같이 주요 뉴스 기사로 다루어졌다. 소재는 나찌 독일의 정치경찰인 게쉬타포(Gestapo)에 의해 허스트에게 제공되었다. 신문의 1면에는 쏘련에 관한 만평과 조작된 사진들이 빈번하게 실리곤 했으며, 스딸린은 손에 대검(帶劍)을 든 살인자의 모습으로 그려지곤 했다. 미국의 4천만 독자들과 세계 곳곳의 다른 수백만의 독자들이 매일 이런 기사들을 읽었다는 것을 우리는 잊어서는 안 된다!

우끄라이나 기근에 관한 신화

허스트 언론이 초기에 벌인 반(反)쏘 캠페인들 중 하나는 우끄라이나에서 수백만 명이 기근으로 죽었다는 주장을 내세운 것이었다. 이 캠페인은 1935년 2월 8일 ≪Chicago American≫지의 제1면 머리에 "쏘련에서 6백만 명이 굶어 죽다"라는 기사를 실으면서 시작되었다. 신문왕이자 나찌 지지자인 윌리엄 허스트가 나찌 독일이 제공한 자료를 사용, 볼쉐비끼가 고의로 우끄라이나에서 수백만 명을 아사하게 했다는 대량학살에 관한 날조된 기사들을 내보내기 시작한 것이다. 하지만 그 문제의 진실은 전혀 달랐다. 1930년대 초에 쏘련에서 일어났던 것은 사실은 주요한 계급투쟁이었다. 땅 없는 빈농들이 부유한 토지소유자인 꿀락(kulak)에 대항해 일어났고, 농업의 집산화를 위한 투쟁, 즉 꼴호즈(kolkhoz)를 건설하기 위한 투쟁을 시작했던 것이다.

직간접적으로 1억2천만 명의 농민들이 연관된 이 거대한 계급투쟁은 분명히 농업 생산에 불안정을 야기했고, 몇몇 지역에서는 식량 부족을 초래했다. 식량 부족으로 인해 사람들은 약해졌고, 전염병의 희생자 수가 늘어났다.

이러한 전염병들은 당시 유감스럽지만 쏘련에만 국한된 것이 아니었다. 1918-20년 사이에 유행했던 스페인 독감으로 미국과 유럽에서 2천만 명이 죽었지만, 누구도 이들 국가의 정부가 자기 국민들을 죽였다고 비난하지 않았다. 사실 이런 종류의 전염병들에 직면해서 이들 정부가 할 수 있는 것은 아무 것도 없었다. 그러한 전염병들을 효과적으로 억제할 수 있게 된 것은 겨우 제2차 세계대전 중에 페니실린이 개발되면서부터였다. 전반적으로는 1940년대 말엽에 이르러서야 이러한 전염병들을 효과적으로 억제할 수 있게 되었다.

허스트 언론의 기사들은 우끄라이나에서 수백만 명이 굶어 죽은 것은 공산주의자들이 고의로 기근을 조장한 때문이었다며, 그림까지 동원하여 이를 생생하고 섬뜩하며 세세하게 묘사했다. 허스트의 언론은 가능한 모든 수단을 동원하여 그들의 거짓말을 진실로 보이게 했고, 자본주의 국가들의 여론을 극렬히 반쏘로 돌리는 데 성공했다. 이것이 쏘련에서는 수백만 명이 죽고 있다는 날조된 거대한 신화 중 첫 번째 이야기의 기원이었다. 서방 언론들이 조장한, 공산주의자들이 일으켰다는 기근에 대한 항의의 물결 속에서, 이를 부인하며 허스트 언론의 거짓말을 폭로하는 쏘련에 그 누구도 귀를 기울이려 하지 않았다. 그것이 1934년부터 1987년까지의 상황이었다! 50년 이상 전 세계에 걸쳐 수세대의 사람들이 쏘련의 사회주의에 대하여 부정적 관점을 심어주는 이러한 중상모략을 주식(主食) 삼아 자라왔다.

1998년 현재의 허스트의 매스미디어 제국

윌리엄 허스트는 1951년 캘리포니아 비버리 힐스에 있는 자택에서 숨을 거뒀다. 그가 죽은 후에도 그의 매스미디어 제국은 오늘날까지 계속해서 반동적 선전을 전 세계에 퍼뜨리고 있다. 허스트 코퍼레이션(Hearst Corporation)[6]은 세계에서 가장 큰 기업들 중 하나로서 100개 이상의 기업으로 구성되어 있으며, 1만5천 명을 고용하고 있다. 허스트 제국은 오늘날 신문사들, 잡지사들, 출판사들, 라디오, 텔레비전, 케이블 텔레비전, 통신사들, 그리고 멀티미디어로 이루어져 있다.

52년이 지나서야 거짓말이 밝혀지다!

나찌가 제2차 세계대전에서 패망한 이후에도 우끄라이나에 관한 나찌의 정보공작은 사라지지 않았다. 나찌의 거짓말들은

---

[6] 정식 명칭은 Hearst Communications, Inc. 미국 뉴욕에 본사를 두고 있는 거대 매스미디어 그룹이다. 현재 16개의 일간신문과 49개의 주간신문을 발행하고 있으며, 여기에 Media News Group를 통해 43개의 일간신문과 72개의 비일간 신문사들의 지분을 가지고 있다. 또 200개가 넘는 잡지를 발행하고 있는데, 그 가운데 특히 ≪코스모폴리탄(Cosmopolitan)≫은 세계적으로 유명하다. 방송사로는 미국 시청자의 18%가 보는 Hearst-Argyle Television 등을 소유하고 있다. 우리에게 잘 알려진 방송으로는 한국의 대부분의 케이블 방송을 통해 볼 수 있는 스포츠 전문 채널 ESPN과 히스토리 채널을 들 수 있다. 그 밖에 다양한 매스미디어를 소유하고 있다.

CIA와 MI5[7]가 이어받았으며, 반쏘 선전전에서 언제나 맨 윗자리를 보장받았다. 제2차 세계대전 후 맥카씨 일당의 반공 마녀사냥 역시 우끄라이나에서 수백만 명이 굶어 죽었다는 거짓말을 자양분 삼아 창궐했다. 1953년에 이를 주제로 한 책이 미국에서 출판되었다. 이 책의 제목은 ≪끄렘린의 사악한 행위들(Black Deeds of the Kremlin)≫이었다. 이 책의 출판에 자금을 댄 것은 미국에 있는 우끄라이나 망명자들이었는데, 그들은 제2차 세계대전 때에 나찌에 부역했던 자들로서, 미국은 세계에 그들을 '민주주의자들'이라고 소개하면서 그들에게 정치적 피난처를 제공했다.

레이건이 미국 대통령으로 당선되어 1980년대에 반공성전(anti-communist crusade)을 개시하자, 우끄라이나에서 수백만 명이 죽었다는 흑색선전이 다시 활개 쳤다. 1984년에 하버드 대학교의 한 교수가 ≪러시아에서의 인간의 삶(Human Life in Russia)≫이라는 책을 출판하여, 허스트 언론이 1934년에 날조한 모든 거짓 정보들을 그대로 복창했다. 그때 1984년에 우리가 본 것은 1930년대부터 지속된 나찌의 거짓말과 날조된 자료들이 다시 활개 치는 것이었지만, 이번엔 미국 대학교라는 존경스러운 외투를 걸치고 있었다.

그러나 이것이 끝이 아니었다. 1986년 또 이 주제와 관련된 책이 출간된다. ≪비탄의 추수(Harvest of Sorrow)≫라는 제목의 이 책은 전 영국 정보부 출신이자 현 캘리포니아의 스탠포

---

7) CIA(Central Intelligence Agency)는 미국의 중앙정보국, MI5(The Security Service)는 영국의 국가정보부.

드 대학교의 교수인 로버트 콘퀘스트(Robert Conquest)가 썼다. 이 책을 쓴 '공로'로 콘퀘스트는 극우파인 우끄라이나 민족주의 단체(Ukraine National Organisation)로부터 8만 달러를 받았다. 이 단체는 또한 1986년에 ≪절망의 추수(*Harvest of Despair*)≫라는 영화 제작에도 자금을 지원했는데, **무엇보다도**, 콘퀘스트의 책으로부터 소재를 따온 것이었다. 이때에는 이미, 우끄라이나에서 기아로 죽었다고 미국에서 주장되는 사람의 숫자가 1천5백만 명으로 늘어나 있었다!

하지만 미국의 허스트 언론과 그것을 앵무새처럼 반복해 대는 책들과 영화들이 굶어 죽었다고 주장하는 수백만 명의 이야기는 완전히 거짓 정보였다. 캐나다의 저널리스트 더글러스 토틀(Douglas Tottle)[8]은 1987년에 토론토에서 발간된 그의 저서 ≪사기, 기근 그리고 파시즘―히틀러에서 하버드에 이르는 우끄라이나 대학살의 신화(*Fraud, famine and fascism―the Ukrainian genocide myth from Hitler to Harvard*)≫에서 그 날조들을 꼼꼼히 폭로했다. 무엇보다도 토틀은, [허스트 언론이나 콘퀘스트 등의 책이나 영화에-역자] 이용된 사진 자료들, 즉 굶어 죽어가는 아이들이 담긴 끔찍한 사진들이 1922년에 간행된 출판물들로부터 가져온 것임을 입증했는데, 1918-21년

---

[8] 더글러스 토틀(Douglas Tottle, 1944-). 캐나다의 사진사이자 저술가이며, 노동조합 활동가. 탄광광부와 철광노동자로 일했다. 1970년대에는 캘리포니아에서 멕시코계 농업노동자 운동에 참여했으며, 캐나다 매니토바주에서 인디언 원주민 농업노동자들과도 함께 일했다. 1975년부터 85년까지 캐나다 철광노동조합(United Steelworkers)의 기관지 ≪*The Challenger*≫의 편집자로 활동했다.

의 내전 기간 중에 여덟 개의 외국 군대가 쏘련을 침공했기 때문에 그때에는 실제로 수백만의 사람들이 기아와 전쟁 상태에서 죽어 갔다. 더글러스 토틀은 1934년 기근에 관한 보도들을 둘러싼 진상을 밝히고, 허스트 언론이 공표한 잡다한 거짓말들을 폭로하고 있다.

기근이 발생했다는 지역에서 오랜 기간에 걸쳐 기사와 사진들을 '보낸' 기자는 토마스 워커(Thomas Walker)라는 인물인데, 그는 우끄라이나에는 단 한 번도 발을 내딛은 적이 없으며 모스끄바에서도 겨우 5일간 체류했을 뿐이었다. 이러한 사실은 미국 신문 ≪*The Nation*≫의 모스끄바 특파원인 루이스 피셔(Louis Fisher) 기자에 의해서 폭로되었다. 피셔는 또한 허스트 언론의 진짜 모스끄바 특파원인 패롯(M. Parrott)이 허스트에게 송고한 특정 기사들이 전혀 보도되지 않았다는 사실도 폭로했는데, 그 기사들은 1933년에 쏘련이 거둔 풍작(豊作)과 쏘비에뜨 우끄라이나의 발전에 관한 것들이었다. 토틀은 또한 이른바 우끄라이나 기근에 관한 기사들을 썼던 기자 '토마스 워커'가 사실은 로버트 그린(Robert Green)이란 사람으로서, 콜로라도 주 교도소를 탈옥한 죄수였다는 사실도 역시 입증하고 있다! 이 워커(Walker), 아니 그린(Green)은 미국으로 돌아오자 체포되었는데, 그는 법정에서 자신이 우끄라이나에 가 본 적이 없다는 사실을 시인했다.

스딸린이 조장했다는 기근으로 1930년대에 우끄라이나에서 수백만이 아사했다는 거짓말들은 1987년이 되어서야 그 진상이 밝혀지게 되었다! 나찌주의자 허스트와 경찰첩자 콘퀘스트 등등은 거짓말과 날조된 보도로 수백·수천·수억의 사람들을 속여 왔다. 심지어 오늘날에도 여전히 나찌주의자 허스트가 지어낸 이야기들은, 스웨덴 작가 페테르 엥글룬드(Peter Englund)의 ≪영점(零點)에서의 편지(*Brev från nollpunkten*)≫를 비롯하여, 우익의 지원을 받는 작가들이 쓰는 책들 속에서 되풀이되고 있다.

미국의 많은 주들에서 독점적 지위를 점하고 있으며 전 세계에 걸쳐 뉴스 통신사를 가지고 있는 허스트 언론은 게쉬타포의 거대한 확성기였다. 독점자본이 지배하는 세계에서 허스트 언론은 신문들과 라디오 방송국들을 통해, 그리고 나중에는 TV 채널들을 통해 세계적으로 게쉬타포의 거짓말들을 '진실'로 둔갑시킬 수 있었다.

제2차 세계대전이 끝나고 게쉬타포는 사라졌지만, 쏘련의 사회주의에 반대하는 비열한 흑색선전전은 CIA를 새로운 후원자로 삼아 계속 수행되었다. 미국 언론의 반공주의 캠페인은 한 치도 줄어들지 않았다. 흑색선전은 언제나처럼, 처음엔 게쉬타포가 명령하는 대로, 나중엔 CIA가 명령하는 대로 계속되었다.

로버트 콘퀘스트―신화의 창시자

부르주아 언론이 그토록 자주 인용하는 이 사람, 부르주아지의 이 참된 예언자는 이 점에서 다소 특별히 주목할 필요가 있다. 로버트 콘퀘스트는 쏘련에서 죽었다는 수백만에 관해 가장 많은 글을 쓴 두 명의 저자 가운데 한 사람이다. 그는 실제로 제2차 세계대전 이후 유포된, 쏘련에 관한 모든 신화와 거짓말의 창조자이다. 콘퀘스트는 무엇보다도 먼저 ≪대숙청(The Great Terror)≫(1969)과 ≪비탄의 추수(Harvest of Sorrow)≫(1986)라는 책의 저자로 널리 알려져 있다. 콘퀘스트는, 제2차 세계대전 중에 나찌에 부역했다가 미국에 망명하여 극우정당들에 속해 있는 우끄라이나인들을 정보의 원천으로 삼아, 우끄라이나에서는 기아로, 그리고 노동수용소에서, 혹은 1936-38년의 재판들 중에 수백만이 죽었다고 쓰고 있다. 콘퀘스트의 영웅들 가운데 다수는 1942년 우끄라이나 거주 유대인 대학살을 이끌거나 그에 가담했던 전범(戰犯)들로 알려져 있었다. 이들 중 한 명이 제2차 세계대전 후에 전범으로 유죄 판결을 받은 미꼴라 레베드(Mykola Lebed)[9]다. 레베드는 나찌 점령기 동안 우끄라이나 리보프(Lvov)에서 보안국장으로 일했으며, 1942년에 벌어진 끔찍한 유대인 박해를 주관했다.

---

[9] 미꼴라 레베드(Mykola Lebed, 1909-1998). 1909년 오스트리아-헝가리 제국의 갈리치아에서 태어났다. 1930년부터 32년에 리보프 인근에서 우끄라이나민족주의단체(OUN, Organization of Ukrainian Nationalists)의 청년 그룹 활동을 시작했고, 1934년에는 폴란드 내무장관 피에라키(B. Pieracki) 암살 모의에 참가했다. 1941년부터 44년까지 10만 명 이상의 폴란드인이 살해되었던 잔혹한 볼히니아(Volhynia) 대학살의 주모자 중 한 사람이었다고 한다. 1943년 그는 우끄라이나반란군(UPA)의 창설을 주도하고, UPA의 보안국장이 된다. 1944년 우끄라이나최고해방회의(UHVR)를 창설하고, 다양한 서방 정부와 접촉하였다. 1948년 OUN(Diaspora)의 회원이 되고, 1949년 미국으로 망명하여, CIA와 FBI가 쏘비에뜨 우끄라이나의 정치적, 경제적, 문화적 발전과 주요 반체제 인사들의 동향을 추적하는 데에서 중요한 역할을 담당했다.

1949년에 CIA는 레베드를 미국으로 데려왔고, 그곳에서 그는 거짓 정보를 공급하는 일을 했다.

콘퀘스트가 저술한 책들의 스타일은 일종의 격렬하고 광신적인 반공주의다. 1969년의 책에서는, 1932-33년 사이에 쏘련에서 굶어 죽은 사람의 수가 5백만에서 6백만 명에 이르며, 그 가운데 절반이 우끄라이나에서 죽었다고 콘퀘스트는 말하고 있다. 그러나 레이건이 히스테리적으로 반공 성전(聖戰)을 벌이던 1983년에는, 콘퀘스트는 기근을 1937년까지 연장하고, 희생자 수를 1천4백만 명으로 증대시켰다!

이 같은 주장들은 결국 충분한 보상을 받아, 1986년에 콘퀘스트는 레이건과 계약을 맺고 쏘련의 침공에 미국 국민들을 대비시키기 위한 대통령 선전 자료를 집필하였다. 이 문건의 제목은 ≪러시아가 침략해 올 때 취해야 할 행동―생존 안내서(*What to do when the Russians come―a survivalists' handbook*)≫였다! 역사학 교수로서는 의외의 저작이 아닌가!

영국 정보부 요원이자 정보조작 담당자

사실 그자가 그런 일을 한다고 해서 전혀 이상할 바가 없다. 그는 평생을 쏘련과 스딸린에 대해 거짓말을 하고 사실을 날조하면서 살아왔다. 처음에는 정보공작원으로서, 그 다음에는 작가이자 캘리포니아 스탠포드 대학교의 교수로서 말이다. 콘퀘스트의 과거는 1978년 1월 27일 ≪가디언(*Guardian*)≫지의 한 기사에 의해 폭로되었는데, 그 기사는 그가 영국 비밀 정보부(British Secret Service)의 정보공작 부서, 즉 정보연구부(IRD, Information Research Department)의 요원이었음을 확인했다. 정보연구부(IRD)는 1947년에 설치된 부서(원래는 공산주의정보국(Communist Information Bureau)으로 불렸다)로서, 주 임무는 정치가, 언론인, 기타 여론에 영향을 끼칠 수 있는 위치에 있는 사람들에게 꾸며낸 정보들을 주입시킴으로써 전 세계적으로 공산주의의 영향력과 투쟁하는 것이었다. IRD의 활동 범위는 해외에서와 마찬가지로 영국 내에서도 매우 광범위했다. 1977년 극우파와의 연루가 폭로되어 IRD가 형식상 해체되어야 했을 때, 영국에서만도 100명 이상의 저명한 언론인들이 IRD와 접촉해 왔고, IRD가 그들에게 정기적으로 기삿거리를 제공해 왔음이 밝혀졌다. 이는, ≪*Financial Times*≫, ≪*The Times*≫, ≪*Economist*≫, ≪*Daily Mail*≫, ≪*Daily Mirror*≫, ≪*The Express*≫, ≪*Guardian*≫과 그 밖의 몇몇 주요한 영국 신문들의 관행이었다. ≪가디언≫지에 의해 폭로된 사실들을 통해 우리는, 정보부가 어떤 식으로 일반 대중들에게 전달되는 뉴스를 교묘히 조작할 수 있었는지를 짐작할 수 있다.

로버트 콘퀘스트는 IRD가 창설되었을 때부터 1956년까지 IRD 요원으로 일했다. 거기에서의 그의 '작업'은, 쏘련의 이른바 '사악한 역사(black history)', 즉 기자들이나 기타 여론에 영향을 미칠 수 있는 사람들 사이에 사실처럼 제시되고 배포되는 조작된 이야기들을 지어내는 것이었다. 공식적으로 IRD를 떠난 후에도 콘퀘스트는 계속 정보부의 지원을 받으며 IRD가 제안하는 책들을 집필했다.

1937년에 쏘련에서 벌어진 권력투쟁이라는 주제에 관한 우익의 기본 교과서인 그의 저작 ≪대숙청≫10)은 사실 그가 정보부에 근무하던 시절에 썼던 글을 재편집한 것이었다. 이 책은 IRD의 협조로 마무리되어 출판되었다. 발간부수의 1/3을 프래저 출판사(Praeger press)가 구입했는데, 이 회사는 대개 CIA와 연계하여 책들을 출판하는 곳이다. 콘퀘스트의 책은, 콘퀘스트와 극우의 거짓말을 널리 대중들에게 계속 퍼뜨리기 위해서, 대학교수들이나 출판·라디오·TV에 종사하는 사람들 같은 '쓸모 있는 바보들'에게 증정하기 위한 것이었다. 콘퀘스트는 오늘날까지도 여전히 우익 역사가들에게 있어 쏘련에 관한 자료의 가장 중요한 출처 가운데 하나이다.

알렉산드르 쏠제니쩐—반동분자, 파시스트

수백만 명이 쏘련에서 생명과 자유를 잃었다고 주장하는 책들이나 기사들에 항상 연관되는 또 다른 사람은 러시아 작가 알렉산드르 쏠제니쩐이다. 쏠제니쩐은 ≪수용소 군도(*The Gulag Archipelago*)≫라는 책으로 1960년대 말엽에 서방 자본주의 세계에서 유명해졌다. 그는 반쏘 선전물을 배포한 반혁명 활동의 혐의로 1946년에 8년간의 노동수용소 형을 선고받았다.

---

10) 스웨덴어판에는 "1937년 쏘련의 숙청 기간 동안의 '수백만의 사망자'에 관한 그의 책 ≪대숙청≫"이라고 되어 있다.

쏠제니찐에 따르자면, 만약 쏘련 정부가 히틀러와 타협했더라면 제2차 세계대전에서의 나찌 독일과의 전쟁은 피할 수 있었다. 쏠제니찐은 또한, 그에 따르자면, 전쟁이 쏘련 인민에 미친 무서운 결과라는 관점에서 볼 때, 쏘련 정부와 스딸린은 히틀러보다 훨씬 더 나쁘다고 비난했다. 쏠제니찐은 그가 나찌에 동조한다는 것을 숨기지 않았다. 그는 반역자로 유죄 판결을 받았다.

쏠제니찐은 니끼따 흐루쇼프(Nikita Khrushchev)의 승인과 도움을 받아 1962년에 쏘련에서 책을 내기 시작했다. 그가 출판한 첫 번째 책은 한 죄수의 삶에 관한 ≪이반 제니소비치의 하루(A Day in the Life of Ivan Denisovich)≫였다. 흐루쇼프는 쏠제니찐의 글들을 스딸린의 사회주의적 유산과 싸우기 위해 이용했다.

1970년에 쏠제니찐은 ≪수용소 군도≫로 노벨 문학상을 받았다. 그 후 그의 책들이 자본주의 국가들에서 대량으로 출판되기 시작했고, 그 저자 쏠제니찐은 제국주의가 쏘련의 사회주의와 싸우는 데 있어 가장 귀중한 도구의 하나가 되었다. 노동수용소에 관한 그의 글들은, 쏘련에서 수백만 명이 죽었다는 흑색선전물들에 추가되었고, 자본주의 대중매체들은 마치 그것들이 진실인 양 발표했다. 1974년에 쏠제니찐은 쏘련 시민권을 포기하고, 스위스로 이주한 후에 미국에 정착했다. 자본주의 언론은 당시 그를 마치 가장 위대한 자유 및 민주주의의 투사로 간주했다. 그가 나찌에 동조하고 있다는 사실은 사회주의에 대항하는 흑색선전전에 방해가 되지 않도록 은폐되었다.

미국에서 쏠제니쩐은 중요한 모임의 연사로 빈번하게 초대되었다. 그는, 예컨대, 1975년 [미국의 노총격인-역자] 노동총동맹산업별회의(AFL-CIO) 총회의 주(主)연설자였고, 같은 해 7월 15일에는 세계정세에 관해 강연하도록 미연방 상원에 초청되었다! 그의 강연들은 격렬하고 도발적인 선동으로서, 가장 반동적인 견해들을 주장하고 선전했다. 그중에서도 특히, 베트남이 미국과의 전쟁에서 승리한 후인데도 그는 미국이 베트남을 다시 공격해야 한다고 선동했다. 더 나아가서, 40년간에 걸친 파쇼통치 끝에 1974년에 인민혁명으로 좌익 장교들이 뽀르뚜갈의 권력을 잡자, 쏠제니쩐은, 미국이 개입하지 않는다면, 그에 의하면, 뽀르뚜갈이 바르샤바 조약에 가입할 것이라며, 미군의 뽀르뚜갈 개입을 옹호하는 선전을 시작했다! 강연을 할 때마다 언제나 쏠제니쩐은 뽀르뚜갈의 아프리카 식민지들이 해방된 것을 개탄했다!

그러나 분명한 것은, 쏠제니쩐의 연설들의 요지는 언제나 — 쏘련에서 수백만 명의 인민이 처형되었다는 주장에서부터, 쏠제니쩐에 따르면, 북베트남에 수만 명의 미국인들이 투옥되어 있고 노예화되어 있다는 주장에 이르기까지— 사회주의에 대한 더러운 전쟁이었다는 사실이다! 북베트남에서 미국인들이 노예노동으로 이용되고 있다는 쏠제니쩐의 공상이 베트남전쟁을 다룬 람보(Rambo) 영화들을 만들어 냈다.

쏠제니쩐은 연설에서 미국과 쏘련 사이의 평화를 위해 용기있게 집필활동을 하는 미국인 저널리스트들을 잠재적 반역자로 비난했다. (언론자유를 탄압하는 이러한 유(類)의 캠페인은 스웨덴에서도 페르 알마르크(Per Ahlmark)가 등장하면서 가속되었다.)

쏠제니찐은 또한 쏘련에 대항한 미국의 군사력 증강을 옹호하는 선전활동도 전개했다. 그는 '쏘련의 탱크와 항공기가 미국보다 5-7배' 더 강력하며, 핵무기도 미국이 보유하고 있는 그것보다 쏘련 측이 '간단히 말해서' '2-3배, 심지어 5배'나 더 강력하다고 주장했다! 쏘련에 관한 쏠제니찐의 강연들은 극우의 목소리를 대변했다. 그러나 그는 파시즘에 대한 공공연한 지지에서는 훨씬 더 오른쪽으로 나아갔다.

프랑꼬의 파시즘에 대한 지지

1975년에 프랑꼬(Francisco Franco, 1892-1975)가 죽은 후 스페인의 파쇼정권은 정국을 통제할 수 없게 되었고, 1976년 초에 스페인에서 발생한 사건들은 전 세계 여론의 주목을 받았다. 민주주의와 자유를 요구하는 파업과 시위가 벌어졌고, 프랑꼬의 후계자인 국왕 후안 까를로스(Juan Carlos)[11]는 사회적 동요를 진정시키기 위해 매우 신중하게 다소간의 자유화 조치

---

11) 후안 까를로스 1세(Juan Carlos, 1938-). 1931년 스페인 공화국에 의해 폐위된 알폰소 13세의 손자. 스페인 왕가의 망명지 로마에서 출생하였다. 1948년 프랑꼬 정권 하에서 스페인으로 귀국하여, 1969년 프랑꼬의 후계자로 지명되었고, 1974년 프랑꼬의 와병 중에 국가원수직을 대행하였다. 1975년 11월 20일 프랑꼬가 사망하자 같은 달 22일 국왕에 즉위, 현재까지 국왕직을 수행하고 있다.

를 취할 수밖에 없었다.

스페인 정치사의 이 가장 중요한 순간에 알렉산드르 쏠제니쩐이 마드리드에 나타나 토요일인 3월 20일 밤 황금시간대에 방송되는 "디렉티씨모(Directisimo)"라는 프로그램에 출연해 인터뷰를 가졌다(스페인 신문 ≪ABC≫ 및 ≪Ya≫[12] 1976년 3월 21일자 참조). 미리 질문지를 받았던 쏠제니쩐은 이 기회를 이용해 온갖 종류의 반동적 주장을 펼쳤다. 그가 의도한 것은 국왕의 소위 자유화 조치를 지지하는 것이 아니었다. 반대로 그는 민주주의적 개혁에 경고를 보냈다!

이 텔레비전 인터뷰에서 그는 1억1천만 명의 러시아인이 사회주의에 의해 희생되었다고 단언하면서, "쏘련 인민이 처해 있는 노예상태와 스페인에서 누리는 자유"를 비교했다! 쏠제니쩐은 또한 "진보주의 단체들"을 스페인을 독재라고 간주하는 "이상주의자들"이라고 비난했다. 그가 말하는 "진보주의"란 ― 자유주의자들이든, 사회민주주의자들이든, 혹은 공산주의자들이든― 민주주의적 반대진영의 인사들을 의미했다.

쏠제니쩐은 말했다. "지난 가을, 전 세계의 여론은 스페인의 테러리스트들[즉, 프랑꼬 정권에 의해 사형을 선고받은 반(反)파쇼주의자들: 저자]의 운명에 대해 우려를 표했습니다. 진보적인 여론은 끊임없이 민주적인 정치개혁을 요구하는 동시에 테러리스트들을 지원하고 있습니다." "급속한 민주주의적 개혁

---

[12] ≪ABC≫는 1903년부터 마드리드에서 발행되어 현재까지 남아 있는 스페인의 3대 유력 일간지. 군주정을 옹호하는 보수적 신문. ≪Ya≫는 이혼과 낙태를 반대하고, 교회의 권위를 강력하게 옹호하는 스페인의 우익 가톨릭 신문.

을 추구하는 자들, 그들은 내일이나 그 다음날 무슨 일이 일어날지 알고 있을까요? 스페인에서 내일은 민주주의가 가능할지 모릅니다. 하지만, 그 다음날 민주주의에서 전체주의로 추락하는 것을 피할 수 있을까요?"

그러한 발언들이 아무런 자유도 없는 국가들의 정권들을 옹호하는 것으로 비춰지지 않을지를 묻는 기자들의 조심스러운 질문에 쏠제니찐은 이렇게 답했다. "내가 알기로 이 세상에서 자유가 없는 나라는 단 한 곳밖에 없다. 바로 러시아다."

스페인 텔레비전에서의 쏠제니찐의 이러한 발언들은 스페인의 파시즘을 노골적으로 지지하는 것이었고, 오늘날까지 그가 지지하고 있는 이데올로기이다. 이것이 바로 그가 미국에서의 망명생활 18년[13] 동안 공적인 자리에서 차츰 사라지기 시작한 이유의 하나이자, 자본가 정부들이 보내던 전면적인 지지를 점차 잃기 시작한 이유의 하나이기도 하다. 자본가들에게 있어 사회주의에 대항한 비열한 전쟁에서 쏠제니찐 같은 인간을 이용할 수 있었던 것은 하늘이 내려 준 선물과도 같았지만, 모든 일에는 한도가 있는 법이다.

새로운 자본주의 러시아에서 서방이 어떤 정치집단들을 지원할 것인지를 결정하는 기준은 순전히 그리고 간단히, 그들 집단의 엄호 하에 높은 이윤을 내며 돈벌이를 잘 할 수 있는지 여부이다. 러시아의 대안적 정치체제로서 파시즘은 그들의

---

13) 쏠제니찐은 1974년 미국 버몬트에 정착하여, 쏘련이 붕괴된 후 1994년 러시아로 돌아가 2008년에 죽었다. 저자가 말하고 있는 "미국에서의 망명 생활 18년(18-åriga exil i USA)"은 1976년에 그가 노골적으로 파시즘을 지지한 이후부터를 가리키는 것으로 생각된다.

돈벌이에 유리할 것으로 생각되지 않고 있다. 이 때문에, 서방의 지원과 관련되는 한, 러시아에 대한 쏠제니쩐의 정치적 구상은 사문(死文)과 다를 바 없었다. 쏠제니쩐이 원하는 러시아의 정치적 미래는, 전통적인 러시아 정교회의 복귀를 동반한, 권위주의적인 짜르 체제로의 복귀이다. 아무리 교만한 제국주의자들이라도 이 정도의 정치적 백치를 지원할 생각은 안 들 것이다. 서방에서 쏠제니쩐을 지지할 사람을 만나려면 극우파 중에서도 가장 멍청이들 속에서 찾아봐야 할 것이다.[14]

---

14) 스웨덴어 원문에는 "쏠제니쩐을 지지하는 사람들은 페테르 엥글룬드, 슈타판 스코테(Staffan Skotte) 그리고 페르 알마르크와 같은 멍청이들뿐이다"라고 되어 있다.

  페테르 엥글룬드는 스웨덴의 작가이자 역사학자로, 2002년부터 스웨덴 한림원 회원으로 있는 사람이다. 슈타판 스코테는 스웨덴의 언론인, 작가, 번역가이다. 그는 많은 러시아 희곡을 스웨덴어로 번역했는데, 대표적으로는 안똔 체호프 전집, 니꼴라이 고골의 《검찰관》 등이 있다. 그는 쏘련에 관한 많은 글을 저술했는데, 그의 글은 노르웨이, 핀란드, 에스또니아, 러시아어 등으로 번역되었다. 대표작으로 쏘련에서의 대학살을 다룬 《다시는 안 돼!(Aldrig mer!)》가 있다. 페르 알마르크는 스웨덴의 유명한 작가이자, 자유인민당의 전 당수로, 스웨덴에서 40년 만에 최초로 비사회주의 정권이 들어섰던 1976년부터 1978년에 수상 대리이자 노동부 장관이었던 인물이다. 이스라엘의 열렬한 지지자로 유명하며, 스웨덴-이스라엘 친교 연맹의 대표를 맡기도 했다. 1983년에는 반유대주의에 반대하는 스웨덴 위원회를 창립하기도 했다. 1997년에는 전쟁, 대량학살, 기근 등을 주제로 민주주의와 독재에 관한 책을 발표해서, 스웨덴에서 격렬한 논쟁을 불러온 인물이다. 2003년에는 미국의 이라크 침공을 지지했다.

나찌스트, 비밀정보원들, 그리고 파시스트!

나찌스트 윌리엄 허스트, 비밀정보원 로버트 콘퀘스트, 그리고 파시스트 알렉산드르 쏠제니찐. 이렇게 이들이 바로 쏘련에서 수백만 명이 죽거나 구속당했다는 부르주아적 신화들을 퍼뜨린 대표적인 장본인들이다.

콘퀘스트는 1960년대 이후 주도적인 역할을 맡았다. 그가 제공한 정보는 전 세계의 매스미디어를 통해 퍼져 나갔으며, 심지어 몇몇 대학에서는 그 내용이 교과 과정으로 자리 잡았다. 콘퀘스트의 저작들은 의심의 여지없이 일급 경찰들의 날조된 정보들이다. 1970년대에 콘퀘스트는 쏠제니찐으로부터, 그리고 안드레이 사하로프(Andrei Sakharov)[15]나 로이 메드베제프(Roy Medvedev)[16] 같은 일련의 부차적인 인물들로부터 많은 도움을 받았다. 게다가 세계 도처에서 쏘련에서 죽거나 투옥된 사람들의 수를 공론(空論)하는 데에 전념하는 많은 사람들이 나타났고, 부르주아 언론은 언제나 그들에게 최상의 보

---

15) 안드레이 사하로프(Andrei Dmitrievich Sakharov, Андре́й Дми́триевич Са́харов, 1921-1989). 쏘련의 저명한 핵물리학자이자 반체제 운동가. 세계최초로 수소폭탄을 개발하는 데 핵심적인 역할을 한 과학자이다. 1975년 노벨 평화상을 수상하였다.

16) 로이 메드베제프(Roy Aleksandrovich Medvedev, Рой Александрович Медведев, 1925-). 러시아의 반체제 역사학자. 고르바쵸프와 옐친의 정치적 조언자였다. 뻬레스뜨로이까 이후 1989년 쏘비에뜨 인민대표자회의 의원이자 최고 쏘비에뜨 위원으로 활동했다. 노동자사회주의당(Socialist Party of Working People)의 공동의장을 역임하기도 했다. 국내에 번역된 저서로는 ≪역사가 판단하게 하라 1, 2≫(새물결), ≪레닌주의와 현대 사회주의의 제문제≫(새물결), ≪한국, 푸틴의 리더십을 배우다≫(굿뉴스) 등이 있다.

수를 주었다.

그러나 마침내 사건의 전모가 드러나, 이들 역사의 날조자들의 진면목이 폭로되었다. 1989년, 역사 연구에 당의 기밀 문서고를 개방하라는 고르바쵸프의 명령은 누구도 예측하지 못한 결과를 가져왔다.

II. 국가 문서고가 거짓선전을 입증하다

쏘련에서 수백만 명이 죽었다는 공론(空論)은 비열한 반쏘 흑색선전전의 일부분이다. 그리고 바로 그렇기 때문에 쏘련의 부인과 해명은 단 한 번도 진지하게 받아들여지지 않았으며, 자본주의 언론에는 전혀 보도조차 되지 않았다. 자본에 매수된 '전문가들'에겐 그들이 지어내는 허구를 퍼뜨리기 위해 최대한 많은 지면이 할애되는 반면에, 쏘련의 부인과 해명은 묵살되었던 것이다.

저들 '전문가들'의 주장은 완전 허구였다! 쏘련에서 수백만 명이 죽거나 감금되었다는, 콘퀘스트를 비롯한 기타 '비판자들'의 공통의 주장은, 어떤 과학적 토대도 없는, 조작된 통계적 접근과 평가 방법이 만들어 낸 결과였다.

위조 방법

콘퀘스트나 쏠제니찐, 메드베제프 등등은 쏘련에서 발표된 통계들, 예를 들면 국가 인구 조사를 이용했는데, 거기에 쏘련의 실제 상황을 고려하지 않고 추정되는 인구 증가분을 더했다. 이런 방식으로 그들은 어떤 해의 말에 쏘련에 얼마나 많은 사람들이 있어야만 하는지에 대한 결론에 도달했다. [그리고 실제통계와 그 추정치 사이의-역자] 없는 사람들은 사회주의 때문에 죽었거나 감금되었다고 주장했다.

그 방법은 단순하지만, 또한 완전히 사기적이기도 하다. 그토록 중대한 정치적 사건에 대한 이런 식의 '폭로'는, 만약 그 '폭로'가 서방세계에 관한 것이었더라면, 결코 받아들여지지 않았을 것이다. 그런 경우였다면, 교수들과 역사가들이 그러한 날조에 대해 분명 항변했을 것이다. 그러나 날조의 대상이 쏘련이었기 때문에 그러한 날조들이 받아들여졌다. 그 이유 중 하나는 교수들과 역사가들이 분명 직업상의 성실성보다는 직업상의 출세를 훨씬 더 우선시 하고 있기 때문이다.

숫자상 '비판자들'의 최종적 결론들은 무엇이었는가? 로버트 콘퀘스트에 의하면, (1961년의 추정치에서는) 1930년대 초에 쏘련에서 6백만 명이 아사(餓死)했다. 콘퀘스트는 이 숫자를 1986년에는 1천4백만 명으로 늘였다. 그가 말하는 노동수용소 굴락과 관련해서는, 당과 군대 그리고 국가기관의 숙청이 시작되기 전인 1937년에는, 그에 의하면, 거기에 5백만 명의 죄수가 구금되어 있었다. 그 후 숙청이 시작되고 난 다음인

1937-38년 사이에, 콘퀘스트에 의하면, 7백만 명의 죄수가 추가로 구금되어서, 1939년에는 노동수용소에 1천2백만 명의 죄수가 수용되어 있었다고 한다! 그리고 콘퀘스트가 말하는 이 1천2백만 명은 모두가 오로지 정치범이었다고 한다!

노동수용소에는 또한 일반 범죄자들도 있었는데, 콘퀘스트에 의하면, 그들은 그 수가 정치범보다 훨씬 더 많았다고 한다. 이것이 의미하는 바는, 콘퀘스트에 의하면, 쏘련의 노동수용소에 2천5백만에서 3천만 명의 죄수가 있었다는 것이다.

다시 콘퀘스트에 의하면, 1937-38년에 1백만 명의 정치범이 처형되었고, 또 다른 2백만 명이 굶어 죽었다는 것이다. 그렇다면, 1937-39년의 숙청에 관한 결론적 계산은, 콘퀘스트에 의하면, 9백만 명이 있었고, 3백만 명은 수감 중에 죽었다는 것이다. 콘퀘스트는 이 수치를 곧바로 "통계적으로 조정"하여, 1930년부터 1953년 사이에 볼쉐비끼가 최소한 1천2백만 명 이상의 정치범을 살해했다는 결론에 도달할 수 있었다. 1930년대에 기근으로 죽었다는 인원에 이 숫자를 더해 콘퀘스트는 볼쉐비끼가 2천6백만 명의 인민을 죽였다는 결론에 도달했다. 마지막 통계 조작들 가운데 하나에서 콘퀘스트는 1950년에 쏘련에는 1천2백만 명의 정치범이 있었다고도 주장했다.

알렉산드르 쏠제니쩐은 콘퀘스트와 대체로 유사한 통계적 방법을 사용했다. 그러나 다른 전제에 기초해서 이들 사이비 과학적인 방법을 이용함으로써 그는 훨씬 더 극단적인 결론에 도달했다. 쏠제니쩐은 1932-33년의 기근으로 6백만 명이 죽었다는 콘퀘스트의 추정치를 수용했다. 하지만, 1936-39년의 숙청과 관련해서는, 그는 매년 적어도 1백만 명이 죽었다고 믿었다. 쏠제니쩐은 농업 집단화로부터 1953년에 스딸린이 죽을 때까지 쏘련에서 공산주의자들이 총 6천6백만 명의 인민들을 죽였다고 말하고 있다. 게다가 그는 제2차 대전 중에 살해되었다고 그가 주장하는 4천4백만 명의 러시아인들의 죽음에 대한 책임까지 쏘련 정부에게 묻고 있다. 쏠제니쩐의 결론은, "1억1천만 명의 러시아인들이 사회주의에 의해 희생되었다"는 것이다. 수감자들에 관해서는, 쏠제니쩐은 1953년에 노동수용소에 갇혀 있었던 사람의 수는 2천5백만 명이었다고 한다!

고르바쵸프 문서고를 열다

고가(高價)가 지불된 날조의 산물인 위에 열거된 그럴싸한 숫자들은 1960년대에 부르주아 언론에 보도되었고, 언제나 과학적 방법을 적용하여 규명된 진정한 사실들인 것처럼 제시되었다.

이들 날조의 배후에는 서방의 첩보기관들, 주로 CIA와 MI5가 숨어 있었다. 여론에 대한 매스미디어의 영향력이 워낙 강력하기에 오늘날에도 서방 국가들의 주민 가운데 대부분은 이 숫자들을 진짜라고 믿고 있다.

이러한 추잡한 상황은 더욱 악화되어 왔다. 쏘련 자체 내에서는 쏠제니쩐이나 안드레이 사하로프, 로이 메드베제프 같은 유명한 '비판자들'의 망상을 지지하는 사람을 찾아볼 수 없었는데, 1990년에 중대한 변화가 생겼다. 고르바쵸프 시대에 생긴 새로운 '자유언론'은 사회주의에 반대하는 모든 것들을 긍정적인 것이라며 환호했고, 파괴적인 결과를 초래했다. 사회주의 하에서 죽거나 감금되었다고 주장되는 사람들의 숫자가 전례 없이 부풀려지기 시작했고, 지금은 이 모든 것들이 뒤섞여서 공산주의자들에 의해 수천만 명이 '희생'되었다는 것으로 된 것이다.

고르바쵸프의 새로운 자유언론들은 콘퀘스트와 쏠제니쩐의 거짓말들을 미친 듯이 떠들어 댔다. 동시에 고르바쵸프는 자유언론의 요구에 따라 중앙위원회의 문서고를 역사 연구에 개방했다.

공산당 중앙위원회 문서고의 개방은 이 혼란스러운 추측들의 핵심적인 쟁점인데, 이는 두 가지 이유 때문이다. 부분적으로는 진실을 밝혀줄 사실들이 그 문서고에서 발견될 터이기 때문이다. 그러나 무엇보다도 중요한 것은, 쏘련에서 살해당하거나 감금되었던 인민들의 숫자를 제멋대로 떠들어 댔던 사람들 모두가 문서고가 개방되는 날 그들이 언급했던 숫자들이 사실로 증명될 것이라고 오랫동안 주장해 왔다는 점이다! 사망자와 감금된 이들의 수를 추정해 왔던 모든 사람들이 그렇게 주장했다. 콘퀘스트, 사하로프, 메드베제프를 비롯한 그 외의 모든 사람들이 말이다!

그러나 문서고가 열리고, 실제 문서에 기초한 연구 보고서들이 출판되기 시작하자 아주 이상한 일이 벌어졌다. 고르바쵸프의 자유언론도, 죽거나 감금된 사람들에 대해서 떠들어 대던 자들이나 모두가 갑작스럽게 국가 문서고에 대해 아무런 관심을 보이지 않기 시작했던 것이다! 중앙위원회 문서들에 대한 러시아 역사학자인 젬스꼬프(Zemskov), 더긴(Dougin), 그리고 흘레브뉴끄(Xlevnjuk)의 연구 보고서들이 1990년부터 과학 잡지들에 발표하기 시작했으나 누구도 거기에 대하여 언급하지 않았다.

그 연구 보고서들에 담긴 죽거나 감금당한 사람들의 숫자는 '자유언론'이 증폭시켜 온 숫자들과는 정반대였다. 그 때문에 그 내용들은 대중적으로 공표되지 않은 채 있다. 그 보고서들은 발행부수가 적고 대중 일반에게는 사실상 알려져 있지 않은 과학 잡지들에 실렸을 뿐이다. 과학적 연구 결과를 담고 있는 보고서들은 거의 자유언론의 광란에 대적할 수 없었고, 따라서 콘퀘스트와 쏠제니찐의 거짓말들은 계속 옛 쏘련 인민들 중 다수 부분의 지지를 받았다. 서방에서도 역시 스딸린 시대 쏘련의 형벌제도에 관한 러시아 연구자들의 보고서는 신문의 1면이나 텔레비전 방송에서 철저히 배제되었다. 어째서일까?

연구 보고서가 보여 주는 것

쏘련의 형벌제도에 관한 연구는 거의 9천 쪽에 달하는 긴 보고서 속에 자세하게 설명되어 있다. 이 보고서의 저자는 여러 명인데, 그중 가장 잘 알려진 사람들은 러시아 역사학자인

V. N. 젬스꼬프, A. N. 더긴, 그리고 O. V. 흘레브뉴끄이다. 그들의 작업은 1990년에 발표되기 시작했고, 1993년이 되면 대략 마무리되어 거의 모두가 간행되었다. 서방 여러 국가의 연구자들과의 공동연구의 결과로서 이 연구 보고서는 서방에도 알려지게 되었다.

나도 2개의 저작을 잘 알고 있는데, 하나는 1993년 9월 프랑스 잡지 ≪역사(l'Histoire)≫에 게재된 프랑스과학연구센터, 즉 CNRS(Centre National de la Recherche Scientifique)의 수석연구원 니꼴라 베르뜨(Nicolas Werth)가 쓴 것이고, 다른 하나는 리버사이드 캘리포니아 대학의 역사학 교수인 J. A. 게티(J. Arch Getty)가 미국 잡지 ≪미국 역사평론(American Historical Review)≫에 발표한 것으로, CNRS의 연구원 G. T. 레터스포른(G. T. Retterspom) 및 러시아역사연구소(러시아과학아카데미 부설)의 연구원 V. N. 젬스꼬프와의 공동연구의 결과이다. 오늘날에는 위에서 열거한 저자들이나 같은 연구팀의 다른 저자들이 그 문제에 관해서 저술한 책들이 출판되어 있다.

이후 오해가 생기는 것을 막기 위해서 여기서 분명하게 말해 두어야 할 것이 있는데, 이 연구에 참여하고 있는 어떤 연구자도 사회주의적 세계관을 가지고 있지 않다는 것이 그것이다. 오히려 그들의 세계관은 부르주아적이고, 반사회주의적이다. 실제로 그들 중 다수는 극히 반동적이다. 여기에서 이를 밝혀두는 것은, 독자들이 이후 서술될 내용들을 어떤 '공산주의적 음모'의 소산으로 상상하지 않도록 하기 위해서다. 위에 언급한 연구자들은 콘퀘스트, 쏠제니찐, 메드베제프 등등의 거짓말들을 완전히 폭로했는데, 그들이 그렇게 한 이유는, [알마르크, 엥글룬드, 스코테 등과는 정반대로,]17) 순전히 그들이 자신의 학자적 양심을 앞세우면서 선전적 목적에 자신들을 팔아 넘기려 하지 않았기 때문이다.

러시아의 연구의 결과들은 쏘련의 형벌제도에 관한 수많은 물음에 답하고 있다. 우리의 최대의 관심사는 스딸린 시대이며, 논란 또한 그 시기에 집중되어 있다. 우리는 먼저 몇 가지 구체적인 질문들을 제기하고, 그 답을 앞서 말한 ≪역사≫와 ≪미국 역사평론≫에서 찾을 것이다. 이것이 쏘련 형벌제도에 관한 논쟁의 가장 중요한 측면을 다루는 최선의 방식일 것이다. 질문은 다음과 같다:

1. 쏘련의 형벌제도는 어떻게 구성되어 있었는가?
2. 얼마나 많은 사람들이 —'정치적' 그리고 '비정치적' 이유로— 구금되어 있었는가?
3. 얼마나 많은 사람들이 노동수용소에서 죽었는가?
4. 얼마나 많은 사람들이 1953년 이전에, 특히 1937-38년의 숙청으로 사형 선고를 받았는가?
5. 형량은 평균적으로 얼마나 길었는가?

이 다섯 가지 물음에 답한 후에 우리는 쏘련의 수감자 및 사망자와 관련해 가장 자주 언급되는 두 집단, 즉 1930년에 처벌된 꿀락들과 1936-38년에 처벌된 반혁명분자들에 가해진 형벌에 대해서 검토할 것이다.

---

17) 영역본에는 이 각괄호 내의 구절이 없다.

형벌제도의 하나로서의 노동수용소

쏘련 형벌제도의 특질로부터 출발하자. 1930년 이후 쏘련의 형벌제도는 구치소, 굴락 노동수용소 및 노동이주지, 개방특구(öppna specialområden, special open zones), 그리고 벌금형으로 구성되어 있었다. 체포된 사람은 보통 그 사람을 기소할 것인지 석방할 것인지를 판단하는 예비심문 기간 동안 구치소에 수감된다. 그중 기소된 사람은 재판을 받게 되고, 재판 결과에 따라 무죄 석방되거나, 유죄판결을 받게 된다. 유죄일 경우, 벌금형을 받게 되거나, 징역형을 선고받고, 훨씬 드물게는 처형된다. [벌금형에 처해지는 사람들은 그들이 저지른 위법의 성격을 볼 때 벌금형을 받을 것임을 예상할 수 있었기 때문에 대개 예비심문 기간에 구치되지 않았다.][18] 벌금은 대개 그 사람이 일정 기간 동안 받는 임금[19]의 일정 비율로 결정되었다. 징역형을 선고받는 사람들의 경우에는 그들이 저지른 범죄의 유형에 따라 각기 다른 시설로 보내졌다.

굴락 노동수용소에는 반혁명 활동의 판결을 받은 이들의 대다수와 심각한 범죄행위(살인, 강도, 강간, 경제범죄 등)를 저지른 자들이 보내졌다. 3년 이상의 형을 선고받은 다른 범죄자들이 이 노동수용소로 보내지기도 했다. 이곳에서 일정 기간을 보낸 후에 수형자들은 노동이주지나 개방특구로 이동할 수 있었다.

---

18) 영역본에는 이 각괄호 내의 구절이 없다.
19) 이 '임금'은 물론 자본주의 사회의 임금과는 전혀 다른 것이다.

노동수용소는 그 면적이 매우 넓었고, 수형자들은 엄중한 감시 속에 생활하며 노동했다. 그들에게는 분명 노동을 하면서, 사회의 짐이 되지 않을 필요가 있었다. 건강한 사람 누구도 일하지 않고 빈둥거리며 지낼 수는 없었다. 오늘날의 어떤 사람들은 이것이 끔찍한 일이라고 생각할지 모르나, 그것은 어떤 경우에도 그러한 것이다. 1940년 3월에 쏘련에는 53곳의 노동수용소가 있었다.

굴락 노동이주지는 약 425곳이 있었는데, 이는 노동수용소보다 훨씬 작은 단위였고, 더 자유롭고, 덜 엄격하게 운영되었다. 여기에는 단기의 징역형을 받은 사람들, 즉 덜 심각한 형사적, 정치적 범죄를 저지른 사람들이 보내졌다. 그들은 공장이나 농장에서 자유롭게 일했고, 시민사회의 일부를 이루고 있었다. 대부분의 경우 수형자가 노동으로 받는 임금은 전부 그 자신에게 귀속되었고, 이 점에서 다른 노동자와 똑같은 대우를 받았다.

개방특구는 대개 농업 집단화 과정에서 토지를 몰수당하고 추방된 꿀락들이 보내진 농업 지역이었다. 사소한 형사범죄나 정치범죄를 저지른 사람들도 이곳에서 노동하곤 했다.

9백만 명이 아니라 45만4천 명이다

두 번째 질문. 얼마나 많은 정치범과 일반 형사범이 구금되어 있었는가? 이는 굴락 노동수용소와 노동이주지, 그리고 구치소에 있는 수용된 사람들 모두를 포함하는 질문이다(노동이 주지에 수용된 사람들은 대부분의 경우 단지 부분적으로만 자유를 박탈당했다는 사실을 상기해야 하겠지만). 그럼 형벌제도가 중앙행정으로 단일화되었던 1934년부터 스딸린이 사망한 1953년까지 20년 동안의 통계표를 보자. 이 자료는 ≪미국 역사평론≫에 제시되어 있다.

1934-53년 쏘련의 수형자 통계

(표 출처: ≪미국 역사평론≫)

(단위: 명, %. 수형자 수는 매년 1월 1일 기준임.)

	굴락 노동 수용소	그중 반혁명 분자	반혁명 분자(%)	사망자	사망자(%)	석방자	탈주자	굴락 노동 이주지	구치소	합계
'34	510,307	135,190	26.5	26,295	5.2	147,272	83,490	-	-	510,307
'35	725,438	118,256	16.3	28,328	3.9	211,035	67,493	240,259	-	965,697
'36	839,406	105,849	12.6	20,595	2.5	369,544	58,313	457,088	-	1,296,494
'37	820,881	104,826	12.8	25,376	3.1	364,437	58,264	375,488	-	1,196,369
'38	996,367	185,324	18.6	90,546	9.1	279,966	32,033	885,203	-	1,881,570
'39	1,317,195	454,432	34.5	50,502	3.8	223,622	12,333	355,243	350,538	2,022,976
'40	1,344,408	444,999	33.1	46,665	3.5	316,825	11,813	315,584	190,266	1,850,258
'41	1,500,524	420,293	28.7	100,997	6.7	624,276	10,592	429,205	487,739	2,417,468
'42	1,415,596	407,988	29.6	248,877	18	509,538	11,822	360,447	277,992	2,054,035
'43	983,974	345,397	35.6	166,967	17	336,135	6,242	500,208	235,313	1,719,495
'44	663,594	268,861	40.7	60,948	9.2	152,113	3,586	516,225	155,213	1,335,032
'45	715,506	283,351	41.2	43,848	6.1	336,750	2,196	745,171	279,969	1,740,646
'46	600,897	333,833	59.2	18,154	3	115,700	2,642	956,224	261,500	1,818,621
'47	808,839	427,653	54.3	35,668	4.4	194,886	3,779	912,794	306,163	2,027,796

'48	1,108,057	416,156	38	27,605	2.5	261,148	4,261	1,091,478	275,850	2,475,385
'49	1,216,361	420,696	34.9	15,739	1.3	178,449	2,583	1,140,324	-	2,356,685
'50	1,416,300	578,912	22.7	14,703	1	216,210	2,577	1,145,051	-	2,561,351
'51	1,533,767	475,976	31	15,587	1	254,269	2,318	994,379	-	2,528,146
'52	1,711,202	480,766	28.1	10,604	0.6	329,446	1,253	793,312	-	2,504,514
'53	1,727,970	465,256	26.9	5,825	0.3	937,352	785	740,554	-	2,468,524

위 표에서 몇 가지 결론을 도출할 수 있다. 먼저 로버트 콘퀘스트가 제시한 숫자들과 표의 숫자들을 비교해 보자. 콘퀘스트는 1939년 쏘련의 노동수용소에 9백만 명의 정치범이 수용되어 있었으며, 게다가 1937-39년 사이에 3백만 명이 그곳에서 죽었다고 주장한다. 여기서 콘퀘스트가 오직 정치범들만을 언급하고 있다는 사실을 잊지 말아야 한다! 이들 정치범 외에 훨씬 더 많은 수의 일반형사범이 수용소와 구치소에 있었다고 그는 주장한다. 1950년에는, 콘퀘스트에 의하면, 1천2백만 명의 정치범이 있었다!

위 표가 보여 주는 사실들을 통해서 우리는 콘퀘스트가 얼마나 사기꾼인지 쉽게 알 수 있다. 그가 제시하고 있는 수치 중 어느 것 하나 사실에 근접조차 하지 않는다. 1939년 노동수용소와 노동이주지, 구치소 전체에는 약 2백만 명의 수형자가 있었다. 이 중 정치적 범죄로 형을 선고받은 사람은, 콘퀘스트가 주장하는 9백만 명이 아니라, 약 45만4천 명이었다. 그리고 1937-39년 사이에 노동수용소에서 죽은 사람은, 그가 주장하는 3백만 명이 아니라, 16만 명이었다. 1950년에는, 1천2백만 명이 아니라, 57만8천 명의 정치범이 노동수용소에 있었다.

독자들은 오늘날까지도 여전히 로버트 콘퀘스트가 공산주의에 맞선 우익 프로파간다의 주요 출처라는 점을 잊지 말아야 한다. 그는 페테르 엥글룬드, 슈타판 스코테, 그리고 페르 알마르크 같은 자들에게는 구루(guru)[20]와 같은 존재이다.[21] 6천만 명이 노동수용소에서 죽었다는 쏠제니찐의 주장은 논할 가치조차 없으며, 이는 누가 보아도 명백히 터무니없는 주장이다. 미치지 않고서야 이런 터무니없는 망상에 현혹될 리가 없다.

이제 사기꾼들은 제쳐 두고, 냉정하게 굴락 노동수용소에 관련된 통계들을 분석해 보자. 맨 먼저 물어야 하는 것은 ― 형벌제도에 잡혀 있는 사람들의 절대적 수치를 우리는 어떤 관점에서 보아야 하는가? 2백50만이라는 숫자의 의미는 무엇인가? 감옥에 갇혀 있는 사람 한 사람 한 사람은, 모든 시민 한 사람 한 사람에게 그들의 완전한 삶을 위해 필요한 모든 것을 제공하기에는 사회가 아직 충분히 발전하지 못했다는 살아 있는 증거이다. 그런 관점에서 볼 때, 2백5십만은 실로 그 사회에 대한 비판을 대표한다.

내적 그리고 외적 위협

형벌제도에 잡혀 있는 사람들에 대해서는 보다 더 정확히

---

20) 힌두어로 영적 스승, 현자 등을 가리키는 말이다.
21) 이 문장은 영문판에는, "우익 사이비 지식인들 사이에서 로버트 콘퀘스트는 신과 같은 존재이다"로 되어 있다.

설명할 필요가 있다. 쏘련은 극히 최근에야 봉건제와 농노제를 타도한 국가였고, 인권과 관련한 그 사회적 유산은 자주 사회가 감내해야 할 부담이었다. 짜르 지배와 같은 낡은 체제 속에서 근로인민들은 극도로 비참하게 살아가야 했었고, 인간의 삶은 거의 가치가 없었다. 강도와 폭력범죄는 무제한한 폭력으로 처벌되었다. 군주제에 대한 반란은 보통 대량학살이나, 사형, 그리고 극도의 장기징역형으로 끝을 맺었다. 이러한 사회관계들, 그리고 그와 맞물려 있는 사고방식들이 변하는 데에는 장기간이 필요하며, 이러한 사실이 범죄자들에 대한 태도뿐 아니라 쏘련의 사회발전에도 영향을 미쳤다.

설명되어야만 하는 또 다른 요인은, 1930년대에 1억6천만 내지 1억7천만 인구의 쏘련이 외국의 열강으로부터 심각한 위협을 당하고 있었다는 사실이다. 1930년대엔 유럽에서 거대한 정치적 변화가 일어난 결과, 슬라브 인민의 생존을 위협하는 나찌 독일로부터의 거대한 전쟁 위협이 있었고, 서방 블록 역시 간섭주의적 앙심들을 품고 있었다. 스딸린은 이러한 정세를 1931년에 다음과 같이 요약했다.

> 우리는 선진국들보다 50년 내지 100년 정도 뒤쳐져 있습니다. 우리는 그 차이를 10년 이내에 따라잡아야 합니다. 만일 이를 해내지 못한다면, 우리는 파멸하고 말 것입니다.[22]

---

22) J. V. Stalin, "The Tasks of Business Executives (Speech Delivered at the First All-Union Conference of Leading Personnel of Socialist Industry, February 4, 1931)," *Stalin Works*, Vol. 13, Foreign Languages Publishing House, Moscow, 1954, p. 41.

그로부터 10년 후인 1941년 6월 22일에 쏘련은 나찌 독일과 그 동맹국들의 침략을 받았다. 1930년부터 1940년까지 10여 년 동안 쏘련 사회는 엄청난 노력을 하지 않으면 안 되었는데, 그 자원의 주요 부분은 나찌와의 다가올 전쟁에 대비하는 데에 쓰였다. 이 때문에 사람들은 개인적 편익을 위한 것들은 거의 생산하지 못하면서도 열심히 일했다. 1937년에는 7시간 노동일제의 도입이 철회되었고, 1939년에는 사실상 모든 일요일에도 노동했다.

2천5백만 명의 쏘련 인민의 목숨을 앗아가고 국토의 절반을 잿더미로 만든 거대한 전쟁이 20년 동안(1930년대와 1940년대)이나 사회의 발전을 괴롭히고 있던, 이렇게 어려운 시기에 범죄가 증대하는 경향을 보였던 것인데, 이는 사람들이 생활하면서 다른 방식으로는 얻을 수 없는 것을 훔치려 했기 때문이었다.

이렇게 극히 어려웠던 시기에 쏘련은 최대 2백5십만 명, 즉 성인 인구의 2.4%를 형벌제도 속에 붙잡아 두고 있었다. 우리는 이 수치를 어떻게 평가해야 하는가? 그것은 많은 것인가, 적은 것인가? 비교해 보자.

미국에는 더 많은 수감자가 있다

예컨대, (1996년 현재) 2억5천2백만 명의 인구를 가진 나라, 세계 자원 전체의 60% 이상을 소비하는, 세계에서 가장 부유한 나라인 미국에는 얼마나 많은 사람들이 감옥 속에 있을까? 전쟁의 위협도 없고, 경제적 안정을 해치는 어떤 중대한 사회적 변화들도 없는 미국에서의 상황은 어떨까?

1997년 8월 16일자 FLT-AP 통신의 단신 기사는, 1996년에 "미국에서는 역사상 가장 많은 550만 명이 감옥에 갇혔다"고 보도하고 있다. 이는 1995년보다 20만 명이 증가한 수치로서, 미국의 범죄자 수가 성인 인구의 2.8%에 해당한다는 것을 의미한다. 이 자료는 미연방 법무부의 통계에 따른 것이다(미연방 법무부 법무통계국, '보호관찰 및 가석방 인원 통계' 보도자료, 1996; http://www.ojp.usdoj.gov/bjs/press.htm과 http://www.ojp.usdoj.gov/bjs/press2.htm 참조). 오늘날 미국 수형자의 수는 이전 쏘련에서의 최대 숫자보다도 3백만 명이나 더 많다! 쏘련에서는 성인 인구의 최대 2.4%가 범죄로 감옥 등에 있었다. 미국에서의 수치는 2.8%이고, 계속해서 증가하고 있다![23] 1998년 1월 18일자 미연방 법무부 보도 자료에 따르면, 미국의 범죄자 수는 1년 동안에 96,100명[24]이 증가했다.

---

[23] 미연방 법무부 통계에 의하면, 미국에서는 2007년 말에 7백3십만 명이 연방교도소와 구치소에 수감되거나 보호관찰 및 가석방 형태로 교정 기관의 관리 하에 있는 것으로 나타났다. 이 가운데 70%인 5백1십만 명은 보호관찰 및 가석방 상태에 있었으며, 30%인 2백3십만 명은 연방교도소나 구치소에 수감되어 있었다. 이는 전년에 대비해, 수감인원은 1.5%, 보호관찰 및 가석방의 형태로 지역사회의 감시를 받는 사람은 2.1% 증가한 수치이다. 이상의 수치로 볼 때, 2007년 말 미국 성인 31명 중 1명(성인 인구의 3.2%)이 수감되어 있거나, 지역사회의 감시를 받고 있다. (US Department of Justice Bureau of Justice Statistics, "Probation and Parole in the United States", 2007; http://www.ojp.usdoj.gov/bjs/pub/press/p07ppuspr.htm 참조).

쏘련의 노동수용소와 관련하여, 그곳이 수형자들에게 가혹하고 힘겨운 곳이었음은 사실이다. 하지만 오늘날 미국 감옥의 상황은 어떤가? 그곳은 폭력과 마약, 매음, 성노예(미국 감옥에서는 한 해 29만 건의 강간이 발생한다)로 가득 차 있다. 미국의 감옥에서는 누구도 안전하지 않다! 그리고 이것이 오늘날 그 어느 때보다도 부유한 사회에서의 일이다!

중요한 요인—의약품의 부족

세 번째 질문을 보도록 하자. 노동수용소에서 얼마나 많은 사람들이 죽었는가? 그 수는 1934년에 5.2%에서 1953년에는 0.3%로 해마다 변했다. 수용소에서의 죽음은 사회의 전반적인 자원 부족, 특히 전염병과 싸우기 위해 필요한 의약품의 부족에서 기인한 것이었다. 이는 노동수용소에만 한정된 것이 아니라 사회 전반에 걸친 문제였으며, 세계 대부분의 국가에서도 마찬가지였다.

항생제가 발견되어 제2차 세계대전 이후 일반적으로 사용되게 되자 상황은 급격히 변화되었다. 사실 최악의 시기는 야만

---

24) 1998년 8월 16일자 보도 자료에는 약 110,000명이 증가한 것으로 되어 있으며, 1990년부터 연평균 3% 정도씩 증가하고 있다고 덧붙이고 있다. (US Department of Justice Bureau of Justice Statistics, "Probation and Parole Populations", 1997; http://www.ojp.usdoj.gov/bjs/pub/press/papp97.pr 참조).

적인 나찌가 쏘련 인민 전체에게 극히 가혹한 생활조건을 강요했던 전쟁 기간이었다. 그 4년 동안에 50만 명 이상이 노동수용소에서 죽었는데 — 이는 문제의 20년 동안에 노동수용소에서 죽은 총수의 절반이다. 이 동일한 기간에, 즉 전쟁 기간에 자유로웠던 사람들 [즉, 노동수용소 밖에 있던 사람들-역자] 가운데 2천5백만 명이 죽었다는 사실도 잊지 말자. 쏘련의 상황이 개선되고 항생제가 도입되었던 1950년에는 감옥[노동수용소-역자]에서 죽는 사람의 수는 0.3%로 떨어졌다.

1십만 명이 사형 선고를 받다

네 번째 질문으로 넘어가 보자. 1953년 이전에, 특히 1937-38년의 숙청 기간에 얼마나 많은 사람이 사형 선고를 받았는가? 우리는 앞서, 1930년부터 53년까지 볼쉐비끼가 노동수용소에 수용된 1천2백만 명의 정치범을 살해했다는 콘퀘스트의 주장을 지적한 바 있다. 물론 1백만 명은 1937-38년 사이에 처형되었다는 것이다. 쏠제니찐의 숫자는 수천만 명이 노동수용소에서 죽었으며, 1937-38년 동안에만도 3백만 명이 죽었다는 식으로 내닫는다. 쏘련에 대한 더러운 선전전이 전개되는 과정에서는 그보다 훨씬 더 많은 숫자들이 인용되곤 했다. 예컨대, 올가 샤뚜노프스까야(Olga Shatunovskaya)[25]라는 러시아

---

25) 올가 샤뚜노프스까야(Olga Grigoryevna Shatunovskaya, Ольга Григо́рьевна Шатуно́вская, 1901-1991). 1901년 러시아 바꾸에서 유대인

인은 1937-38년의 숙청에서 7백만 명이 죽었다고 말한다.

그렇지만 쏘련의 문서고에서 나오고 있는 기록들은 전혀 다른 말을 하고 있다. 여기에서 먼저 얘기해 둘 필요가 있는 것은, [문제의 기간 동안에 사형을 선고받거나 처형당한 이들의 총 수를 기록한 문서는 존재하지 않았기 때문에-역자] 사형을 선고받은 사람들의 숫자는 수많은 다른 문서들로부터 이삭 줍듯이 취합되어야 했다는 것과, 개략적인 숫자를 이끌어 내기 위해서 연구자들이 취해야 했던 이러한 방식, 즉 다양한 문서들로부터의 자료의 취합은 이중으로 세어서 실제보다도 높은 수치를 도출할 위험이 있었다는 것이다.

옐친이 옛 쏘련 문서고의 총괄 책임자로 임명했던 드미뜨리 볼꼬고노프(Dmitrii Volkogonov)[26]에 의하면, 1936년 10월 1

법률가의 딸로 태어났다. 16세에 공산당에 가입했고, 모스끄바당 중앙위원이었던 1938년 뜨로츠끼 그룹에서 활동했다는 혐의로 체포되어, 노동수용소 10년형에 처해졌다. 모스끄바 당에서 활동하던 시절부터 알고 지낸 흐루쇼프의 도움으로 1954년 당 통제위원이 되었다. 그녀는 끼로프(Kirov) 암살과 30년대 재판을 재조사하는 책임자가 되었고, 스딸린 격하 운동에 중요한 인물이 되었다. 이후 레닌훈장(군인, 민간인 구분 없이 받을 수 있는 가장 높은 훈장)과 노동자 적기훈장(민간인이 받을 수 있는 가장 높은 훈장)을 모두 받았다.

26) 드미뜨리 볼꼬고노프(Dmitrii Antonovich Volkogonov, Дмитрий Антонович Волкогонов, 1928-1995). 러시아 육군대령이자, 역사학자이다. 1963년부터 71년까지 레닌 군사정치대학 교수로 재직했고, 1971년 이후 정치총국에서 근무, 1984년에 정치총국 부국장을 역임했다. 1988년부터 91년까지 전사연구위원회 위원장으로 재직했다. 1992년부터는 대통령 군사담당 보좌관이었고, 최고회의 문서보관소 위원회 위원장 및 러시아 국방부 창설위원회 위원장을 역임했다. 그는 군인으로서뿐 아니라, 레닌과 스딸린, 그리고 뜨로츠끼의 전기 작가로도 잘 알려져 있다. 국내에 번역된 책으로는 ≪스탈린≫(한국전략문제연구소

일부터 1938년 9월 30일까지 군사법정에서 사형을 선고받은 사람은 30,514명이었다. KGB로부터 나온 또 다른 자료를 보자. 1990년 2월의 KGB 보도 자료에 따르면, 1930년부터 53년까지 23년 동안 반혁명죄로 사형이 선고된 사람은 786,098명이었다. KGB는, 그들 중 681,692명이 1937-38년 사이에 사형을 선고받았다고 말하고 있다. KGB의 숫자를 검증할 방법은 없지만, KGB의 이 보도 자료는 의심스러운 것이다. 단 2년 사이에 그토록 많은 사람들이 사형 선고를 받았다는 것은 대단히 상식 밖의 일일 것이다. 오늘날의 친(親)자본주의적 KGB가 친(親)사회주의적 KGB가 가졌던 정보를 곧이곧대로 우리에게 제공하는 것이 가능할까? 그거야 어쨌든, KGB의 정보를 뒷받침하는 통계가, 문제의 23년 동안에 사형선고를 받았다는 사람들 속에, 친자본주의적 KGB가 1990년 2월의 보도 자료에서 주장한 것처럼 반혁명분자들만을 포함한 것인지, 아니면 일반 형사범도 포함한 것인지는 여전히 검증되어야 한다. 문서고의 자료들 역시 사형 선고를 받은 일반 형사범의 수와 반혁명범의 수가 대략 같았다는 결론으로 기울고 있다.

역, 세경사)과 ≪크렘린의 수령들≫(김일환 외 5인 역, 한송) 등이 있다. 그의 책에서 볼꼬고노프는, 스딸린을 숙청 대상을 일일이 메모하고 그것을 지시하는 음산한 인물로 그리고 있다. 특히, 그는 뜨로츠끼의 죽음과 관련해서 그것이 스딸린의 지시에 의한 것이라고 명확하게 이야기하고 있다. 이 부분은 여러 곳에서 뜨로츠끼주의자들에 의해 인용되었다. 이와 관련된 한국의 대표적인 논문은 정성진, "트로츠키의 생애와 사상 — 볼코고노프의 ≪트로츠키≫를 중심으로", ≪동향과 전망≫ 제36호(1997년 겨울호)가 있다. 또한 그의 책 ≪스탈린≫에는 한국전쟁과 스딸린의 관계가 서술된, 소위 '비밀문서'가 수록되어 있다. 이 부분은 군사관계자와 우익들에 의해 많이 인용되고 있다.

이로부터 우리가 끌어낼 수 있는 결론은, 1937-38년 사이에 사형을 선고받은 사람의 수는, 서방의 선전이 주장해 온 것처럼 수백만 명이 아니라, 대략 1십만 명 정도라는 것이다.

쏘련에서 사형 선고를 받았다고 해서 그들 모두가 실제로 처형된 것은 아니라는 것도 역시 명심할 필요가 있다. 사형수의 대부분이 노동수용소에서의 유기징역형으로 감형되었다. 일반 형사범과 반혁명분자를 구분하는 것 역시 중요하다. 사형을 선고받은 사람 가운데 다수는 살인이나 강간 같은 난폭한 범죄를 저지른 자들이었다. 60년 전에는 이러한 유(類)의 범죄는 다수의 국가에서 사형으로 처벌될 수 있었다.

형벌의 기간은 얼마나 되었을까?

다섯 번째 질문. 평균 수감 기간은 얼마나 길었는가? 유죄 선고를 받은 이들의 형량은 서방의 흑색선전이 퍼뜨린 가장 악질적인 유언비어의 소재였다. 쏘련에서 죄수가 된다는 것은 끝없이 감옥에 갇혀 있다는 것을 의미한다는 사고(思考) ― 한번 들어간 자는 누구도 나온 적이 없다는 사고를 은근히 주입시켜 왔다. 이것은 완전한 거짓이다. 스딸린 시대에 감옥에 간 사람의 압도적 다수는 실제로는 최고 5년형에 처해졌다.

《미국 역사평론》에 게재된 통계가 이러한 사실들을 보여준다. 1936년에 러시아연방에서 일반 형사범들은 다음과 같은 선고를 받았다. ▲5년 이하의 형: 82.4%, ▲5-10년의 형: 17.

6%. 1936년까지는(before 1937) 10년이 최고 형기였던 것이다.[27] 1936년에 쏘련의 인민법정에서 유죄 판결을 받은 정치범들은 다음과 같은 선고를 받았다. ▲5년 이하의 형: 44.2%, ▲5-10년의 형: 50.7%. 굴락 노동수용소에서는 비교적 장기수들이 복역했는데, 거기에 복역하고 있던 사람들에 대해서 1940년의 통계는, ▲5년 이하의 형을 복역하고 있던 사람들이 56.8%였고, ▲5-10년의 형을 복역하고 있던 사람들은 42.2%였음을 보여 주고 있다. 단지 1%만이 10년 초과의 형을 받았다.

1939년에 관해서는 쏘련 법원들이 작성한 통계가 존재한다. 형기는 다음과 같이 분포되어 있다. ▲5년 이하의 형: 95.9%, ▲5-10년의 형: 4.0%, ▲10년 초과의 형: 0.1%.

우리가 볼 수 있듯이, 쏘련에서는 형기가 무한정 길다는 소문은 사회주의를 비방하기 위해 서방에 널리 퍼진 또 하나의 신화이다.

---

27) 이 문장은 영역본에만 있다.

Ⅲ. 쏘련에 대한 터무니없는 거짓말들

러시아 조사 보고서 검토

 러시아의 역사가들에 의해 수행된 연구는, 지난 50년 동안 자본주의 세계의 학교들과 대학에서 가르쳐 온 것과는 전혀 다른 현실을 보여 주고 있다. 이 50년에 걸친 냉전 동안 여러 세대(世代)는 쏘련에 대해서 오직 거짓만을 배워 왔으며, 이 거짓들은 많은 사람들에게 깊은 흔적을 남겨 왔다. 이러한 사실은 [앞에서 인용한-역자] 프랑스와 미국의 연구 보고서들에도 구체화되어 있다.

 이들 보고서에는 유죄판결을 받은 사람들과 죽은 사람들의 수를 확인하는 자료와 수치, 표들이 수록되어 있고, 이 수치들이 격렬한 논의의 주제이다. 하지만 지적되어야 할 가장 중요한 것은, 유죄 판결을 받았던 자들이 저지른 범죄에 대해서는 결코 관심을 기울이고 있지 않다는 사실이다. 자본주의의 정치적 흑색선전은 쏘련의 죄수들을 항상 무고한 희생자로 내세워 왔고, 연구자들도 아무런 의문도 없이 이 억측을 받아들여 왔다. 통계 수치들을 가지고 관련 사건들을 해설할 때면, 연구자들의 부르주아적 이데올로기가 —때로는 모골이 송연한 결론들을 수반하면서— 전면(前面)에 등장한다. 쏘련의 형벌제도 하에서 유죄 판결을 받은 사람들은 그 대부분이 도둑이나 살인범, 강간범 등등인데도, 연구자들은 그들은 무고한 희생자들로 취급하고 있는 것이다.

그들의 범죄가 유럽이나 미국에서 저질러졌다면, 언론은 결코 이러한 유형의 범죄자들을 무고한 희생자로는 간주하지 않을 것이다. 그러나 그들 범죄가 쏘련에서 저질러졌기 때문에 [언론의 태도가-역자] 달랐다. 살인자나 강간을 수차례나 저질러 온 사람을 무고한 희생자라고 부르는 것은 아주 더러운 책략이다. 쏘련의 사법(司法)에 관해서 논평할 때, 최소한 폭력 범죄로 유죄 판결을 받은 범죄자들과 관련해서는, 형벌의 성격에 관해서는 아닐지 몰라도, 최소한 이러한 종류의 범죄를 저지른 자들을 유죄 판결하는 타당성에 관해서는, 최소한 약간의 상식은 보여줄 필요가 있다.

꿀락과 반혁명

반혁명분자들의 경우, 역시 그들이 고발된 범죄들을 고려할 필요가 있다. 이 문제의 중요성을 보여 주기 위해 두 개의 예를 들어 보자. 첫 번째로는 1930년대 초에 형이 선고된 꿀락들, 그리고 두 번째로는 1936-38년에 유죄가 선고된 음모자들과 반혁명분자들이 그들이다.

꿀락들, 즉 부농들을 다루고 있는 연구 보고서들에 따르면, 38만1천 가구, 즉 약 1백8십만 명이 추방되었다. 이 사람들 가운데 소수는 노동수용소나 노동이주지의 유기 징역에 처해졌다. 그런데 무엇 때문에 이러한 형벌에 처해진 것일까?

러시아의 부농인 꿀락은 수백 년 동안 무한한 억압과 거리낌 없는 착취로 가난한 농민들을 지배해 왔다. 1927년 현재 1억2천만 명의 농민 가운데 1천만 명의 꿀락이 호사(豪奢) 속에서 산 반면에, 나머지 1억1천만 명은 가난 속에서 살고 있었다. 혁명 전에는 그들은 가장 비참한 가난 속에서 살아 왔다. 꿀락의 부는 빈농들의 형편없이 지불받는 노동에 기초한 것이었다.

빈농들이 집단농장으로 결합하기 시작하자 꿀락들의 부의 주요 원천이 사라졌다. 그러나 꿀락들은 포기하지 않았다. 그들은 기근을 이용하여 착취를 회복하려고 했다. 무장한 꿀락들이 집단농장들을 습격했고, 빈농과 당 관리들을 살해했으며, 들판에 불을 지르고, 역축들을 도살했다. 빈농들 사이에 기아를 조장함으로써 꿀락들은 빈곤과 그들 자신의 지배적 지위를 영속시키려 했던 것이다.

하지만 사태는 이들 살인자들이 기대했던 대로 진행되지 않았다. 이번에 빈농들은 혁명의 지지를 받고 있었고, 꿀락들보다 훨씬 강력해서, 꿀락들은 격파되었고, 투옥되고 추방되거나 노동수용소형에 처해졌다. 1천만 명의 꿀락 가운데 1백80만 명이 추방되거나 유죄 판결을 받았다.

쏘련 농촌에서 벌어진 이 거대한 계급투쟁, 1억2천만 명이 연루된 투쟁의 과정 속에서 불의(不義)가 저질러졌을 수도 있을 것이다. 그러나 사람답게 살기 위해, 자기 자식들을 더 이상 굶주린 무지렁이로 살게 하지 않기 위해 싸웠던 가난하고 억압받던 사람들을 우리는, 그들이 그 싸움을 충분히 '문화적으로' 수행하지 못했다고, 혹은 그들의 법정이 충분히 '자비'를 베풀지 않았다고 비난할 수 있을까? 수백 년 동안 문명이 이룩한 진보에 접근하지 못했던 사람들을 문화적이지 못하다고 손가락질할 수 있을까? 그리고 말해 보라, 수백 년 동안의 끝없는 착취 속에서 꿀락 착취자가 언제 빈농들에게 문화적이었거나 자비로웠던가를.

1937년의 숙청

우리의 두 번째 예, 즉 당과 군대 그리고 국가기구의 숙청에 따른 1936-38년의 재판에서 유죄가 선고된 반혁명분자들의 문제는 러시아 혁명 운동의 역사에 그 뿌리를 두고 있다.

수백만 명이 짜르와 러시아 부르주아지에 대항한 투쟁에 참가하여 승리했으며, 이들 가운데 다수가 공산당에 가입했다. 이 모든 사람들 가운데에는, 불행스럽게도, 프롤레타리아트를 위한 그리고 사회주의를 위한 투쟁보다는 다른 이유로 입당한 자들도 일부 있었다. 그러나 계급투쟁은 흔히 당의 새로운 투사들을 심사할 시간도 기회도 없을 정도였다. 심지어는 자칭 사회주의자라면서 볼쉐비끼 당과 싸웠던 다른 당들 출신의 투사들까지 공산당에 받아들여졌다.

계급투쟁을 수행하는 이들의 개인적 능력에 따라, 이들 새로운 활동가들 가운데 많은 사람들에게 볼쉐비끼 당과 국가, 군대의 중요한 직위들이 주어졌다. 당시는 신생 쏘비에뜨 국가에게 매우 힘든 시기였고, 기간요원이 —심지어는 읽고 쓸 수 있는 사람들조차— 크게 부족했기 때문에 당은 어쩔 수 없이 새로운 활동가들과 기간요원들의 자질에 대해서는 거의 요구를 할 수 없었다.

이러한 이유들 때문에 이윽고 당을 두 진영으로 —한편에는 사회주의 사회를 건설하기 위해 투쟁으로 밀어붙이기를 원하는 사람들과, 다른 한편에는 사회주의를 건설하기 위한 조건들이 아직 무르익지 않았다고 생각하면서 사회민주주의를 추진한 사람들로— 갈라놓은 대립이 발생했다.

이러한 견해 대립의 발단은 1917년 7월에 당에 가입한 뜨로츠끼에 있었다. 시간이 지남에 따라 뜨로츠끼는 몇몇 지도적 볼쉐비끼의 지지를 얻게 된다. 볼쉐비끼의 원래 계획에 맞서 연합한 이 반대파는 1927년 12월 27일의 당 투표에 부쳐진 정책안들 중의 하나를 제안했다. 이 투표가 이루어지기 전 수년에 걸쳐 당내에서는 거대한 논쟁이 벌어졌고, 그 결과는 누구에게나 명백했다. 총 725,000표 가운데 반대파는 6,000표를 얻었다. — 말하자면, 당 활동가의 1% 미만만이 연합반대파를 지지했던 것이다.

투표 결과에 따라, 그리고 반대파가 당의 정책과는 반대의 정책을 집행하기 시작하자, 공산당 중앙위원회는 연합반대파의 주요 지도자들을 당에서 추방하기로 결정했다. 반대파의 중심적 인물인 뜨로츠끼는 쏘련에서 추방되었다.

그러나 이 반대파의 전말(顚末)은 거기에서 끝나지 않았다. 빠따꼬프(Pyatakov)나 라제끄(Radek), 쁘레오브라쩬스끼(Preobrazhensky), 스미르노프(Smirnov) 같은 여러 지도적 뜨로츠끼주의자들이 그랬던 것처럼, 지노비에프(Zinoviev)와 까메네프(Kamenev), 쯔브도끼네(Zvdokine)는 나중에 자아비판을 했다. 그들 모두는 다시 당의 활동가로 받아들여졌고, 당과 국가 내의 직위를 회복했다. 조만간 그들의 자아비판이 진정한 것이 아니었음이 명백해졌는데, 이는 쏘련에서 계급투쟁이 격심해질 때마다 매번 반대파 지도자들이 반혁명의 편에 단결했기 때문이었다. 1937-38년에 상황이 완전히 명백해질 때까지 반대파의 대다수는 추방되었다가 다시 받아들여지기를 수차례 반복했다.

산업 파괴행위

1934년 12월에 레닌그라드 당의장이자 중앙위원회의 가장 중요한 인사들 중 한 명인 끼로프가 암살되었는데, 이로 인해 점화된 조사는 결국 폭력적 수단을 통해 당의 지도력과 국가의 통치권을 탈취하려는 음모를 꾸미고 있던 비밀조직을 밝혀내기에 이르렀다. 1927년에 패배했던 정치투쟁을 이제 그들은 국가에 맞서 조직된 폭력이라는 수단으로 승리하려 했던 것이다. 그들의 주요 무기는 산업 파괴행위(industrial sabotage)와 테러, 부정부패였다. 반대파를 주로 고무해 온 뜨로츠끼는 해외에서 그들의 활동을 지휘했다.

산업 파괴행위는 쏘비에뜨 국가에 가공할 손실을 끼쳤고, 쏘련은 막대한 비용을 지불해야 했는데, 예컨대 중요한 기계들이 수리 불가능하도록 훼손되었고, 광산과 공장의 생산이 엄청나게 감소되었다.

쏘련과 노동계약을 맺은 외국인 전문가들 중 한 사람인 미국인 엔지니어 존 리틀페이지(John Littlepage)는 1934년에 이 문제를 기술한 사람 가운데 한 사람이었다. 리틀페이지는 1927년부터 37년까지 10년 동안 쏘비에뜨의 광업 부문, 그중에서도 주로 금광에서 일했다. 그의 저서 ≪쏘비에뜨의 금을 찾아서(*In Search of Soviet Gold*)≫에서 그는 이렇게 쓰고 있다.

> 피할 수 있는 한 나는 러시아의 미묘한 정치적 책략에는 전혀 관심을 갖지 않았다. 그러나 나의 업무를 수행하기 위해서 나는 쏘련의 산업에서 무슨 일이 벌어지고 있는가를 연구하지 않으면 안 되었다. 그리고 나는 스딸린과 그의 협력자들이 불만에 찬 혁명적 공산주의자들이야말로 자신들의 최악의 적이라는 것을 깨닫기까지 긴 시간이 필요했다는 것을 확신했다.

리틀페이지는 또한, 해외에서 조종하는 거대한 음모가 정부를 전복하기 위한 계획의 일부로 주요한 산업 파괴행위를 이용하고 있다는 취지의 정부 공식 발표를 자신의 경험을 통해서 확인했다고도 썼다. 우랄과 까자흐스딴의 구리와 납 광산들에서 근무하던 1931년에 이미 리틀페이지는 이를 직감적으로 알아챌 수밖에 없었다. 그 광산들은 거대한 구리·납 꼼비나뜨(kombinat)에 속해 있었고, 그 최고 책임자는 중공업 인민위원회 부위원장인 빠따꼬프였다. 광산들은 생산의 측면에서 보나, 노동자들의 복리라는 측면에서 보나 파국적인 상태에 있었다. 리틀페이지는, 구리·납 꼼비나뜨의 최고 경영층으로부터 조직적인 산업 파괴행위가 진행 중이라는 결론에 도달했다.

리틀페이지의 책은 또한, 뜨로츠끼 일당 등 반대파가 반혁명 활동에 필요한 자금을 어디에서 챙겼는가도 말해 주고 있다. 비밀 반대파의 다수는 외국의 공장들로부터 기계들을 구입하는 데에서의 자신들의 직책상의 승인권을 악용했다. 그들이 구입을 승인한 제품들은 쏘련 정부가 실제로 대금을 지불한 제품들보다 훨씬 질이 낮은 것들이었다. 외국 공장주들은 그러한 거래 차액을 뜨로츠끼 조직에 건넸으며, 그 결과 뜨로츠끼와 쏘련 내 공모자들은 계속해서 이들 공장에 발주했다.

절도와 부정부패

1931년 봄에 베를린에서 광산에서 사용할 산업용 승강기들을 구입하면서 리틀페이지는 이러한 사실들을 알게 되었다. 쏘련의 구매사절단은 빠따꼬프가 이끌고 있었으며, 리틀페이지는 승강기들의 품질을 점검하고, 승인하는 업무를 맡고 있었다. 리틀페이지는 그 승강기들이 쏘련의 광산에서 쓸 수 없는 조악한 품질의 불량품들임을 알아챘다. 그러나 그가 빠따꼬프와 다른 쏘련 사절단원들에게 이러한 사실을 보고하자, 그는 냉담한 반응에 부딪혔다. 그들은 이러한 사실들을 묵인하고 싶다는 듯이 그 승강기들을 승인할 것을 요구했다.

리틀페이지는 이 요구를 거부했다. 당시에 그는, 이러한 사태를 개인적인 부정부패의 문제이며, 구매사절단원들이 승강기 제조업자에 의해 매수된 것이라고 생각했다. 그러나 1937년 재판에서 뺘따꼬프가 뜨로츠끼 일당 등 반대파와 연루된 사실을 자백한 후, 리틀페이지는 자신이 베를린에서 목격했던 것이 개인적 차원의 부정부패 이상의 것이었다는 결론을 내리지 않을 수 없었다. 그 돈은 쏘련 내 비밀 반대파의 활동들을 위해서, 즉 파괴행위와 테러, 뇌물, 흑색선전을 포함한 활동들에 사용하기 위한 것이었다.

서방의 부르주아 언론이 그토록 좋아하는 지노비예프, 까메네프, 뺘따꼬프, 라제끄, 똠스끼(Tomsky), 부하린(Bukharin), 기타 등등은 쏘련 인민과 당이 그들에게 위임한 직위를 악용하여 국가로부터 자금을 도둑질하고 있었는데, 이는 사회주의의 적들이 파괴행위를 목적으로 그리고 쏘련의 사회주의 사회에 대항하여 싸우는 데에 그 자금을 사용하기 위해서였다.

쿠데타 계획

절도나 파괴행위, 부정부패는 그 자체가 심각한 범죄다. 그러나 반대파의 활동은 그보다 훨씬 더 심각했다. 공산당 중앙위원회의 주요 위원들을 암살하는 것으로부터 시작하여, 쏘련의 지도부 전체를 제거하는 쿠데타에 의해서 국가 권력을 탈취할 것을 목표로 한 반혁명 음모가 진행되고 있었다. 쿠데타의 군부 쪽은 뚜하체프스끼(Tukhachevsky) 원수의 지휘 하에 있는 장군들의 그룹에 의해서 수행될 예정이었다.

그 자신이 뜨로츠끼주의자이고, 스딸린과 쏘련에 적대적인 여러 권의 책을 집필한 아이작 도이처(Isaac Deutscher)에 따르면, 쿠데타는 끄렘린에 대한, 그리고 모스끄바나 레닌그라드 같은 대도시들에 주둔하고 있는 가장 중요한 부대들에 대한 군사작전으로 시작될 예정이었다. 이 음모의 우두머리는, 도이처에 의하면, 뚜하체프스끼였고, 군(軍) 정치국 수장인 가마르니끄(Gamarnik)와 레닌그라드의 사령관 야끼르(Yakir) 장군, 모스끄바 군사학교의 사령관 우보레비치(Ouborevitch) 장군, 기병대 사령관 중의 하나인 쁘리마꼬프(Primakov) 장군이 동참했다.

뚜하체프스끼 원수는 옛 짜르 군대의 장교였다가, 혁명 후에 붉은 군대로 넘어온 인물이었다. 1930년 현재 군 장교의 거의 10%(약 4천5백 명)가 옛 짜르 군대의 장교 출신들이었다. 그들 중 상당수는 결코 자신들의 부르주아적 세계관을 버리지 않았고, 다만 그것을 위해 투쟁할 기회를 기다리고 있었을 뿐이었다. 반대파들이 쿠데타를 준비하자 이 기회가 찾아왔다.

볼쉐비끼들은 강했지만, 민(民)과 군(軍)의 음모자들은 강력한 지원자들을 끌어모으려 애썼다. 1937년 공개재판에서 부하린이 자백한 바에 의하면, 뜨로츠끼 일당 등 반대파는 나찌 독일과 협정을 맺었는데, 그 협정에 의하면 쏘련에서의 반혁명 쿠데타 후에 우끄라이나를 포함한 광대한 영토가 나찌 독일에 양도될 참이었다. 이는 나찌 독일이 반혁명을 지원한다는 약속의 대가로 요구한 것이었다. 부하린은 뜨로츠끼로부터 그 문제에 관한 지시를 받은 라제끄에게서 이 협정에 대해서 알게 되었다. 이 음모자들 모두는 사회주의 사회를 이끌고, 관리하고, 지키라고 고위직에 선출된 자들이었지만, 실제로는 사회주의를 파괴하기 위해서 일하고 있었다. 무엇보다도 이 모든 것이 1930년대에, 즉 나찌의 위협이 끊임없이 증대하고 있었고, 나찌의 군대가 유럽을 전쟁의 포화 속으로 밀어 넣으면서 쏘련 침략을 준비하고 있던 바로 그때에 일어나고 있었다는 것을 상기할 필요가 있다.

음모를 꾸민 자들에게는 공개 재판에서 반역자로서 사형이 선고되었다. 파괴행위, 테러, 부정부패, 살인 모의의 죄를 범하고, 나찌에게 영토의 일부를 넘겨주려고 했던 자들로서는 그 외의 어떤 것도 기대할 수 없었다. 그들을 무고한 희생자라고 부르는 것은 완전히 잘못된 것이다.

더 많은 거짓말쟁이들

붉은 군대의 숙청에 대해서 서방의 흑색선전이 로버트 콘퀘스트를 통해 어떻게 거짓말을 해 왔는가를 보면 흥미롭다. 그의 책 ≪대숙청≫에서 콘퀘스트는, 1937년 현재 붉은 군대 내에는 7만 명의 장교와 정치위원이 있었는데, 그들 중 50%(즉, 1만5천 명의 장교와 2만 명의 정치위원)가 정치경찰에 체포되어 처형되거나 노동수용소의 종신형에 처해졌다고 말하고 있다. 콘퀘스트의 이러한 주장에는, 그의 책 전체가 그렇듯이, 단 한마디의 진실도 담겨 있지 않다.

역사학자인 로저 리즈(Roger Reese)는, 그의 저서 ≪붉은 군대와 대숙청(*The Red Army and the Great Purge*)≫ 속에서, 1937-38년의 군 숙청의 현실적 의의를 보여 주는 사실들을 제시하고 있다. 붉은 군대의 육군 및 공군 지휘관의 수, 즉 장교와 정치위원의 수는 1937년에 144,300명이었고, 1939년이 되면 282,300명으로 증가했다. 1937-38년의 숙청에서 34,300명의 장교와 정치위원이 정치적인 이유로 쫓겨났다. 하지만, 1940년 5월이 되면 그중 11,596명이 이미 명예회복되어 그들의 직위에 복귀해 있었다. 이는, 1937-38년의 숙청에서 전체 장교와 정치위원의 ―콘퀘스트가 주장하는 50%가 아니라― 7.7%에 해당하는 22,705명의 장교 및 정치위원(약 1만3천 명의 육군 장교와 4천7백 명의 공군 장교, 5천 명의 정치위원)이 추방되었음을 의미했다. 이 7.7% 가운데 일부는 반역자로서 유죄판결을 받았지만, 나머지 절대 다수는, 이용 가능한 역사적 자료에 나타나 있는 것처럼, 단순히 민간인 생활로 되돌아갔을 뿐이다.

마지막 질문 하나. 1937-38년의 재판은 피고들에게 공정했는가?

예컨대, 비밀 반대파를 위해 활동한 최고위 당 관료였던 부하린의 재판을 검토해 보자. 저명한 변호사이자 당시 모스끄바 주재 미국 대사였던 조셉 데이비스(Joseph Davies)는 부하린의 모든 재판 과정을 참관했는데, 그에 의하면, 부하린은 재판이 진행되는 전체 과정 동안 자유롭게 이야기했으며, 아무런 제재도 받지 않고 자신의 주장을 진술했다.

조셉 데이비스는, 피고들이 기소된 범죄를 저질렀음이 재판 과정에서 입증되었으며, 재판을 참관한 외교관들의 일반적 의견은 대단히 심각한 음모가 있었음이 입증되었다는 것이라고 워싱턴에 보고했다.

역사로부터 배우자!

스딸린 시대 쏘련의 형벌제도에 관해서는 수천 건의 거짓 논문과 책들이 저술되었고, 수백 편의 영화가 제작되어 거짓된 인상(印象)을 전달해 왔는데, 이에 대한 논의는 중요한 교훈들을 제공하고 있다.

실제의 사실들은, 사회주의에 관해서 부르주아 언론에 발표된 얘기들이 대부분 거짓임을 다시금 입증하고 있다. 우익들은 자신들이 지배하는 신문·라디오·TV를 통해서 혼란을 야기하고, 진실을 왜곡하고, 많은 사람들로 하여금 거짓을 진실이라고 믿게끔 할 수 있다. 역사의 문제들에 관해서는 특히 그렇다. 따라서 우익이 발표하는 새로운 얘기들은, 그 정반대가 거짓임이 밝혀질 때까지는, 거짓이라고 간주해야 한다. 반드시 이런 신중한 태도를 취해야 한다. 사실 우익들은, 러시아 조사보고서들에 대해서 알고 있으면서도, 지난 50년 내내 가르쳐 온 새빨간 거짓말들을 계속해서 퍼뜨리고 있다. 그것들이 거짓임이 이제는 완전히 폭로되었는데도 말이다!

우익들은 자신들의 역사적 전통을 계승하고 있다. 거짓말이라도 몇 번이고 되풀이되고 되풀이되면 마침내는 진실로 받아들여지게 된다. 러시아 조사보고서들이 서방에서 출간된 이후, 여러 나라에서 이에 관한 수많은 저서들이 쏟아져 나오기 시작했다. 이들 저서의 유일한 목적은 러시아 보고서들에 의문을 제기하면서 해묵은 거짓말들이 대중에게 마치 새로운 진실인 것처럼 보이도록 하는 것이다. 지금 우리 주변에는 시종일관 공산주의와 사회주의에 대한 거짓말들을 늘어놓는 책들 천지이다.

우익이 거짓말들을 반복하는 것은 오늘날의 공산주의자들과 싸우기 위해서이다. 그 거짓말들이 되풀이되는 것은 노동자들로 하여금 자본주의와 신자유주의에 대한 어떤 대안도 찾지 못하게 하기 위해서이다. 그 거짓말들은, 유일하게 미래의 대안을, 즉 사회주의 사회를 제시하고 있는 공산주의자들에 대한 더러운 전쟁의 일부이다. 해묵은 거짓말들을 담고 있는 이들 새로운 출판물들이 계속 나타나고 있는 것은 바로 이 때문인 것이다.

이 모두는 사회주의적 역사관을 가지고 있는 모든 사람에게 한 사명을 부여하고 있다. 우리는 공산주의 신문을 부르주아의 거짓말들과 싸우는 진정한 노동자계급의 신문으로 만드는 책무를 수행해야 한다! 이것은 의문의 여지없이 오늘날의 계급투쟁에서 중요한 사명이며, 이 계급투쟁은 머지않아 새로운 힘으로 다시 일어날 것이다.

제2편
1930년대 쏘련에서의 계급투쟁
쏘련공산당(CPSU) 내의 숙청과 정치재판

1930년대에 모스끄바에서 벌어진 쏘련공산당의 숙청, 즉 제명과 정치재판은 부르주아 흑색선전자들이 좋아하는 두 가지 이야깃거리이다. 부르주아 대중매체는 그 두 이야기를 반복적으로 거론하면서 대중들에게 당시의 쏘련과 이 기간에 벌어진 숙청 및 정치재판에 대한 완전히 거짓되고 잘못된 인상을 각인시켜 왔다. 그들의 목적은 사회주의와 쏘련을 중상(中傷)함으로써 오늘날의 사람들이 공산주의자들에게 귀 기울이는 것을 막는 동시에 자본주의가 무언가 불가피한 것이라고 받아들이게 하는 것이다. 바로 그 때문에 이 시기 쏘련의 역사를 명백히 하는 것이 중요하다. 이는 부르주아의 거짓말들과 싸우기 위한 것이고, 볼쉐비끼들이 혁명적 이행 속에서 맞닥뜨렸던 곤경을 이해하기 위해서이다.

 최근에 이 분야에 관한 역사적 연구가 수행되었고, 그 결과는 이 글의 한 기초를 이루고 있다. 그 밖에, 이 글은 오래 전에 사람들의 기억에서 잊혀졌거나 대부분의 사람들에게는 전혀 알려져 있지 않은 1930-40년대의 문헌과 문서들에 근거하고 있다.

1930년대에 관한 진실들

그렇지만 그에 앞서 독자들에게, 쏘련 역사에서 사실상 결정적인 시기였던 1930년대의 쏘련의 모습을 보여 주는 것으로부터 시작하자. 무엇보다도 1930년대는 제1차 및 제2차 5개년계획이 실행되고 농업 집산화가 일어난 시기였다. 1929년에 2천9백만 루블이었던 국민소득은 1938년에는 1억5백만 루블로 증가했다. 10년간 360%가 증가한 것으로서 이는 산업화 사상 유례가 없는 일이었다! 고용노동자 수는 1930년의 1천450만 명에서 1938년에는 2천8백만 명으로 증가하였다. 산업 노동자들의 평균 연봉은 1930년의 991루블에서 1938년에는 3,447루블로 증가하였다. 국가예산상의 사회적·문화적 교부금은 1930년의 약 20억 루블에서 1938년에는 350억 루블로 증가하였다. 1930년대로 접어들면서 전체 산업부문이 최대 7시간 노동일(광부 및 유사 직종의 노동시간은 더 짧았다)로 이행했는데, 이 개혁 조치는 1930년대 말엽에 나찌 독일의 전쟁 위협에 대비하기 위해 어쩔 수 없이 폐기되었다.

1930년대에 쏘련의 생산은 인류 역사상 전례가 없는 속도로 증가했다. 1930년 초 쏘련의 산업생산 총액은 2천1백만 루블이었다. 8년 뒤 산업생산액은 1억 루블 이상이었다(두 수치는 모두 1926-27년의 가격 기준임). 국가의 산업생산액이 8년 사이에 거의 5배로 증가한 것이다! 1930년 초 파종면적은 1억1천8백만 헥타르였는데, 1938년에는 1억3천6백9십만 헥타르에 달했다. 동시에 농업의 완전한 집단화를 달성했고, 농업의 집단화 및 현대화와 관련된 거대한 문제들을 경험하고 해결했다. 1930년 초에 쏘련에는 3만4천9백 대의 트랙터가 있었다. 1938년에는 48만3천5백 대로, 8년 사이에 거의 14배나 증가했다! 같은 기간에 콤바인수확기는 1천7백 대에서 15만3천5백 대로, 수확기는 4천3백 대에서 13만8백 대로 증가했다.

1930년대에는 쏘련의 문화 역시 비약적으로 발전했다. 1929년의 각급 학교의 학생 수는 약 1천4백만 명이었다. 1938년에는 그 수가 약 3천4백만 명으로 증가하였고, 동시에 시간제 강의만 듣는 학생들까지를 포함하면 4천7백만 명 이상에 달했다. 전체 국민의 거의 3분의 1이 학교 교육을 받고 있었던 것이다. 1930년대 초에는 인구의 33%(1913년에는 67%)가 여전히 문맹이었으나, 1938년에는 그 수년 전부터 문맹이 완전히 근절된 상태였다. 이 기간 동안 고등교육을 받는 학생 수는 20만7천 명에서 60만1천 명으로 거의 3배로 증가했다! 도서관은 1933년에 4만 곳이었던 것에 비해, 1938년 7만 곳이 되었다. 도서관의 총 장서 수도 1933년에 8천6백만 권이었던 것에 비해 1938년에는 1억26만 권이라는 엄청난 수에 이르렀다.

1930년대에는 쏘련의 이념적 물질적 활력과, 모든 시민을 평등하게 대우하려는 의지를 입증해 주는 또 다른 조치도 실행되었다. 전반적이고 의무적인 초등교육이 전국의 모든 민족들에게 그들 고유의 언어로 시행되었던 것이다. 이는, 이전에는 기록된 형태로는 거의 존재조차 하지 않았던 언어들로 된 수많은 새 책과 교과서들, 기타 학습 자료들을 만드는 엄청난 문화적 작업을 의미했다. 처음으로 자신의 언어로 문헌이 출판된 민족도 여럿이었다. 이것이 앞으로 고찰할 1930년대 쏘련에서의 계급투쟁의 배경이다. 이 글을 읽는 동안 이 사실을 상기하도록 하자.[1]

공산당의 발전

1930년대에는 수백만 명의 새로운 당원들이 쏘련공산당(볼)(CPSU(b))에 가입하여, 생산과 사회 발전을 위한 투쟁에 참여했다. 이러한 대거 입당과 엄청난 생산 증대가 반드시 유익한 것만은 아니었다. 공산당은 기존 당원들과 새 당원들의 당 활동과 사회적 활동을 평가해야 했고, 공산주의자로서의 충분한 수준에 미치지 못한 사람들을 제명, 즉 숙청해야 했다. 이 작업의 끝은 미리 정해져 있지 않았다.

당과 국가 내부의 관료주의와 부패, 기회주의, 권력남용에 대한 투쟁이 30년대 내내 다양한 방식으로 수행되었는데, 이 투쟁이 항상 성공적이었거나 한 치의 실수도 없이 수행된 것만은 아니었다. 사회주의는 실수를 교정하고 새로운 길을 찾기 위한 토론과 비판을 전제하고 있다. 그러나 숙청은 대외정책상의 이유로도 중요했다.

1930년대 내내 쏘련에 대한 새로운 형태의 외부 위협이 증

---

[1] J. V. Stalin, *Works*, Vol. 12, Moscow, 1955, p. 242;
  J. V. Stalin, *Works*, Vol. 13, Moscow, 1955, p. 288;
  J. V. Stalin, *Problems of Leninism*, Peking, 1976, p. 874.

대했다. 봉쇄와 파괴행위, 자본주의 국가들의 침략적 위협에 더하여 사회주의 쏘련을 분쇄하고 슬라브 인민을 절멸시키려는 새로운 적이 출현했다. 다른 무엇보다도, 공산주의를 절멸하고 동쪽에 새로운 식민지들을 획득하여 그곳 사람들을 독일 경제의 노예 노동자로 이용하겠다는 공약을 내걸어 온 나찌가 1933년 1월에 독일에서 권력을 장악한 것이다. 이미 1925년에 히틀러는 그의 책 《나의 투쟁》에 이러한 정복계획에 대해 이렇게 썼다.

> 그러므로 대외정책에 있어, 우리 국가사회주의자들[나찌-역자]의 노선은 전쟁[제1차 세계대전-역자] 전 독일의 노선과는 확연히 다르다. 우리는 유럽의 남부와 서부로 향하던 부단한 진군을 멈추고, 시선을 동쪽의 땅들로 돌린다. 우리는 마침내 전쟁 전 시기의 식민지 정책과 무역 정책을 중단하고, 미래의 영토 정책으로 넘어간다. 그러나 오늘날 유럽의 새 영토에 대해 말할 때, 우리는 맨 먼저 러시아 및 그에 종속된 국경국가들에 대해서 생각해야 한다.[2]

1930년대 쏘련의 성장은 매우 중대했다. 그 성장이야말로 제2차 세계대전에서 쏘련이 나찌 독일에 승리하는 토대였던 것이다. 공산당 내부의 불합리한 것들과의 투쟁 및 숙청은 생산에서의 성공과 국가의 보안을 위한 조건들이었다. 부르주아 역사가들은 이것을 거의 언급하지 않고 있다.

부르주아의 미신에 따르면, 숙청은 정권을 비판하는 사람들

---

2) Adolf Hitler, *Mein Kampf*, London, 1939, p. 360.

에 대한 피의 박해였으며, 권력에 굶주린 관료들이 광범한 행정적 폭력적 장치를 이용해 가장 잔인한 방법으로, 진보적인 반대파를, 실로 —그들 역사가들에 따르면— '진정한' 사회주의자들과 공산주의자들로 이루어진 반대파를, 문자 그대로 도륙을 낸 박해였다. 이들 박해의 뒤에는 물론 억지 의심과 병적인 행동의 스딸린이 있었다. 부르주아지에 따르면, 권력을 독식하기 위해 모든 반대파들과 모든 고참 볼쉐비끼들을 죽이려고 오랫동안 계획해 온 그 스딸린 말이다.

1930년대의 숙청과 정치재판에 관해 부르주아 역사가들과 문필가들은 수십 년 동안 그렇게 서술해 왔다. 그러나 정작 그들 자신의 나라에서는 공산주의자들을 사찰하고, 박해하고, 투옥하고, 처형하고 있는 바로 그 부르주아지가 '진짜' 공산주의자들을 박해한다고 쏘련을 비난한다는 이 단순한 사실은 겉으로 드러난 것이 전부가 아님을 보여 주고 있다. 부르주아 역사가들은 거짓말을 하고 있고, 우리는 바로 그것을 입증할 것이다. 그러나 실제로는 훨씬 더 악질적이다. 1945년 이후 저들 부르주아 역사가들은 쏘련의 상황이 자신들이 창조해 온 신화와는 정반대임을 밝혀줄 자료들을 가지고 있었기 때문이다.

스몰렌스끄의 문서들

숙청이나 생산의 발전, 정치재판에 관한 사실들은 쏘련공산당의 역사를 구성하는 요소들이며, 여타 수많은 요소들과 마찬가지로 그것들은 당의 문서고에서 찾을 수 있다. 1989년에 고르바쵸프가 그것을 개방하기 전까지 그들 문서들은 외국의 연구자들에게는 봉쇄되어 있었다. 하지만 예외가 하나 있었다. 1945년에 이미 방대한 양의 문서들이 서유럽과 미국으로 넘어갔던 것이다. 그 경위는 단순하지만 꽤 놀랍다.

제2차 세계대전에서 나찌 독일은 쏘련을 침공하여 모스끄바와 레닌그라드 인근까지 진격했다. 1941년 이후 독일군은 쏘련의 서쪽 주(州)들—서부 지역—을 점령하고 있었는데, 그들 지역의 중심은 스몰렌스끄(Smolensk)시였다. 그 서부 지역은 러시아사회주의연방쏘비에뜨공화국(RSFSR, Russian Socialist Federative Soviet Republic)의 행정단위 중 하나였다. 당시 이 지역의 인구는 약 6백5십만 명이었고, 면적은 600×240km, 즉 14만4천 평방킬로미터로서, 스웨덴 면적의 약 3분의 1에 달하는 크기(스웨덴은 45만 평방킬로미터, 영국은 24만3천5백 평방킬로미터)였다. 스몰렌스끄에서 독일인들은 서부 지역의 문서들을 발견했는데, 그것은 몇몇 이유로 인해 퇴각하던 쏘련군이 파괴하지 못한 것들이었다. 이 문서들은 1941년에 독일로 이송되었다. 1945년 전쟁이 끝났을 때 그 스몰렌스끄 문서들은 독일 내 미군 점령지에 있었다. 그 스몰렌스끄 문서들은 미국의 동맹군인 쏘련의 소유였지만, 미군 장군들의 자본주의적 사고(思考)로는 그 문서들을 미국으로 넘기는 것이 당연한 처사였다. 이 스몰렌스끄 문서들은 오늘날 미국국립문서국(the US National Archives)에 보관되어 있다.

스몰렌스끄 문서들은 매우 방대하다. 몇 가지를 제외하고는 서부 지역 공산당의 모든 중요한 활동들이 거기에 집대성되어 있다. 당원 명부와 각급 당조직의 정치적 지령들에서부터 이 지역의 최고기관인 조직국에 이르기까지 모든 기관의 회의에서의 토론과 논쟁의 초록(抄錄)에 이르기까지. 농업 정책과 산업 전략에서부터 노동자들의 연간 휴가 계획에 이르기까지 정치활동의 모든 면을 찾아볼 수 있다. 서부 지역의 당의 숙청에 대한 문서들도 거기에 보존되어 있다.

스몰렌스끄 문서들은, 쏘비에뜨 사회가 어떻게 작동해 왔는가를 알고자 하는 모든 이들을 위한 금광일 것임이 틀림없다. 특히 쏘련과 사회주의에 적대적인 사람들조차 거기에서 자신들의 목적을 입증할 사실들을 찾을 수 있었을 것이다. 그러나 스몰렌스끄 문서들은 거의 이용되어 오지 않았다. 미국의 역사가인 멀 페인쏘드(Merle Fainsod)가 이 문서들을 연구한 첫 인물이었다. 1958년에 그는 이 주제에 대해, ≪쏘련 통치 하의 스몰렌스끄(*Smolensk Under Soviet Rule*)≫라는 책을 출간했는데, 이는 쏘비에뜨의 권력 기구를 극히 부정적으로 기술하는 데에 거의 모든 노력을 바치고 심각한 오류들을 내포한 편향적인 저작이었다. 그 이후로 스몰렌스끄 문서들은 사실상 거의 손대지 않은 채로 남아 있다.

이 문서 자료는 서방 대중매체에서 단 한 번도 신문의 제1면에 보도된 적이 없다. 그 이유는, 스몰렌스끄 문서들에 기록된 쏘련 서부 지역의 정치적 생활은 서방의 대중매체가 광고했던 (그리고 여전히 광고하고 있는) 터무니없는 거짓말과 신화 속의 날조된 내용과는 전혀 달랐기 때문이다. 스몰렌스끄 문서들은 생활의 모든 측면에 관한 광범위한 의견들을 담은 수십만 인민의 기록의 수집물로서, 반쏘 흑색선전전의 자료로는 이용될 수 없었던 것이다. 그럼에도 불구하고, 멀 페인쏘드의 책 ≪쏘련 통치 하의 스몰렌스끄≫는, 1930년대 쏘련공산당 내의 숙청과 정치재판에 관한 신화들, 대학에서 대중매체에 이르기까지 서방세계에 널리 퍼진 신화들의 기반의 일부가 되었다.

독자적인 결론을 위한 새로운 사실들

1985년이 되어서야 스몰렌스끄 문서들에 대한 새로운 연구에 기초한 한 권의 책이 출판되었다. ≪대숙청의 기원들―쏘비에뜨 공산당에 대한 재고찰, 1933년부터 1938년까지(*Origins of the Great Purges—The Soviet Communist Party Reconsidered, 1933-1938*)≫라는 제목의, 미국의 역사 교수 존 아크 게티(J. Arch Getty)의 저서였다. 이 책은 쏘련의 역사를 연구하는 데 대단히 가치 있는 자료와 통계들을 제공하고 있다. 게티는 1993년에 미국에서 출판된, 스딸린 시대의 범죄자들에 대한 쏘련의 처우에 관한 러시아 연구 논문들(이와 관련하여 나는 ≪프롤레타리아트≫ 1998년 4월호에 "쏘련 역사에 대한 거짓말―히틀러에서 허스트까지, 콘퀘스트에서 쏠제니찐까지"[이 번역서의 제1편-역자를 쓴 바 있다)의 주요 배후인물 중 한 사람이다. 이 연구 논문들은 수십 년 동안 자본주의 대중매체에 퍼져 있던 거짓말들을 폭로했다.

게티는 (《대숙청의 기원들》 이후 약 15년 뒤인) 1999년에 1930년대 쏘련에 관하여, 《숙청으로의 길―스딸린과 볼쉐비끼의 자멸, 1932-1939(*The Road to Terror―Stalin and the Self-Destruction of the Bolcheviks, 1932-1939*)》이라는 제목의 새로운 책을 출간했다.

그 책은, 최초로 공개된, 이전의 쏘련 비밀 문서고의 기록들을 포함하고 있다. 그러나 게티가 쓰고 있듯이, 그 기록들은 방대한 양의 기록들로부터 선택된 것이며, 이것들이 정말 중요한 것들인지, 번역은 올바로 되었는지에 대한 의문을 제기할 수 있을 것이다. "모든 역사적 기록들이 그렇듯이 그것들은 다양한 방식으로 해석될 수 있다."3) 그리고 나아가서는, "우리의 연구가 모든 문제를 다룰 수는 없다. ... 우리가 대외정책, 농업이나 산업 문제들, 혹은 문화적 문제들을 전반적으로 다룰 수는 없다"4)고 게티가 말할 때, 그 책의 의의가 무엇인지도 물을 수 있을 것이다. 볼쉐비끼 당 내의 모든 투쟁이 결국은 이들 문제에 대한 정책을 둘러싸고 벌어지지 않았던가? 그 기록들은 당내에서 벌어진 많은 토론들을 설명해 주고 있지만, 1930년대 쏘련의 발전과 관련된 사실들에 대해서는 거의 설명해 주지 않고 있다. 이 점을 명심해야 한다.

게티의 연구는 쏘련에 관한 일부 신화들과 거짓말들을 깨뜨렸지만, 무엇보다도 가장 중요한 것은 게티의 연구가 사람들에

---

3) J. Arch Getty & Oleg V. Naumov, *The Road to Terror―Stalin and the Self-Destruction of the Bolsheviks, 1932-1939*, New Haven, 1999, p. 25.
4) *ibid.*, p. 27.

게 독자적인 판단의 가능성을 열어 주고 있다는 점이다. 그리고 이것, 즉 자기 자신의 결론을 이끌어 내는 것이야말로 사실 중요하다. 쏘련과 관련하여, 서방에는 그 전체를 이해하고 설명해 줄 수 있는 전문가가 아무도 없다. 게티 본인도 쏘련에서의 계급투쟁의 조건들을 이해하기에는 한계가 있는 부르주아 저술가에 불과하다. 1930년대의 내부 투쟁으로 볼쉐비끼들이 자멸했음을 보여준다는 ≪숙청으로의 길≫에는, 예컨대, 1930년대에 쏘련에서 일어난 인류 역사상 가장 위대한 사회적 발전에 관한 일언반구도 없다. 단 한마디도 말이다! 나찌 독일의 위협과 관련해서는, 635페이지의 대작인 ≪숙청으로의 길≫ 전체에 종속절 속의 단 한 줄, 총 여섯 단어로 언급되어 있을 뿐이다. "당시 지도층은 집산화와 **독일 파시즘의 발흥**의 결과 계속적인 위기를 분명히 느꼈다."5) 이것이 전부다!

쏘련에서 1930년대의 대부분은 나찌 독일의 침략 위협에 대비하기 위해 전력을 다해 투쟁했던 시기임을 상기해야 한다. 만일 이러한 사실의 중요성을 간과한다면, 물론 불가피하게 잘못된 결론들을 내릴 수밖에 없을 것이다. 만약 볼쉐비끼가, 쏘련을 최대한 발전시키고 방어력을 구축하는 대신에, 자멸했다면, 나찌는 전쟁에 승리하여 쏘련과 슬라브 인민들을 절멸시켰을 것이다. 그러한 일은 발생하지 않았고, 그 정반대의 일이 벌어졌다. 모두가 알다시피, 쏘련은 전쟁에 승리하여 나찌즘을 절멸시켰다. 독자들은, 노점의 헌책방의 싸구려 탐정소설의 내용 수준의 결론들을 내리게 하는 온갖 종류의 음모와 어리석

---

5) *ibid.*, p. 327.

음 때문에, 강단의 연구는 이렇게 현실과는 동떨어진 근본적인 오류를 범하고 있다는 것을 이해해야 할 것이다. 지난 50년 동안 대학 강단에 만연해 온 방대한 양의 거짓말과 반쪽짜리 진실들, 그것이 서방의 쏘련 연구 특징이다.

≪대숙청의 기원들≫

게티의 두 저작은 이 글이 근거하고 있는 참고문헌 중에 포함된다. ≪대숙청의 기원들≫은 쏘련 사회의 진정한 모습을 보여 주는 통계와 진술들을 가득 담고 있다는 점에서 그가 이후에 쓴 ≪숙청으로의 길≫과 대조된다. 서론부터 놀랍다. 우리는 교수들이 솔직하게 이야기하는 것을 좀처럼 듣지 못한다. 어떤 경우에도 스웨덴의 교수들은 솔직하게 얘기하지 않는다. 서론에서 아크 게티 교수는, 스몰렌스끄 문서들을 연구한 결과, 쏘련에서의 숙청에 대한 서방의 설명들은 그 대부분이 "지지할 수 없는 전제들"[6]에 근거하고 있음이 드러났음을 입증하고 있다.

그 연구 결과는, 첫째로, 1930년대에 일어난 정치적 사건들은 스딸린과 그의 측근들에 의해서 "계획되고 준비되어 수행된 … 하나의 과정으로 고찰될 수 있는 일관된 현상(대숙청)"이 아니었음을 보여 준다. 둘째로, 그 연구는 "레닌(과 스딸

---

6) J. Arch Getty, *Origins of the Great Purges—The Soviet Communist Party Reconsidered, 1933-1938*, New York, 1985, p. 3.

린) 세대의 고참 볼쉐비끼들이 숙청의 대상이었다"[7]는 주장은 실제와는 아무런 관계가 없음을 보여준다. 더욱이 게티는 지금은 1930년대의 쏘련에 대해 배워 왔던 것들을 재검토해야 할 때임을 확인하고 있다.

이는 명백히, 충분한 증거가 없다면, 역사 연구자나 역사 교수의 글을 믿어서는 안 된다는 말이다. 1958년에 출간된 페인쏘드의 저서 ≪쏘련 통치 하의 스몰렌스끄≫도 여기에서 크게 벗어나지 않는다. 그 숙청에 대해서 페인쏘드는 이렇게 쓰고 있다. "1934년 12월의 끼로프 암살은 갈수록 광범위하게 확산된, 거의 지속적인 일련의 새로운 숙청들을 유발했고, 1937년에 레닌그라드 당의 지도부가 사실상 파괴되기에 이르러 그 절정에 달했다."[8]

게티의 책이 모든 싸구려 역사 위조자들의 토대를 제거하고 있는 것은 이 경우만이 아니다. 게티는, 오랫동안 그 주제에 관한 기본적 '교과서'였던, 페인쏘드의 ≪쏘련 통치 하의 스몰렌스끄≫ 자체를 문제 삼고 있다. ≪쏘련 통치 하의 스몰렌스끄≫를 가리켜 게티는 이렇게 확언한다. "1933-39년의 사건들은 모두 계획된 테러가 점차 고조된 것도, 단일한 현상이나 과정을 구성하는 것도 아니었다. 1933-36년의 당원 숙청은 단순히 1937년에 벌어진 정치적 테러의 서곡이 아니었으며, 단지 간접적으로만 그것과 연관이 있을 뿐이다."[9]

---

7) *ibid.*
8) Merle Fainsod, *Smolensk under Soviet Rule*, London, 1959, p. 222.
9) Getty, 1985, p. 6.

우리는 1930년대의 숙청에 관해 아크 게티가 제시하는 사실들을 소개할 것이다. 나아가 우리는 게티가 제시하는 통계들로부터 우리 자신의 정치적 결론들을 이끌어 낼 것이다. 먼저 1920년대 쏘련공산당의 상황에 대한 짤막한 배경지식을 독자들에게 전달하는 것으로부터 시작해 보자.

1920년대 숙청들의 역사에 대한 요약

혁명이 승리하고 공산당이 지배당이 되었을 때, 레닌과 당 지도부는 당과 국가기구에 일부 달갑지 않은 분자들이 스며들었다는 것을 인정할 수밖에 없었다. 출세를 위해 당원이 된 사람들이 그들이었다. 1919년 12월 [2-4일-역자] 러시아공산당(볼) 제8차 전국협의회에서 레닌은 이 문제를 제기했다. 레닌에 의하면, "한편에서는, 집권당에는 집권당이라는 이유만으로도, 모든 최악의 분자들이 달라붙는 것은 당연하다."[10] 그렇기 때문에 당원들의 활동을 평가하는 것이 중요했다. 레닌의 제안에 따라 당은 모든 당원들의 재등록 작업을 수행했다. 모든 당원들은 다른 당원들 앞에서 자신의 당 활동에 대해 설명해야 했고, 신뢰할 수 없다고 여겨지는 사람들은 퇴출되었다. 그것은 당 기관의 첫 정화작업이었다. 기회주의적인 분자들을 숙청함으로써 당을 강화하는 이 방법은 그 이후 수년간 공산당의 특

---

10) Vladimir I. Lenin, "러시아공산당(볼) 제8차 전국협의회 중앙위원회 정치보고", *Collected Works*, Vol. 30, Moscow, 1965, p. 186.

징이 되었다.

당원 숙청의 일반적 기준은 부패와 소극성, 당의 규율위반, 알코올중독, 범죄행위, 반유대주의였다. 자신들의 출신계급을 숨긴 부르주아 개인들이나 꿀락들은 모두 추방되었다. (그러나 자신들의 계급적 출신 배경을 인정하고 당원이 된 사람들은 그렇지 않았다.) 자신들의 과거를 숨긴 과거의 짜르 관료들 역시 어쩔 수 없이 추방되었다. 추방된 사람들은 모두 중앙통제위원회에 이의를 제기할 수 있었고, 그 경우 보다 상급 기관에서 재검토되었다.

앞으로 보겠지만, 비교적 많은 이들이 당원 직위를 회복했다. 수백 명의 당원들이 참석하는 일반 집회에서의 결정은 일반적으로 당 중앙에서의 결정들보다 더 엄격했다. 숙청을 시작했고 그 방식을 결정했던 당 중앙위원회는 우선 평당원들이 당당하게 자신들의 목소리를 내어 당의 타락한 관료들과 그들의 동조자들을 단속하도록 격려했다.

이것은 결국 힘든 작업이었다. 부패한 관료들은 비판과 곤경을 벗어나는 수천 가지의 책략을 알고 있었다. 그 대신에, 추방당한 사람의 대부분은, 소극적이거나 정치적으로 무지하다고, 혹은 술버릇이 나쁘다고 당 비서들로부터 고발당하고도 자신을 변론하지 못한 평당원들이었다.

1920년대의 숙청들

1919년의 당원 재등록 이후에도 레닌과 당 지도부는 당에는 여전히 상당한 결점이 있음을 알았다. 재등록 정책이 그 목적을 달성하지 못한 것이다. 오직 노동자들과 다른 계급 출신의 신뢰할 만한 분자들만 선발한다는 지령이 무시된 채 엄청나게 많은 새로운 당원들이 계속 유입되었다. 1921년과 1928년, 1929년에 새로운 숙청들이 벌어졌다.

아래 표는 이때마다 추방된 당원들의 백분율이다. 그 외 다른 해의 제명 비율은 3-5%이다.

1920년대의 대숙청들[11]
(출처: 게티, 《대숙청의 기원들》)

		추방 비율(%)
1919년	재등록	10-15
1921년	숙청	25
1928년	7개 지역 교정	13
1929년	숙청	11

1929년의 숙청들에 관해서는 원인들이 상세히 기술되어 있다. 이 기술은 실제로 유용한 정보를 제공하고 있으며, 또한 적어도 숙청이 당내의 반대 분자들을 제거하기 위한 방책이었을 것이라는 신화를 불식시키고 있다. 1929년에는 1백53만 명

---

11) Getty, 1985, p. 46.

의 당원들이 심사를 받았다. 이들 가운데 약 17만 명, 즉 11%가 제명되었다. 중앙통제위원회에 재심을 요청하여 3만7천 명(제명당한 사람들의 22%)이 당원자격을 회복했다. 스몰렌스끄에서는 제명되었던 당원들의 무려 43%가 당원자격을 회복했다. 보다 상세히 검토해 보면, 그 절대 다수는 노동자계급 출신의 평당원으로서, 소극적이라는 이유로 지방의 당 관료들에 의해서 추방되었음을 알 수 있다. 이들 당원들이 당 활동에 참가하는 것을 보다 어렵게 만든 생활여건에 대한 고려가 전혀 없었던 것이다.

1929년의 당 숙청[12]

(출처: 게티, ≪대숙청의 기원들≫)

제명 사유	비율(%)
개인적 행실상의 결함	22
신원 미상 분자나 그 연루자	17
소극성	17
범죄행위	12
당 규율 위반	10
기타	22

게티에 의하면, 정치적인 이유—'분파적' 혹은 적대적 행위들—로 추방된 사람들도 '당 규율 위반'으로 제명된 사람들에 포함된다고 한다. 정치적 이유로 제명된 사람들은 '당 규율 위

---

12) *ibid.*, p. 47.

반'으로 제명된 전체 10%의 10%를 차지한다. 따라서, 정치적 이유로 인한 제명은 1929년의 숙청에서 발생한 총 제명의 1%를 넘지 않는다.[13] 이를 "스딸린주의자들의 모든 반대세력 제거"라는 만연한 신화와 비교해 보라. 게다가, 제명된 사람들은 굴락 노동수용소에서 죽거나 실종되었다고 부르주아들은 항상 주장하고 있다. 사실은 그와 다르다. 숙청된 사람들 가운데 오직 절도, 횡령, 공갈협박, 파괴행위 등의 범죄를 저지른 자들만이 재판에 회부되었다. 그 외의 숙청된 이들은 계속 평범한 삶, 다만 당원으로서의 의무 및 당원으로서 누리던 지원이 없는 삶을 살았다.

1930년대 쏘련공산당에서의 숙청

이제 1930년대의 쏘련으로 넘어가 보자. 1930년대의 숙청이야말로 바로, 사회주의를 비방하고 억압적 국가로서의 쏘련이라는 신화를 강화하고자 하는 사람들이 들고나오는 단골 소재이다. 가장 유명한 역사 위조자들로는 영국비밀정보부의 요원이었던 로버트 콘퀘스트와 파시스트 알렉산드르 쏠제니쩐(Alexander Solsjenitsyn), 러시아 사회민주주의자 로이 메드베제프가 있다. 스웨덴에서 그들에 부화뇌동하는 자들로는 실패한 시인 페르 알마르크, 무뢰한 슈타판 스코테, '역사가'이자

---

13) *ibid.*, p. 46.

뜨로츠끼주의자 페테르 엥글룬드(그는 최근에 왕립군사과학원(Royal Academy of Military Science) 회원으로 선출[!]되었다) 및 몇몇 수상한 인물들(옐네르(Gerner) 교수, 살로몬(Salomon), 칼손(Karlsson) 등등)이 있다. 그러나 자본가들과 정치경찰인 CIA 및 MI5는, 미국과 영국뿐 아니라, 다른 나라들에서도 학자들을 매수하고 있다. 스웨덴에도 역시 자본과 정치경찰 새포(Säpo)에서부터, 예컨대, 스톡홀름(Stockholm), 웁살라(Uppsala), 룬드(Lund) 대학교의 학과들에까지 이런 [매수의-역자] 흔적들이 있다.

역사의 위조자들을 폭로하는 것은 중요하다. 그들은 사람들의 무지를 악용해 사회주의에 동조하는 사람들을 수세적으로 만들고, 공산주의자들을 그들의 역사로부터 격리시키고 있다.

로버트 콘퀘스트는 전후(戰後) 내내 쏘련과 사회주의를 중상(中傷)하는 데에서 중심적인 역할을 해 왔다. 콘퀘스트는 세계에서 가장 오래되고 거대한 비밀정보부의 하나인 영국의 비밀정보부에서 훈련받은 정보공작원이다.[14] 콘퀘스트는 쏘련에 관한 정보조작을 전문으로 하는 일류 요원이 되었다. 그의 특성은 정보를 조작하여 검은 것을 흰 것으로 바꾸는 것이다. 1950년대 말엽에 콘퀘스트는 돌연 영국 비밀정보부를 그만둔다. 그 후 우리는 그가 미국에 있다는 것을 알게 되는데, 그는 그곳에서 CIA를 통해 그의 책과 논문을 출판한다! 미국의 CIA가 영

---

14) Mário Sousa, *Lies Concerning the History of the Soviet Union—From Hitler to Hearst, from Conquest to Solzhenitsyn*, http://www.mariosousa.se, 2005-07-17. [이 책의 제1편, "쏘련 역사에 대한 거짓말", pp. 17 이하 참조. — 역자]

국의 비밀정보부보다 더 많은 보수를 제공하고 있고, 그 때문에 미국으로 이주했다는 결론을 내릴 수 있을 것이다. 게다가 CIA는 그에게 대학의 연구직이라는 그럴 듯한 가면도 제공했다. 콘퀘스트가 꾸며낸 얘기들은 CIA에 의해 수십 년 동안 자본주의 대중매체를 통해 전 세계적으로 유포되어 왔으며, 불행스럽게도 많은 사람들이 그것들을 진실이라고 믿고 있다.

콘퀘스트의 가장 잘 알려진 저서인 《대숙청—30년대 스딸린의 숙청(*The Great Terror—Stalin's Purges of the Thirties*)》은 1968년에 출판되어, 부르주아 계급의 주요한 반(反)사회주의 투쟁 무기의 하나로 이용되고 있다. 그 책의 일부는 콘퀘스트가 영국비밀정보부의 요원이었을 당시의 자료들에 근거하고 있다. 그 정보의 출처는 매우 미심쩍은 무리들로서, 나찌 협력자들과 변절자들, 테러리스트들이 그 출처다. 부르주아 역사가들은 콘퀘스트의 거대한 날조들을 역사적 사실들로 격상시켜 왔고, 그의 거짓말들을 기꺼이 정기간행물과 책들 속에 반복 인용해 왔다. 예컨대, 고참 강사 페테르 엥글룬드가 1994년 2월에 《모데르나 티데르(*Moderna Tider*)》에서 한 일도 바로 그런 짓거리로서, 1937년의 쏘련에 대한 거짓말들을 8페이지나 늘어놓았다. 동일한 글을 약간 고쳐서 그의 책 《영점에서의 편지(*Letters from point zero / Brev från nollpunkten*)》에도 싣고 있다. 엥글룬드에 의하면, 콘퀘스트의 《대숙청...》은 "없어서는 안 되는 저작"[15]이다. 하지만, 콘퀘스트는

---

15) Peter Englund, "Den otroliga bilden av Stalin 1937", *Moderna Tider*, 1994:40, p. 26; Peter Englund, *Brev från nollpunkten*, Stock-

그 책의 참고문헌들과 관련하여, "진실은 따라서 단지 풍설(風說)의 형태로만 배어 나온다"고, 그리고 나아가서는 "정치적 문제들에 관해서는, 비록 절대적으로 오류가 없을 리는 없겠지만, 기본적으로 최선의 출처는 고위 정치인이나 고위 경찰 수준의 소문이다"16)라고 분명히 말하고 있다. 파시스트와 나찌 협력자들 사이에서 떠도는 "풍설과 소문들"이야말로 1930년대 쏘련에서의 이른바 '숙청'과 관련하여 콘퀘스트가 이용해 온 전거였던 것인데, 그럼에도 불구하고 '역사가' 엥글룬드에게는 훌륭한 근거들인 것이다. 진지한 역사가들은 "풍설과 소문들"을 근거로 받아들이지 않는다.

1933년의 숙청들

1930년대에 당은 1933년과 1935년, 1937-38년의 세 번의 대숙청을 겪었다. 1933년에 일어난 첫 번째 숙청은 농업 협동조합이 거대한 진전과 함께 쏘련 전역에 확산되고, 산업생산도 전례 없는 결과를 산출해 내던 열광적인 사회 분위기 속에서 일어났다. 당은 사회주의를 위해 투쟁하고자 하는 모든 사람들에게 문호를 개방했고, 1930년대 첫 3년간 수십만의 새로운 당원들이 선발되었다. 이렇게 대대적으로 급증했기 때문에 당

---

holm, 1996, p. 72.
16) Robert Conquest, *The Great Terror—Stalin's Purge of the Thirties*, New York, 1968, p. 569.

지도부는 새 당원들을 평가할 필요가 있다고 생각했다. 당 지도부는 기회주의자들이나 부패한 관료들, 범죄자, 반유대주의자, 알코올중독자, 당 규율을 위반하는 당원들을 색출하고 있었다.

당의 지령들은, 숙청은 동지적인 분위기에서 수행되어야 하고, 사람들의 사생활을 깊이 파헤쳐서는 안 된다는 것을 명확히 했다. 더 나아가, 당 지도부는 지방 관료들을 공개적으로 비판하도록 평당원들을 격려했으며, 지방 당 지도부가 소극성이나 정치적 무지를 이유로 평당원들을 추방하지 않도록 경고했다. 1929년의 실수들이 반복되어서는 안 되었던 것이다. 당원들의 전반적인 발전을 배려해야 했고, 소극적이거나 정치적으로 무지한 당원들의 경우, 그들이 정치적 지식을 개선하거나 당 활동에의 참여를 증대시킬 때까지, 예비당원이나 지지자 자격으로 강등될 필요가 있다고 판단했다. 추방은 되도록 피해야 했다.

당의 그러한 지령에도 불구하고 1933년 숙청은 중앙위원회의 의도와 다르게 흘러갔다. 쏘련처럼 광대한 나라에서는 지방의 당 비서들이 막강한 권력을 가지고 있었는데, 이것은 때로 치명적인 결과를 초래했다. 사료들은, 지방의 당 비서들이 자신들과 그 측근을 향한 비판을 모면하기 위해 안간힘을 썼음을 보여 주고 있다. 단지 성공적인 숙청에 대한 자신들의 관심을 과시하기 위해서 일부 지방 당 비서들은 많은 평당원들과 노동자, 농민들을, 즉 추방되어서는 안 되는 충실한 당원들을 내쫓았다. 추방된 사람들의 대부분은 1930년에서 1933년 사이에 입당한 사람들로서, 당의 모든 논의 사항들을 숙지할 시간이 없었던 사람들이었다. 많은 사람들이 당 강령과 맑스-레닌주의를 깊이 학습할 수 없었음에도, 당 비서들은 이들이 너무 무지하다고 여겼다. 그 외에 작업 환경이나 가족 문제로 당 활동에 전면적으로 참여하기 어려운 사람들도 있었다. 1933년 숙청에서 당원과 예비당원의 18.5%인 약 79만2천 명이 제명되었다.

1933년의 제명[17]

(출처: 게티, ≪대숙청의 기원들≫)

제명 사유	비율(%)
도덕적 타락, 출세주의자, 관료주의자	17.5
신원 미상 분자, 경력 은폐자	16.5
당 규율 위반	20.9
소극성	23.2
기타	17.9
≪대숙청의 기원들≫에서 언급 안 된 부분	4.0

1934년 중반에 끝난 1933년의 숙청은 당내의 심각한 모순을 드러냈다. 중앙위원회가 추방하고자 했던 것은 절도범들이나 부패 관료들이었지만, 가장 많이 추방된 것—사실상 거의 4분의 1—은 소극성을 이유로 추방된 사람들이었다. 소극성은 당의 지령 속에 제명의 기준으로 열거되어 있지 않았다. 지방

---

17) Getty, 1985, p. 54.

당의 지도자들이, 관료주의적인 방식이나 그들이 이전에 획득한 권위를 이용하여, 중앙위원회의 지령을 무시한 채 자기들 마음대로 숙청을 단행했던 것이다. 4분의 1이 소극적이라는 이유로 제명되었다는 것은 [당내의-역자] 반목이 심각하다는 것을 의미했다. 중앙위원회는 지방 당 지도자들의 당 지령 위반에 대해서 무언가 조치를 취해야 했으나, 그 이후의 상황에서 볼 수 있듯이 이 또한 쉬운 일이 아니었다. 아주 공교롭게도 이후 수년 동안 쏘련은 살아남기 위해 발전의 속도를 높이지 않으면 안 되었다.

게티가 제시하는 또 다른 통계는, 1933년 숙청이 스딸린에 반대하는 고참 볼쉐비끼들—레닌 시대부터의 고참 당 간부들—을 추방하기 위해 조직되었다는, 콘퀘스트나 다른 우익들의 주장과 관련이 있다. 게티에 의하면, 그러한 주장은 신빙성이 거의 없다. 제명된 사람들의 단연 절대다수, 사실상 3분의 2는 1928년 이후에 입당한 사람들이었으며, 그 때문에 비교적 새로운 당원들로 간주되어야 했다. 23%는 농업노동자나 농부, 14.6%는 공무원, 약 62%는 노동자라는, 추방된 사람들의 분포는 압도적 다수인 85%가, 레닌 시대부터의 당 간부가 아닌, 평범한 노동자들이었음을 보여준다. ≪대숙청≫에서 로버트 콘퀘스트는 1933년의 숙청을 다루면서, 백만 명 이상의 당원이 정치적 이유로 추방되었다고 암시한다. 숙청의 역사를 알고 있다면, 콘퀘스트의 주장이 거짓말임은 명백해진다.

"검증(Proverka, Проверка)"—1935년의 당원증 통제

1933년의 숙청은 전국에 걸쳐 당 조직 내부의 대단히 심각한 난맥을 드러냈다. 당원 명부는 현실에 부합하지 않았다. 많은 지역에서 당원의 숫자와 명부상의 숫자가 일치하지 않았다. 많은 당원들이 이사하고, 탈당하고, 제명당하거나 죽었으나, 이것이 당원 명부에 반영되지 않았던 것이다. 지방 당 비서들은 5개년 계획과 집산화에 따른 재정업무를 처리하는 데 여념이 없었다. 그러한 이유로, 혹은 순전한 게으름이나 관심의 부족으로, 당원 명부가 제대로 갱신되지 못했다. 그 결과 당의 재정 회계에 커다란 난맥상이 존재했다. 이러한 상황이 밝혀지고, 당 중앙이 당원증과 관련한 파국적 상황의 전모를 파악하자, 모든 당원의 당원증을 갱신하지 않으면 안 된다는 것이 명백해졌다.

1934년 10월, 중앙위원회는 모든 당원들을 새롭게 등록시키기로 결정했다. 중앙위원회는 지방 곳곳에 대표자들을 보내, 등록 작업을 돕는 한편, 당 서류들의 실제 상태를 점검하여, 가능하면, 문제를 해결하도록 하였다.

스몰렌스끄의 시위원회에는 오스뜨로프스끼(Ostrovskij) 동무가 파견되었다. 그는 시위원회가 당 문서들을 안전하게 보관할 책임자를 두도록 하는 것 같은 몇 가지 간단한 결정을 하도록 요구하는 것부터 시작했다. 그는 또한 당원증을 잃어버린 당원들에게 함부로 당원증을 재발급하지 말고, 사전에 신중한 조사를 수행할 것을 요구했다. 오스뜨로프스끼는 또한 1935년 1월부터는 새로운 당원 명부를 작성하고, 시위원회 산하의 모든 위원회도 같은 절차를 밟도록 요구했다.

곧 드러난 것처럼, 오스뜨로프스끼가 다루기에는 문제가 너무나 심각했다. 다른 많은 지역의 중앙위원회 대표자들도 같은 경험을 했다. 1935년 4월 말이 다가오는데도 새로운 등록은 거의 제자리걸음을 하고 있었다. 스몰렌스끄 시위원회의 한 보고서는, "당의 서류들을 조사하는 과정에서, 특별히 신중한 작업과 검증이 요구되는 일련의 대량의 결함이 드러났다"[18]고 밝혔다.

1930년대 초기의 공산당

이 책의 독자들은 이를 이해하는 데에 어려움을 느낄지도 모른다. 부르주아 언론은 서방세계의 대부분의 사람들로 하여금, 완전히 맹목적인 규율이 쏘련공산당을 지배하였으며, 그리하여 모든 것들과 모든 사람들이 기다란 명부에 필시 여러 차례 등록되어 주도면밀하게 통제되고 있었다고 믿도록, — 알려진 바에 의하면 그 사회 속에 지속되었고, 나아가서는, 당 관료들에게는 막강한 권력을 부여했지만, 막대한 비용이 들었을 이 전반적인 통제를 아무도 벗어날 수 없었다고 믿도록 가르쳐 왔다.

---

18) *ibid.*, p. 59.

이러한 이미지는 완전히 거짓된 것이다. 사실은 이러한 모든 주장들을 완전히 뒤집음으로써 진실에 훨씬 더 접근할 수 있다. 실제로는, 생산을 위한 투쟁에 몰두하고, 세계적인 기록을 거듭한 믿기 어려운 생산의 성과에 도취되어, 많은 지방 당 비서들이 당의 다른 문제들은 돌보지 않았다. 그들은 생산의 결과야말로 모든 문제들을 해결할 가장 중요한 것이며 다른 것들은 하찮은 것이라고 생각했다. 심지어는 오로지 당원들만이 당원증을 소유해야 한다는, 당―특히 집권당―에 있어서는 근본적인 문제조차 많은 곳에서 단지 부차적인 관심사로밖에는 간주되지 않았다. 당원증은 으레 당 시설 내에서 누구나 접근할 수 있는 일반 책상서랍 속이나 찬장 속에 보관되었고, 전국적으로 수천 장이나 사라지기도 했던 것이다. 똑같이 무책임한 방식으로, 당원증을 분실했다는 모든 사람에게 당원증이 발급되었다. 대부분의 경우, 어떻게 해서 그것을 분실하게 됐는지 조사조차 이루어지지 않은 것이다. 심지어는 출당된 사람들조차 계속 당원증을 가지고 있었고, 아무도 그것을 반환할 것을 요구하지 않았다. 당원이 사망해도 유족들은 으레 그의 당원증을 당에 반납하지 않았고, 그 결과 사망자의 당원증이 자주 오용되거나 부정부패에 이용되기도 했다. 생산의 성과가 압도적이었기 때문에 지방 당의 지도자들은 증대하는 생산의 잉여가 이윽고 다른 모든 어려움들을 일거에 해결해 주리라고 믿었던 것이다.

20만 개의 당원증 남발

1935년 초에 중앙위원회는 20만 개 이상의 당원증이 남발되었다는 결론을 내릴 수밖에 없었다! 대부분은 그 당원증을 분실 혹은 도난당한 사람들에게 발급되었다. 1,000개 이상의 미사용 당원증을 당 시설에서 도난당했고, 당에 등록도 안 된 사람들에게 4만7천 개의 당원증이 발급되었다. 당원증은 중요한 문서였다. 당원증을 가진 사람은, 중요한 문서들이 보관되어 있고 중요한 회의가 열리는, 전국의 모든 당 시설들에 무시로 출입할 수 있었다. 바로 그 때문에 당원증은 적들과 간첩, 적대분자들, 외국 공작원들에게 매력적인 물건이었다. 설상가상으로, 후에 밝혀진 바대로, 당시 이들은 공산당 당원증을 획득하는 데 거의 어려움이 없었고, 그들은 전복 행위를 하는 데에 그 당원증을 방패막이로 이용할 수 있었다. 1935년에는 상황이 그랬기 때문에 당원증을 가지고 있다고 해서 그것이 곧 그가 신뢰할 수 있고 충실한 당원이라는 증거는 될 수 없었다. 적이나 간첩, 파괴공작원일 수도 있었던 것이다.

1935년 5월 13일에 중앙위원회는 당 문서들에 대한 새로운 전국적 검증―'쁘로베르까(Proverka, Проверка)'―을 실시하기로 결정했다. 당원증 검증은 중앙위원회 서기국 소속의 한 위원회의 주도로 이루어졌는데, 이 위원회를 이끈 것은 예죠프(Ezhov)와 그의 보좌관 말렌꼬프(Malenkov)였다. 검증이란, 작업장 및 지역 사회의 당 비서가 당원들의 일상과 경력, 업무, 기타 등등에 대해서, 즉 당원 명부를 갱신하는 데 필요한 사실들에 대해서 각 당원에게 묻는 것을 의미했다. 무언가 이상한 점이 있을 경우 그 사람에 대한 보다 자세한 조사가 이루어졌고, 그동안 그의 당원증의 효력은 중지되었다. 당원임을 확인할 수 없는 사람들은 제명되었고, 그들의 당원증은 회수되었다. 제명된 모든 사람들은, 당규에 따라, 상급 기관에 재심을 요청할 수 있었으며, 이 상급심은 새로운 조사를 벌여 2주일 내에 새로운 결정을 내리도록 되어 있었다.

볼쉐비끼적 규율

이제는 "우리 당내에 볼쉐비끼적 규율을 도입해야 할"[19] 때였다. 중앙위원회는 특히 난맥의 진짜 원인인 지방 당의 지도자들에게 얘기했다.

> 중앙위원회는 제1차 조직에서부터 광역 단위에 이르는 당 지도자들에게 경고한다. 만약 그들이 이 중요한 과업에서 리더십을 ... 보여 주지 못한다면, 그리고 이 중요한 사업에서 즉각 질서를 회복하지 못한다면, 공산당(볼) 중앙위원회는 당으로부터의 제명까지를 포함한, 당의 엄격한 제재 조치들을 취할 것이다.[20]

이전의 숙청들과는 달리, 1935년의 당원증 검증에는 제명을

---

19) *ibid.*, p. 61.
20) *ibid.*, p. 63.

불러올 어떤 특별한 정치적 혹은 사회적 이유가 없었다. 1935년에는 단지 당원증의 진위 여부만 따졌다. 이 점을 주목해야 한다. 부르주아 흑색선전에는 1935년의 당원증 검증이 반대파들을 당 지도부에서 숙청하는 운동의 일환이었다는 얘기가 많다. 그러한 주장은 완전히 거짓된 것이다. 우리는 이 문제를 뒤에서 다시 다룰 것이다.

당원증 검증 결과는 어땠는가?

검증해야 할 책임이 있는 지방 당 비서들의 다수가 그 일을 심각하게 받아들이지 않았던 것으로 드러났다. 그들은 그 일에 중앙위원회가 요구했던 만큼의 우선권을 두지 않았다. 중앙위원회에 제출되기 시작한 보고서들은 전반적으로 검증을 재빨리 해치워 버리는 경향이 있었음을 보여 주고 있었다. 때로는 지방 당 비서들이 사실상 전혀 노력조차 기울이지 않은 경우도 있었다.

서부지역의 문제는 현저했다. 중앙위원회는 당원증 검증을 잘못한 사례로 그 광역당 제2비서인 쉴만(A. L. Shil'man)과 통제위원회 지방 대표인 끼셀료프(Kiselev)를 공개적으로 엄중하게 비판했다. 서부지역 한 지구의 지도자인 당 비서 스쩨빠노프(Stepanov)는 당에서 추방되었다. 그는 자신의 지구에서 당원증의 진위를 검증하는 데 한 사람당 많아야 5분을 들였을 뿐이었다. 중앙위원회는 이 중요한 업무에 헌신적으로 임할 것을 요구했지만, 그는 단지 얼마나 많은 당원들을 검증했으며, 얼마나 많은 거짓 당원들을 적발했는지 실적을 보여 주는 데에만 관심을 가졌던 것이다. 중앙위원회는 이러한 관료주의적인 일 처리 방식에 반대했다. 중앙위원회는 철저한 조사를 통해 당원명부에 올라 있는 당원들이 실제당원임을 확인할 수 있기를 바랐던 것이다.

새로운 당원증 검증

중앙위원회는 당원증 검사가 실패할 위험에 처해 있다는 결론을 내리지 않을 수 없었다. 1935년 6월 27일 중앙위원회는 제2차 당원증 검증을 결정했는데, 이번에는 당원대회에서 당원증을 검증하도록 했다. 모든 당원들에게는 당원자격이 없다고 생각하는 사람들을 공표할 기회가 주어졌다. 이렇게 해서, 상황이 완전히 바뀌었다. 당원증 검증업무를 잘못 수행한 당 비서들을 중앙위원회가 공개적으로 비판하고 있었던 것이다. 이것은 당원들에게 당원대회에서 비판과 자아비판을 하도록 용기를 불어넣었고, 이로써 당원대회는 거대한 논쟁의 장이 되었다. 무언가를 숨길거리가 있었던 당 비서들은 지방 당 지도부의 과실들을 폭로할 수 있는 당원증 검증이 지속되는 것을 무서워했다. 일부 당 비서들은 숙청보다는 당원증 검증이 목적이라고 함으로써 논쟁을 억제하려고 했다. 하지만 당원들의 비판을 완전히 멈출 수는 없었다. 게티는 《대숙청의 기원들》에서, 1935년 7

월 스몰렌스끄 시위원회 당원대회에서의 고발에 대한 흥미로운 자료를 보여 준다. 대회에서는 616건의 고발이 이뤄졌다.

1935년 7월 스몰렌스끄 "Proverka"에서의 고발들[21]
(출처: 게티, ≪대숙청의 기원들≫)

꿀락, 상인, 그 가족	226
성도착자, 알코올중독자, 바람둥이, 당규 위반자	143
공무상 부정부패, 절도, 횡령	106
분실된 혹은 의심스런 당원증	62
뜨로츠끼주의자, 멘쉐비끼 등등	28
백군장교, 짜르 경찰	41
반유대주의자들	10
합계	616

보다시피, 고발의 3분의 1 이상은 꿀락과 NEP(신경제정책, New Economic Policy) 기간에 치부한 사람들과 관련이 있었다. 고발의 또 다른 3분의 1 이상은 심각한 도덕적, 경제적 범죄를 저지른 자들을 지목했다. 고발의 단지 작은 부분, 즉 5% 미만만이 정치적 반대와 관련이 있었다. 동시에, 6건의 고발 중 1건(약 17%)은 지도적인 간부들과 정치적인 공무원의 범죄행위와 관련된 것이었다. 전국적으로는, 당원증 검증 결과, 180만 명이 조사를 받고 그 가운데 17만 명, 즉 9.1%가 당에서 추방되었다.

1935년 7월의 당대회들은 오만한 당 관료들과 기타 억압자

---

21) *ibid.*, p. 69.

들에 맞선 토론장이 되었다. 비판과 자아비판이 당의 정책이었음에도 불구하고, 이것이 실제로 밑바탕 수준에서 언제나 적용되고 있는지는 불확실했다. 그러나 이제, 적어도 이 기간 동안에는, 이러한 상황들이 평당원들에게 유리하게 근본적으로 바뀌었다. 스딸린 자신이 비판과 자아비판의 필요성을 공언했고, 과오를 토론에 부치지 않음으로써 "간부들을 타락시킨" 치명적 오류로서 비판의 부재를 지목했다. 1935년의 당원증 검증은 또한 당의 또 다른 아주 심각한 결점도 보여 주었는데, 당원증이 위조하기 쉬워 신뢰할 수 없다는 점이었다. 새 당원증 제작은 시급하게 해결해야 할 문제였다.

부르주아 계급의 거짓 선전과 현실

이제 잠시 1935년의 당원증 검증에 관해 부르주아 대중매체가 퍼뜨려 온 거짓말들에 관해서 살펴보자. 스몰렌스끄의 당원대회의 예에서도 볼 수 있듯이, 공개적인 논쟁은 당에 숨어 들어와 경제적·사회적 이해를 좇던 부르주아 분자들에게 강한 타격을 가했다. 꿀락과 상인에서부터 도둑, 과거의 백군 장교, 짜르의 경찰들이 타격을 받았다. 역사의 위조자들이 주장하는 것과는 달리 반대파는 거의 영향을 받지 않았다. 당원증을 검증하는 동안 일어난 일은 무엇보다도 당에 잠입한 부르주아 분자들을 노동자들이 당으로부터 추방한 것이었다.

역사의 위조자들을 광분하게 한 것은 바로 이 점이었다. 부르주아들은 사회에서 특권을 가지는 데에 그리고 노동자들, 즉 "폭도들"을 엄하게 속박하는 데에 익숙해 있었는데, 노동자들이 노동자의 당을 지배하고 있다는 사실을, 그리고 적대적이고 부르주아적인 가치기준이 폭로되면 추방된다는 사실을 실감하지 않을 수 없게 되자 완전히 이성을 잃었던 것이다. 수년간에 걸친 은밀한 와해공작에도 불구하고 부르주아 계급이 권력을 잡을 기회는 완전히 사라졌다.

또 다른 거짓말은 당원증 검증이 끼로프의 암살에 대한 당 지도부—물론 스딸린을 의미한다—의 복수극이었을 것이라는 것이다. 중앙위원회의 위원이자 레닌그라드 당의장으로 있던 끼로프는 1934년 12월 1일에 레닌그라드의 당 본부에서 암살당했다. (암살자 니꼴라예프(Nikolajev)는 낡고 효력이 없는 당원증을 이용해서 당 본부에 잠입했다.) 당원증 검증이 수많은 사람을 처형한 공포스럽고 피비린내 나는 복수극이었다는 주장은 비밀경찰 요원인 로버트 콘퀘스트에게서 비롯했다. 이러한 역사적 문제들에 대한 지식이 없이 그의 책 ≪대숙청(*The Great Terror*)≫을 읽는다면, 누구나 그의 거짓말들을 알아채기 어려울 것이다. 그러나 그 역사의 진실을 알기 위해 노력하는 사람들에게는 복수극이라는 그의 주장은 터무니없는 것일 뿐이다. 1935년의 당원증 검증은 단지 당원의 재등록에 관한 1934년 10월 중앙위원회의 결정의 결과였을 뿐이다. 당연히 끼로프 역시 자신이 암살되기 두 달 전에 있었던 이 결정에 참가했다! 그렇다면, 끼로프가 두 달 후에 벌어질 자신의 암살에 대한 복수극을 결정했단 말인가?!

콘퀘스트의 혼동

게다가 콘퀘스트는 당원증 검증과 끼로프 암살에 대한 경찰 조사와 관련된 문제들을 뒤섞어 놓는다. 이는 혼란시키고 왜곡하고 날조하는 전형적인 콘퀘스트적 수법이다. 끼로프 암살에 대해 조사한 결과 끼로프 암살 계획을 꾸몄던 테러 단체인 레닌그라드 그룹(Leningrad group)이 적발되었다. 암살자 니꼴라예프와 공범들에게는 사형선고가 내려졌다. 그러나 이 조사는 또한 1935년 1월의 이른바 지노비예프-까메네프 재판으로 이어져, 수많은 유명 인사들과 고위 정치인들이 유죄를 선고받아 수감되거나 대도시로부터 멀리 떨어진 곳으로 유배되었다. 기소당한 사람들은, 끼로프의 암살자 니꼴라예프의 정치적 고향이었던 레닌그라드의 반대파들 사이에 만연했던 폭력주의적 분위기를 알고 있었으며 이러한 분위기를 자극했다는 것이 밝혀짐으로써 유죄 판결을 받았다. 암살자 니꼴라예프는 지노비예프-까메네프 재판의 피고인들의 지지를 받고 있다는 확신을 가지고 암살을 수행했던 것이다. 피고인들은 자신들이 끼로프 암살에 도덕적·정치적 책임이 있음을 법정에서 시인했다.

지노비예프-까메네프 재판이 1935년 1월 16일에서 23일 사이에 있었음을 유의하라. 이때는 1934년 10월에 결정되었던 당원 재등록 기간이었는데, 1935년 1월 현재 그것은 아무런 성과 없이 거의 끝나가고 있었다. 콘퀘스트에 의하면 반대파에 대한 복수극이었다는 당원증 검증은, 드러난 심대한 문제들을 해결하기에는 전번의 당원증 검증이 불충분했기 때문에 실시된 것이었다. 그것은 지노비예프-까메네프 재판이 종결되어 반대파들이 수감된 뒤 5개월이 지난 1935년 6월에야 시작되었다. 당원증 검증이 그 재판에 영향을 미쳤을 수 없었을 뿐 아니라, 피고인들에 대한 복수일 수도 없었던 것이다. 콘퀘스트는, 사람들이 사회주의의 역사적인 문제들에 대해 크게 무지하다는 사실을 알고 있고, 사람들의 이 무지를 이용하여 서슴없이 자신의 더러운 선전을 펼치고 있다.

고참 볼쉐비끼들을 제거?

경찰 비밀요원 로버트 콘퀘스트에서 유래하는 또 다른 거짓말은, 1935년 당원증 검증의 목적이 고참 볼쉐비끼들의 제거였다는 것이다. 이 또한 권력에 환장한 스딸린이 다른 모든 고참 볼쉐비끼들을 제거하고 권력을 독식하려 했다는 낡아 빠진 이야기, 반복되는 이야기이다. 고참 공산주의자들의 제거란 사실과는 전혀 무관한 날조된 이야기이다. 아크 게티는 ≪대숙청의 기원들≫에서, "스몰렌스끄 시위원회에서 추방된 455명 가운데 235명이 1929-32년 사이에 입당한 사람들이었다"[22]라고 확언하고 있다. 숙청당한 사람들 중 적어도 절반 이상은 고참 볼쉐비끼일 수 없었던 것이다.

게티는 나아가서 이렇게 얘기하고 있다.

> 대숙청들을 종종 '고참 볼쉐비끼들'의 대량학살과 연관시키

---

22) *ibid.*, p. 83.

고 있지만, 1935년 스몰렌스끄에서의 사실은 그 반대였던 것으로 보인다. 자리에서 강등되거나 추방된 당 비서들은, 평균적으로, 1928년에 입당한 사람들이었음에 비해서, 그들을 대체한 사람들은 평균적으로 2년 앞서 1926년에 입당한 사람들이었다. 새로 대체된 비서들은 나이도 또한 3.7살 정도 많았다. 그렇게 '지도력이 부족한' 사람들이 연만하고 보다 경험이 풍부한 당 일꾼들로 교체되었던 것이다. 시당(市黨) 조직의 새로운 비서들의 사회적 출신을 보면, 노동자들이 약간 더 많이 (이전의 39명 중 26명에 비해서 39명 중 30명) 포함되었고, 농민이나 고용주의 사회적 배경을 가진 사람들은 약간 적게 포함되었다.[23]

이 발언은, 스몰렌스끄 문서들에 대한 연구를 통해 볼 때, '고참 볼쉐비끼들의 제거'는 확인되지 않는다는 것을 보여 준다. 다름 아니라, 노동자 당 내에서 노동자의 권력이 증대되었다는 사실이야말로 바로 콘퀘스트에서부터 알마르크, 스코테에 이르는 반동배들을 화나게 했던 것이다.

1936년 당원증 교체

1935년의 당원증 검증 후에, 그리고 결과로, 중앙위원회는 모든 당원들의 당원증을 교체하기로 결정했다. 가능한 한 진정한 당원들에게만, 즉 진정으로 명예로운 당원으로서 헌신적

---

23) *ibid.*, p. 85.

인 공산주의자들에게만 당원증을 배포하기 위한 노력들을 기울였다. 중앙위원회의 지령은 대단히 명확하고 세밀해서 아무도 우회할 수 없었다. 첫째, 1935년의 당원증 검증이 끝나기 전에는 어떤 당원증도 교체될 수 없었다. 둘째, 당 비서들 외에는 누구도 새 당원증을 발급할 수 없었다. 그리고 당원증의 교체는 오직 당 비서의 사무실이 있는 건물 내에서만, 그리고 그 당원이 속한 세포의 당 비서와 관련 당원이 배석한 가운데에서만 이루어질 수 있었다. 그 다음, 당원은 자신의 신상 정보를 제공하는 서식을 2부 작성해야 했다. 당원은 당 비서 입회하에 새로운 당원증과 그 서식에 서명해야 했다. 이러한 과정을 마친 후에 당 비서는 새 당원증에 도장을 찍었다. 모든 당원증에는 당원의 사진이 첨부되어야 했고, 사진이 없는 당원증은 무효였다.

새로운 당원증(양식-역자)들은 내무인민위원회(NKVD) 우편으로 지역 당 비서들에게만 보내졌고, 그것들은 중앙위원회가 보낸 특수 잉크만을 사용해서 기록되어야 했다. (당원증을 발급할 권한이 있는) 모든 당 비서들의 서명은 당 중앙의 특수 문서국에 보관되었다. 수백만 당원의 당원증 교체작업은, 당원의 진정한 증명서, 극히 위조하기 어려운 증명서를 도입하기 위한 당 중앙의 진지한 노력이었다.

당의 당원증 교체사업은 당의 적들을 추가적으로 적발하고 추방하려는 새로운 숙청작업의 일환으로 기획된 것이 아니었다. 당원증 교체를 위한 중앙위원회의 지령은 그 반대에 초점을 맞추어 이렇게 말하고 있었다.

검증에서는 적들이나 악한들, 사기꾼들의 당 잠입을 밝혀내는 데에 당 조직들이 특별한 관심을 기울였다면, 이제 당원증 교체에서는 당원이라는 숭고한 직함에 어울리지 않는 소극적인 당원들, 즉 우연히 쏘련공산당에 가입한 사람들을 자유롭게 해 주는 데에 주된 관심을 돌리지 않으면 안 된다.24)

단지 2%만이 추방되다

당원증 교체는 1936년 2월에서 4월까지 이루어질 것으로 예상했으나, 몇몇 곳에서는 1936년 11월에야 마무리되었다. 이 기간에 숙청된 당원들에 대한 전국적인 통계는 없으나, 스몰렌스끄의 통계를 보면 비교적 소수의 당원들만이 추방되었음을 알 수 있다. 스몰렌스끄의 당 조직에서는 4,348개의 당원증이 발급되었고, 당 조직의 약 2.1%인 97명이 추방되었다.25) 서부 지역의 기타 지구(地區)들에서도 대략 비슷한 비율을 점하고 있다. 불행히도 추방된 사람들의 대다수는 소극적이라고 낙인 찍힌 노동자 출신의 평당원들이었다.

1936년의 당원증 교체 역시 로버트 콘퀘스트를 비롯한 역사 위조자들에 의해서 사회주의에 대한 더러운 전쟁에 이용되었다. 당원증 교체 기간 중에 대량의 숙청이 단행되었고, 그 숙청은 당에서 벌어진 이전의 어떤 숙청에서보다도 수적으로 대

---

24) *ibid.*, p. 89.
25) *ibid.*

량이었다고 콘퀘스트는 주장한다. 이 모든 것은, 콘퀘스트에 의하면, 1936년 8월 19-24일의 재판을 기다리고 있던 반대파에 대한, 지노비예프와 까메네프, 스미르노프가 주역이었던 뜨로츠끼-지노비예프 본부에 대한 적대 분위기를 촉발하기 위해 스딸린이 조장한 것이었다. 당시 그들은 외국에서 뜨로츠끼가 주도한, 쏘련 정부의 지도자들을 암살하고 권력을 찬탈하려는 음모에 연루된 혐의로 고발되어 있었다.

1936년에 대량의 숙청이 있었다는 콘퀘스트의 주장은 수년 동안 반박되지 않은 채 있었다. 스몰렌스끄 문서들에 대한 게티의 연구가 밝히고 있는 수치들은 콘퀘스트의 주장들이 새빨간 거짓말임을 입증하고 있다. 실제로 1936년의 숙청에서는 당 역사상 가장 적은 수, 당원의 2-3%만이 제명되었다.

1936-1938년의 정치재판들

정치재판과 공산당 내의 숙청은 직접적으로는 서로 아무런 관련이 없는 두 개의 별개의 일이었다. 범죄행위나 반혁명 활동에 연루되어 재판을 받은 당원은 전체 추방된 사람들 가운데 아주 소수였다. 이를 이해하기 위해서는 1930년대에 벌어진 정치재판의 역사를 아는 것이 중요하다. 부르주아 역사서들은 그것을 알 가능성을 배제하고 있다. 그 역사서들은 1930년대의 사건들을 완전히 혼란스러운 이야기, 실제 사건들과, 신화와 거짓말, 반쪽짜리 진실들의 난잡하게 날조된 뒤범벅으로 만들어 왔고, 숙청과 반역 재판을 동일한 사건으로 여기게 하는 날조를 저질러왔다.

정치재판은 1936년 8월에 뜨로츠끼-지노비예프 본부에 대한 재판으로 시작되었고, 이는 1936년에서 1938년 사이에 벌어진 네 번의 정치재판 가운데 첫 번째였다. 부르주아 대중매체들에서는 그 재판들은 보통 모스끄바 재판이라고 불리고 있고, 수백만 명의 사람들이 한밤중에 자기 집에서 끌려 나와 상상할 수 있는 가장 끔찍한 상황에서 살해당한, 모골이 송연한 '스딸린의 복수'의 역사로 언제나 기술되고 있다. 페테르 엥글룬드의 책 ≪영점에서의 편지≫에 의하면, 그들은 바닥에는 "방수포(防水布)"가 깔려 있거나 "도살장에서나 볼 수 있을 법한 고랑들이 바닥에 파여 있는" "방음"된 방들 속에서 목에 총을 맞고 살해되었다. 그에 의하면, "시체들은 검은 방수복과 앞치마를 입고 고무장갑에 고기를 거는 갈고리를 가진" 사람들에 의해 "운반"되었는데, "벌거벗은 다른 시체들이 너부러져 있던 트럭에" 내던져졌다. 그 트럭들은, 엥글룬드에 의하면, 왕복해서 내달렸고, 모스끄바의 거리에 뚝뚝 떨어진 핏자국을 남겼다.26)

엥글룬드의 이야기들은 콘퀘스트와 CIA의 돈을 받은 작가들로부터 취해 온 것이다. 엥글룬드 자신이, 1930년대 쏘련에서 실제로 어떤 일이 일어났던가를 스웨덴 독자들에게 알리고자 하는 생각이 전혀 없는 무지하고 비열한 인간이다. 보수만 좋다면, 그는 기꺼이 사회주의와 쏘련에 대한 어떠한 공격에도

---

26) Englund, 1996, pp. 66-67.

자신의 이름을 빌려 주고 있다.

이른바 모스끄바 재판에서는 55명이 사형선고를 받았고, 7명이 투옥되었다. 기소된 사람들의 대부분은 당과 국가기관, 군의 고위직이었는데, 그들은 반역이나 간첩 활동, 테러, 파괴행위, 부정부패, 적(敵) 나찌 독일에의 부역으로 기소되었다. 모스끄바 재판은, 모스끄바에서 재판받은 반역자들의 패거리들에 대한 국내 다른 지역에서의 재판들로 이어져, 수백 명의 파괴공작원, 간첩, 각종의 반역자들이 투옥되거나 사형을 선고받았다. 재판은, 나찌 독일에 대한 방어 차원에서 비공개로 진행된 군사재판을 제외하고는, 공개리에 진행되었다. 모스끄바에서의 재판들은 국제 언론과 공인된 외교단들이 지켜보았고, 그들에게는 법정에 좌석이 보장되어 있었다. 3건의 모스끄바 재판 속기록은 쏘련 정부에 의해 책들로 출판되어 많은 언어로 번역되었고, 스웨덴어도 그중 하나다.*

1936-1938년의 당내 숙청작업과 반역자 재판의 배경

자유시대 1920년대

---

* [역주] 이 3건의 재판 속기록 영역본은 다음과 같다: *Report of Court Proceedings–The Case of the Trotskyite-Zinovievite Terrorist Centre*, Moscow 1936; *Report of Court Proceedings in the Case of the Anti-Soviet Trotskyite Centre*, Moscow 1937; *Report of Court Proceedings in the Case of the Anti-Soviet "Bloc of Rights and Trotskyites"*, Moscow 1938.

'사회주의자' 혹은 '좌파' 출신의 부르주아 역사가들과 소부르주아 정치 활동가들은 종종 향수에 젖어 쏘련의 1920년대를 '가혹했던' 1930년대와 대비시켜 언급하곤 한다. 그들에 의하면, 1920년대는 자유가 지배하던 시대였고, 사회 전반에서 토론이 왕성했으며, 예술과 문화가 번성하여, 전반적으로 개인이 자신을 표현하고 사회의 발전 경로에 영향력을 행사할 기회가 많았다는 것이다. 이는 역사 발전에 대한 빗나간 해석이다.

1920년대에 논쟁과 광범위한 문화 활동에 참여할 넓은 공간이 있었다는 것은 진실이지만, 이는 1920년대에만 한정된 것은 아니었다. 사회가 발전하고 사회주의가 건설됨에 따라 1930년대에는 훨씬 더 많은 쏘련 인민들이 전례 없이 광범하게 정치 토론과 풍부한 문화생활에 참여할 수 있었다. 1930년대에 새로운 현대 사회에서 문화와 논쟁, 지식에 접근할 수 있게 된 수천만, 수억의 인민들이 이에 해당된다. "1920년대라는 자유시대"의 수천 명의 현명한 천재들은 나름대로 훌륭했을 것이다. 그러나 그 시대에 문화적 삶을 누리고 정치적 논쟁에 참여할 수 있었던 것은 아직도 여전히 특권을 가진 극소수뿐이었다. 쏘련이 거대하게 비약한 1930년대에 이러한 것들을 누릴 수 있게 된 수천만과는 비교도 되지 않는다.

사회주의 도입을 방해하다

부르주아지가 1920년대의 쏘련에서 찬양하고 있는 것은 정치 토론과 문화 발전이 아니라, 정치적 반대파들이 사회주의를 위한 투쟁을 좌절시킬 가능성이었다. 1920년대에 여러 반대파 단체들이 논쟁의 자유라는 이름으로 몰두했던 끊임없는 분파활동들을 부르주아지는 특히 찬양하고 있다. 이들 단체들은 대체로 뜨로츠끼나 지노비예프, 까메네프, 부하린, 스미르노프, 르이꼬프(Rykov), 빠따꼬프, 라제끄, 쏘꼴르니꼬프(Sokolnikov) 등과 같은 사람들로 구성되어 있었고, 사회주의의 도입을 좌절시키려는 강령을 내걸고 있었다. 중앙위원회 내의 소수파에게는 후진적인 러시아에 사회주의를 도입하는 것이 불가능해 보였던 것이다. 그것이 바로 뜨로츠끼의 입장이었다.* 대신에 그들은, 먼 장래에 사회주의 사회에 도달할 수 있도록, 국제정세가 호전되기를 기다리면서 시장관계를 이용하고자 했다.

반대경향의 또 하나의 특징적인 예로는 1925년 국가 발전에 대한 부하린의 관점을 들 수 있다. 중앙위원회 위원이었던 부하린은 그때 농업 정책에 관한 한 연설에서 농민들에게 "부자가 되시오"라고 권고했다. 이것이 쏘련에서의 농업발전의 가능성에 관한 그의 메시지였다. 비록 부하린이 자신의 연설에 대해 자아비판을 했고, 중앙위원회와 스딸린이 개인적으로 이를 받아들였지만,[27] 그러한 그의 사고방식들은 자아비판으로 사라지지 않고 잔존했다. 부자가 되기 위해서는 단지 하나의 방법

---

* [역주] 기본적으로 이른바 '일국 사회주의론'을 반대하는 뜨로츠끼는, 본문에서 말하는 것처럼, 후진 러시아에서의 사회주의 건설 가능성을 부정하는 우 편향을 범하고 있지만, 동시에 1920년대 중반에 NEP의 조기 종결과 이른바 '사회주의적 본원적 축적'을 주장하던 뜨로츠끼는 극좌 편향을 대표했다.

27) J. V. Stalin, *Works*, Vol. 7, 1925, Moscow, 1954, p. 393.; [참고로, 영역본에는 이 문장 중 "중앙위원회와"가 빠져 있다. ― 역자]

이 있고, 그것은 다른 사람을 착취하는 것이다. 그것이 바로 부농 즉 꿀락이 할 수 있었던 일이다. 부하린도 부농들에게 부를 축적할 것을 권고할 때, 이것이 빈농들을 착취하는 것을 의미함을 충분히 인지하면서 그렇게 말했음에 틀림없다.* 그의 생각은, 부농들이 몰락한 소농민들에게 새로운 취업의 기회를 제공해 주었고, 동시에 국가는 더 많은 세금을 거두었다는 것이었음이 분명하다. 이러한 방식으로 바퀴가 "굴러가기 시작" 할 것이라는 것이다.

자본주의인가, 사회주의인가

반대파와 중앙위원회 다수파 사이의 대립은 국가의 미래에 관한 것, 즉 자본주의인가, 아니면 사회주의인가에 관한 것이었다. 이것은 1925년 12월 제14차 당대회의 주요 의제였다. 당대회는 "프롤레타리아 독재 국가"인 쏘련은 "완전한 사회주의 사회를 건설해야 하며," 나아가 당의 주요 임무는 "쏘련의 사회주의 건설의 승리를 위한 투쟁"[28]이라고 선언했다. 채택된 이 결의문은 당의 입장으로서 규정되었고, 모든 당원들을 기속(羈束)하고 있었다.

이 결의문은 쏘련과 공산당의 지속적인 정치적 발전을 결정적으로 확립했다. 그러나 반대파는 그 결의들을 결코 따르지

---

* [역주] 영역본에는 이 문장에 빠져 있다.
28) *Sovjetunionens kommunistiska partis (bolsjevikerna) historia*, Stockholm, 1972, p. 349.

않았다. 당대회 직후부터 반대파는 사회주의를 위한 중앙위원회의 업무를 방해하기 시작했다. 여러 해가 지나면서, 제1차 5개년 계획 기간 중의 엄청난 생산 결과들과 같이, 중앙위원회의 정책이 올바르다는 구체적인 증거가 더욱더 명백해짐에 따라 반대파는 갈수록 고립되었고 당과 국가기관 내부에서 영향력 있는 지위들을 상실했다. 그 때문에, 반대파의 조직적이고 비밀스런 활동은, 살인과 파괴활동에서부터 간첩행위와 적(敵)나찌 독일과의 협력까지를 허용하는 반정부 음모로 바뀌었다.

교육의 부족

1930년대에는 공산당 내부에 또 하나의 대립, 완전히 새로운 종류의 대립이 또한 발생했다. 문자 해득률이 아주 낮았던 1920년대의 유산으로, 관료주의가 당내의 강한 지위들을 점하고 있었다. 1920년대에 때로는 당은 누구든 글을 읽을 수 있으면 그에게 당직을 맡기는 것에 관대할 수밖에 없었다. 그런데 이들 중 일부는 유감스럽게도 개인적인 이득을 위해서 당에 들어온 사람들이었다. 시간이 흐름에 따라 이들 당 관료들은 더욱더 많은 권력을 갖게 되었고, 당 관료주의가 당의 노동자 권력을 위협하는 경우들도 있었다. 노동자들 사이에 교육이 부족했기 때문에 때로는 이들 노동자들이, 말은 청산유수 같지만 권력을 남용하거나 부패한 관리들을 공격할 용기를 갖지 못하는 결과를 낳기도 했다.

당이 명확하게 사회주의 노선을 취한 이후, 즉 반대파가 정치적으로 절멸된 1927년 12월의 제15차 당대회 이후, 당 기구 내의 노동자 권력과 관료주의 사이의 투쟁이 시작되었다. 이 투쟁에서 중요한 인물들은 스딸린, 즈다노프(Zhdanov), 그리고 당 중앙위원회의 다른 동무들이었다. 7년 후 1934년 12월 1일에 암살된 끼로프도 이들 중 한 명이었다. 스딸린에 의하면, 투쟁은 "인민의 사고(思考)"에 관한 것이었다. 끼로프 및 즈다노프와 함께 스딸린은, 당 내부 문제들의 가장 커다란 부분은, 향후 몇 년이고 계속될 당원들의 정치교육을 통해서 해결될 수 있다고 설명했다.

당 기구 내부의 관료주의와의 투쟁

1934년 1월의 제17차 당대회에서는 관료주의와의 투쟁의 문제가 주요 의제 중 하나였다. 당 지도부는 당내의 모든 수준에서의 학습과 자아비판, 재조직화, 관료주의에 대한 공격을 요구함으로써 공산주의적인 이념들을 부흥시키려고 분투하고 있었다. 그 당대회는 산업 생산과 집단 농장에서 엄청난 성과를 낸 시기에 개최되었고, 역사에는 "승리의 대회"로 기록되었다. 스딸린은 대회 연설에서 당시의 상황을 이렇게 요약했다.

> 이 기간에, 쏘련은 근본적으로 변모되었고, 그 후진성과 중세주의라는 특성을 벗어 버렸습니다. 쏘련은 농업 국가에서 산업 국가로 되었습니다. 쏘련은 소농적 개별경제의 국가에서 집단적이고 기계화된 대규모 농업의 국가로 되었습니다. 쏘련

은 무지하고 글을 모르는 미개한 나라에서, 쏘련을 구성하고 있는 민족어들로 기능하는 대학들과 중등학교들, 초등학교들의 광대한 망으로 뒤덮인, 교양 있고 문화적으로 높은 수준의 나라가 되었습니다 — 아니 오히려, 그렇게 되고 있습니다.[29]

1934년 12월에 끼로프가 암살된 후에도 이러한 기조는 바뀌지 않았고, 오히려 평당원들의 권력을 강화하기 위한 투쟁이 당 관료제 내부의 부패한 관료들에 맞서 활기차게 벌어졌다. 당 지도부는 지도적 간부들로 하여금 당원자격을 검증하고 자아비판을 할 것을 요구했다. 나아가서, 당 지도부는, 당내 민주주의를 보장하고 권력의 남용을 저지할 수 있도록 당규를 올바로 적용하기 위한 조건들을 정비했다. 당 지도부는 또한 지방 지도자들과 당원들 간의 소통을 확대할 것도 요구했다. 당 지도부는 그것을 비인간적인 당내 관료주의를 제거하기 위한 중요한 조치라고 생각했다.

도처에서 당원들의 요구가 있었고, 광역 지도자들은 그러한 새로운 긴장을 언제나 기꺼이 수용하지는 않았다. 숙청이 시작되자 권력을 남용했다고, 혹은 단순히 소극적이라거나 무지하다고 고발되는 지역 당 지도자들 숫자가 많아졌다. 그러나 곳곳에서 중앙위원회는 문제점들을 꿰뚫어 보지 못했다. 부패했거나 불성실한 당 지도자들을 숙청하라는 당원들을 향한 호

---

29) J. V. Stalin, "Report to the Seventeenth Party Congress on the Work of the Central Committee of the C.P.S.U.(B.)", *Problems of Leninism*, Peking, 1976, p. 694.; [J. V. Stalin, "Rechenschaftsbericht an den XVII. Parteitag über die Arbeit des ZK der KPdSU(B), 16. Januar 1934", *Stalin Werke*, Bd. 13, Berlin, 1955, S. 273. — 역재]

소는 단지 부분적으로만 성공했고, 때로는 전혀 성공하지 못했다. 현지의 당 기구들은 당원들의 비판으로부터 자신을 방어하는 데 있어 대단한 능력을 보여 주었다.

쏘련의 성공과 나찌 독일의 위협

이것이 바로 1930년대 중반 쏘련공산당 내부의 정치적 상황이었다. 효과적인 협동조합 운동을 수반한 당의 지도를 통해서 쏘련은 도시 노동자들 사이에서도 농촌 노동자들 사이에서도 생산과 사회 건설에서 놀라운 성공을 거두었다. 쏘련은 세계적인 강국이 되었고, 자립할 수 있게 되었다. 일반 노동자들의 삶은 이전에는 알지 못했던 다양한 멋진 측면들로 채워지기 시작했다. 그러나 1930대 중반에는 파시즘 역시 유럽에서 그 세(勢)를 강화하면서 쏘련의 존립 그 자체를 위협하기 시작했다.

1920년대 말 이후 독일의 거대 금융자본의 재정지원과 지지를 받아 히틀러는 나찌당을 건설하고, 1천만 명에 이르는 실업자를 안고 있는 국가의 선거에서 대승을 거뒀다. 1933년 1월에는 히틀러가 독일제국의 총리로 지명되어, 나찌는 이내 독일에서 무엇이든 할 수 있게 되었다. 쏘련 정부는 당연히 독일에서의 나찌의 득세에 촉각을 곤두세웠고, 쏘련의 발전과 방어를 계획할 때에는 그것을 계산에 넣지 않으면 안 되었다. 나찌는, 무엇보다도, 공산당과 쏘련을 절멸시키겠다는 공약을 내걸었고 권력을 잡았던 것이다.

1930년대 쏘련에서의 계급투쟁 115

1928-32년의 독일 의회선거 결과[30]

5대 정당의 득표 수 (단위: 1백만 표), 실업자 수 (단위: 명)

	1924	1928 5월 20일	1930 9월 14일	1931	1932 7월 31일	1932	1932 11월 6일	1934
사민당		9.1	8.6		8.0		7.3	
공산당		3.3	4.6		5.3		6.0	
중도당		4.7	5.2		5.8		5.3	
민족당		4.4	2.5		2.2		3.0	
나찌당		0.8	6.4		13.7		11.7	
실업자	200만			400만		600만		1000만

1928-32년 독일 의회선거 결과[31]

의원 수 (단위: 명)

	1928년 5월20일	1930년 9월14일	1932년 7월31일	1932년 11월6일	1933년 3월4일
사민당	153	143	133	121	120
공산당	54	77	89	100	81
중도당	62	68	75	71	73
민족당	73	41	37	51	52
나찌당	12	107	230	196	288
바이에른인민당	16	19	22	19	19
독일인민당	45	30	7	11	2
독일국가당	25	20	4	2	5
독일산업당	23	23	2	2	0
기타 정당들	28	49	9	9	7
합계	491	577	608	582	647

---

30) *Tysklands kommunistiska parti och kampen mot fascismens perioden 1928-1935*, Stockholm, 1974, p. 21.
31) *Nordisk Familjebok*, band 19, Malmö, 1933, p. 944.

1933년 1월 30일에 히틀러가 권력을 획득했고, 1933년 3월 4일에 있었던 선거는 나찌의 통제 하에 치러졌다는 점을 주목하자. 몇몇 정당에게는 그것이 마지막 선거가 되었다. 1933년 2월 27일에 나찌는 독일공산당(DKP)의 공산주의자들이 베를린의 독일 의사당에 방화를 했다며 허위로 고소했다. 선거가 치러지는 동안 나찌는 독일공산당을 무자비하게 박해했다. 선거가 치러지는 동안 이미 수천 명의 독일공산당원들이 강제수용소로 끌려갔고, 게쉬타포는 수백 명의 공산당 지도자들을 살해했다. 이러한 상황에도 불구하고 독일공산당의 선거 결과는 대단히 좋아서, 460만 표 득표에 81명의 의원이 당선되었다. 1920년대 말부터 히틀러가 권좌에 오를 때까지 독일에서 자유가 제한되었던 시기에 공산주의자들은 그들의 계급 대(對) 계급 노선, 즉 계급투쟁 노선 때문에 독일 노동자계급 속에서 전례 없이 강력한 지지를 받고 있었다. 같은 시기에 독일 사회민주당은 그 계급 협력 정책으로 현저하게 후퇴했다.

해마다 군사력을 증대시켜가는 나찌 독일은 쏘련에게 위협적인 존재였다. 1930년대 중반에 히틀러는 독일의 군비를 제한하는 일체의 국제조약을 파기하고, 나찌 독일을 유럽 최대의 군사강국으로 만들어 갔다. 1937년에 독일이 2천 대의 군용기를 보유한 데 반해 프랑스의 경우는 300대에도 미치지 못했고, 그나마도 겨우 반 정도만이 폭격기였다. 장갑차의 경우에도 프랑스에는 단지 몇 백대가 있었으나 독일은 이미 수천 대를 보유하고 있었다.

쏘련은 나찌 독일에 대한 방위 태세의 일환으로 군의 거대한 재무장에 착수했다. 1937년 쏘련의 군비예산은 영국과 프랑스의 그것들을 합친 것의 두 배에 달했다. 전쟁이 곧 닥쳐오리라는 것은 누구나 잘 알고 있었는데, 이 방어전쟁 속에서 사회를 이끌어 가기 위해서는 활기찬 공산당이 그 어느 때보다도 절실히 필요했다. 바로 그 때문에, 쏘련공산당 내에서 관료주의와 부패에 대한 투쟁과, 진정으로 평당원들에 의해 지배되는 당을 만들기 위한 투쟁이 가장 중요한 문제의 하나가 되었다.

1936년 8월 19-24일
뜨로츠끼-지노비예프주의자 합동본부에 대한 재판
(지노비예프-까메네프 재판)

끼로프의 암살자인 니꼴라예프나 테러 조직인 레닌그라드 그룹 및 지노비예프, 까메네프 등등에 대한 1935년 1월의 재판 이후, 쏘련 정부를 전복시키려는 음모의 일환으로 테러와 공격을 계획하고 있는 반대 조직들이 더 존재할지도 모른다는 의혹이 대두되었다. 니꼴라예프의 레닌그라드 그룹과 지노비예프-까메네프 그룹의 연관성에 대한 조사가 진행되는 동안에 불거진 그 의혹들은 테러집단들의 공통점을 보여 주고 있었다. 그들이 모두 1935년 1월의 지노비예프-까메네프 재판에서 투옥 및 추방형을 선고받았던 사람들로 주로 구성된 어떤 본부에 의해 고무되고 지도받았다는 것이 그것이었다. 이는 쏘련에서 재판 당시에는 무시되고 지나쳤던 일이었다. 그러한 것 대신에, 나찌 독일로부터의 위협이라는 상황의 심각성 때문에 필시 나찌에 대항하여 국가를 건설하고 무장하는 데 함께 노력하는 것만을 생각하고 있었을 것이다.

1935년 중반에 지노비예프-까메네프 그룹의 전직 고위 정치인들 및 관료들과 수년간의 그들의 활동에 대한 또 다른 조사가 시작되었다. 그리고 그것이 1936년 8월의 뜨로츠끼-지노비예프주의자 합동본부(Trotskyite-Zinovievist center), 즉 '모스끄바 본부(Moscow center)'에 대한 재판으로 이어졌다. 대부분 공산당과 국가의 고위직 관료였던 16명의 고참 뜨로츠끼주의자들과 지노비예프 추종자들(지노비예프, 까메네프, 예브도끼모프(Evdokimov), 스미르노프, 바까예프(Bakayev), 떼르-바가냔(Ter-Vaganian), 므라치꼬프스끼(Mrachkovsky), 드레이쩌(Dreitzer), 골쯔만(Golzman), 레인골드(Reingold), 피클레(Pickle), 올베르그(Olberg), 베르만-유린(Berman-Yurin), 프리츠 다비드(Fritz David [끄루글랸스끼(Kurgljansky)]), M. 루례(M. Lurye), N. 루례(N. Lurye))가 ―나찌 독일의 뜨로츠끼 조직과 공모하여― 파괴 행위와 스파이 활동, 테러, 그리고 쏘련 정부와 공산당의 주요 인사들에 대한 공격을 조직해 온 혐의로 기소되었다.

이전의 정치적 반대파가 폭력조직으로 변한 것이다. 당의 정치 노선에 관한 1927년의 당원 총투표에서 반대파가 1%도 얻지 못하고 패한 후, 피고인들은 폭력과 쿠데타만이 권력을 잡을 수 있는 유일한 길이라고 보았던 것이다. 제1차 5개년 계획과 집단 농장들이 일구어 낸 생산에서의 놀라운 성과는 이들을 한층 더 압박했다. 그러한 생산의 성과 때문에 정부에 반대하는 정치 강령이 설 자리가 더 이상 없었던 것이다.

계획된 테러

조사 과정에서 까메네프는 이를 이렇게 설명했다.

> ... 하지만, 국가가 겪고 있던 어려움들을 극복하기 힘들 것이라는 우리의 기대, 그 경제의 위기 상황에 대한 우리의 기대, 당 지도부의 경제 정책이 실패할 것이라는 우리의 기대는 이미 1932년 후반기에 이르면* 분명히 무너졌습니다. 쏘련공산당 중앙위원회의 지도하에 그 어려움들을 극복하면서, 국가는 성공적으로 경제 성장의 길을 걷고 있었습니다. 우리는 이를 인정하지 않을 수 없었습니다. 우리가 투쟁을 멈췄어야 했다고 생각할지 모릅니다. 그러나 반혁명 투쟁의 논리, 즉 권력을 잡으려는 노골적으로 무원칙한 노력은 우리를 다른 방향으로 이끌었습니다. 역경으로부터의 그러한 탈출, 즉 쏘련공산당 중앙위원회의 정책의 승리는 우리에게 당의 지도부들에 대한, 그리고 누구보다도 먼저 스딸린에 대한 새로운 적개심과 증오를 불러일으켰습니다.[32]

피고인들의 공통점은 스딸린 정부와 싸우기 위해서라면 어떤

---

* [역주] 스웨덴어판에는 "이미 1932년 초반부터"라고 되어 있다.

32) *Report of Court Proceedings—The Case of the Trotskyite-Zinovievit Terrorist Centre*, Moscow, 1936, p. 14.

수단도 불사한다는 점이었다. 혹은, 지노비예프가 1932년에 그 조직의 비밀회의의 하나에서 말했던 것처럼, "... 비록 테러는 맑스주의와 양립할 수 없지만, 지금은 이러한 생각을 포기하지 않으면 안 된다"[33]는 점이었다. 무엇보다도, 피고인들은 끼로프의 살인을 준비하고 실행했던 것이 바로 뜨로츠끼-지노비예프주의자 합동본부였음을 털어놨다. 미수에 그친 스딸린과 보로쉴로프(Voroshilov)의 암살에 관한 상세한 내용들 또한 밝혀졌다. 동시에 스딸린과 보로쉴로프에 대한, 그리고 즈다노프, 까가노비치(Kaganovich) 및 다른 사람들에 대한 암살 준비들도 드러났다. 쿠데타 계획 역시 법정에서 밝혀졌다.

반대파 본부의 뜨로츠끼

재판은 공개적으로, 국제 기자단뿐만이 아니라 모스끄바 주재 외교관들이 지켜보는 가운데 진행되었고, 그 과정에서 피고인들은 언제나 자유롭게 발언할 수 있었는데, 그 재판 과정 속에서 예기치 않았던 많은 새로운 사실들이 밝혀졌다. 예를 들면, 음모를 주도했던 인물은 뜨로츠끼였으며, 그가 국외에서 지령을 보내어 쏘련 정부 요인들을 암살하고 파괴행위와 테러를 하도록 요구했다는 것이 드러났다. 피고인들이 법정에서 진술한 바에 따르면, 뜨로츠끼는 수차례나 망명지에서 베를린

---

33) *ibid.*, p. 55.

이나 코펜하겐으로 건너와 일부 조직원과 직접 접촉했다. 그
렇지 않은 경우에는 베를린에 거주하며 음모의 핵심을 조직했
던 그의 아들 레오 쉐도프(Leo Sedov)가 쏘련 정부에 대한 뜨
로츠끼의 테러를 이끌었다.

뜨로츠끼-지노비예프 합동본부의 피고인 16명 중 3명(스미르
노프, 드레이쩨, 골쯔만)은 공무상 빈번하게 베를린이나 코펜
하겐을 방문했는데, 그들은 그 기회를 이용하여 뜨로츠끼나 쉐
도프를 만나 쏘련 내에서의 테러활동과 암살에 관해 직접 지
시를 받았다. 피고인 16명 중 5명(올베르그, 베르만-유린, 프리
츠 다비드[끄루글랸스끼], M. 루례, N. 루례)은 나찌 독일에 거
주하고 있었는데, 뜨로츠끼는 암살활동을 위해 그들을 쏘련으
로 파견했다. 그들 중 일부는 게쉬타포의 도움을 받아 여권과
무기, 그 밖의 장비들을 입수하였다. 법정에서 그들은, 1933년
에 뜨로츠끼의 동의하에 독일의 뜨로츠끼주의자들과 게쉬타포
사이에 연락망을 조직하기 시작했다는 것을 확인했다. 쏘련에
도착했을 때 그들 중 몇 명은 게쉬타포가 쏘련 내에 심어 둔
나찌 요원들의 도움을 받았다. 뜨로츠끼-지노비예프 합동본부
의 피고인들에 대한 재판은 유죄판결로 끝났다. 법원은 16명
이 유죄임을 발견했고, 그들에게 "… 모두 극형을 — 총살에
처하고, 모든 개인 재산을 몰수할 것"을 선고했다.[34]

---

34) *ibid.*, p. 180.

공산당 내부의 공모

테러본부의 주동자인 지노비예프와 까메네프, 레인골드가 모반을 목적으로 정치적으로 협력하기 위해 쏘련공산당의 고위 당원들과 접선해 왔다는 사실이 재판 과정에서 밝혀졌다. 이것은 아무래도 매우 놀라운 일이었다. 고위 당 관리들이 반(反)공산당 음모를 꾸밀 수 있단 말인가? 파괴, 테러, 살인 음모라니? 이러한 사실이 밝혀졌기 때문에 검사 브이쉰스끼(Vyshinsky)는 8월 21일에 열린 바로 그 재판에서 다음과 같이 통보했다.

> 어제 저는 똠스끼, 르이꼬프, 부하린, 우글라노프(Uglanov), 라제끄 및 빠따꼬프와 관련된 피고인들의 이러한 진술들에 대해 조사에 착수하도록 지시했으며, 이 조사 결과에 따라 검찰은 이 문제에 관한 법적 절차에 착수할 것임을 알려 드릴 필요가 있다고 생각합니다. 쎄레브랴꼬프(Serebryakov)와 쏘꼴르니꼬프에 관해서는, 수사당국은 이미 이 사람들의 반혁명 범죄를 입증할 자료들을 가지고 있으며, 이에 따라 쎄레브랴꼬프와 쏘꼴르니꼬프에 대한 형사소송 절차가 시작되고 있습니다.[35]

고참 뜨로츠끼파인 뿌뜨나(Putna) 장군 역시 뜨로츠끼 일당의 테러활동에 적극적이었음이 재판 과정에서 지적되었다.

재판에 참석한 외교관들, 즉 진성 부르주아와 반사회주의자들의 집합체는 재판의 진실성을, 즉 그 공평성과 공정성을 조

---

35) *ibid.*, pp. 115-116.

금도 의심하지 않았다. 당시 국제적으로 저명한 법률가이자 영국 의회의 의원이었던 재판관(Domaren: judge) 데니스 노웰 프리트(Denis Nowell Pritt)는 재판의 모든 과정을 지켜보고, 후에 런던의 신문 ≪뉴스 크로니클(News Chronicle)≫에 그 재판에 관한 글을 기고하였다. 재판관 프리트는 윈체스터(Winchester) 대학과 런던(London) 대학에서 법학에 관한 교육을 받았으며, 독일과 스위스, 스페인, 쏘련의 소송절차를 연구했다. 그는 쏘련 법정 상황에 정통한 사람이었다. 재판관 프리트는 ≪뉴스 크로니클≫에 이 재판의 공평성과 공정성을 증언하였다. 프리트에 의하면, 피고인들의 범죄는 법정에서 입증되었다.

나중에 ≪모스끄바 재판은 공정했다≫라는 제목의 소책자에서 프리트는 재판의 순수성을 의심하는 사람들에게 공개적으로 이의를 제기하기도 했다. 이후 이 책자는 1937년에 노동자 문화출판사를 통해 스웨덴어로 번역되어 ≪인민법정 앞의 지노비예프와 까메네프≫라는 제목으로 출간되었다.* 오늘날 재판관 프리트의 의견을 소개하는 것은 역사적으로 특히 중요하다. 쏘련에 적대적인 거짓 선전들이 여느 때보다 대규모로 이루어지고 있다. 실례를 무릅쓰고 우리는 재판관 프리트의 글에서 장문을 소개하고자 한다. 덧붙여 말하자면, 그 재판에 대한 그의 분석은 잇달아 벌어진 1937년과 1938년의 정치재판에도 적용할 수 있는데, 왜냐하면 모든 것은 쏘련의 규정에 따라 재판과정이 언제나 동일했기 때문이다. 그러면, 쏘련의 재

---

* [역주] 영역본에는 이 문장이 없다.

판 절차에 관해서 영국의 법률가가 무슨 이야기를 하지 않을 수 없는지 읽어 보자.

D. N. 프리트의 ≪모스끄바 재판은 공정했다≫36)*

나는 1932년에 쏘비에뜨 러시아에서의 형사 사건들의 재판 절차를 다소 주의 깊게 연구했고, (당시에 출판된 "쏘비에뜨 러시아의 12개 사례 연구"에 썼듯이) 그 재판 절차가 피고인들에게 매우 공정하게 이루어지고 있다는 결론을 내렸다. 나는 이번 여름 귀로에 모스끄바의 법조계 친구들로부터, 이미 실행되고 있거나 곧 실행될 주요한 변화들이 모두 변호사와 재판관들의 독립성을 강화하고 피고인들의 편의를 증진시키는 방향으로 진행되고 있다는 것을 전해 들었기 때문에, 1936년 8월에 열린 지노비예프와 까메네프 등등의 재판에 참석할 수 있게 된 것에 특히 흥미를 느꼈다.

변호사로서, 정치가로서, 또는 평범한 시민으로서 볼 때, 이것은 재판제도를 평가하는 좋은 시금석이었다.

혐의는 심각한 것이었다. 그들 대부분이, 채 20년이 못 된 쏘비에뜨 러시아의 불안정하고 파란만장했던 역사의 여러 단

---

36) D. N. Pritt, *The Moscow Trial was Fair*, London 1936, http://www.geocities.com/redcomrades/mo-trial.html, 2005-07-21.

 [역주] 스웨덴어판에는 "D. N. 프리트의 ≪인민법정 앞의 지노비예프와 까메네프≫"라고 되어 있다.

* 이 책의 영역본에는 D. N. Pritt로부터의 아래의 긴 인용이 단 두 개의 문단으로만 나뉘어 있으나, 여기에서는 ≪www.marxists.org/history/international/comintern/sections/britain/pamphlets/1936/moscow-trial-fair.htm≫에 따라 여러 문단으로 나누었다.

계에서 우대를 받아 왔고, 반혁명 행위나 일탈행위를 저질렀다는 상당한 혐의를 받았으나 장래에는 충성을 다하겠다는 다짐 하에 그러한 행위를 용서받았던 사람들인데, 그러한 사람의 한 무리가 이제는 끼로프(그는 실제로 1934년 12월에 암살되었다)와 스딸린, 보로쉴로프를 비롯하여 기타 저명한 지도자들을 암살하려는 냉혹하고 계획적인 음모를 장기간 꾸며 왔다는 혐의를 받고 있었다.

그들의 목적은, 국내에서 상당한 추종자들을 끌어모을 어떤 구실도 없이, 그리고 현존하는 쏘비에뜨 사회주의를 대체할 수 있는 어떤 현실적인 정책이나 철학도 없이, 단지 자신들이 권력을 잡으려는 것이었던 것으로 보인다.

갖은 어려움과 결점에도 불구하고, 외부 세계의 군사적·교역상의 적대에도 불구하고 쏘련 사회주의는 엄청나게 후진적이었던 한 아시아적 국가(Asiatic State)를, 약 19년 만에 세계적으로 중요한 국가로, 산업이 크게 발전한 국가로, 그리고 무엇보다도, 대략 인도의 가난한 사람들의 그것과 비슷했던 생활수준을 이미 동유럽의 여러 민족의 그것을 뛰어넘어 곧 산업이 발전한 서유럽 상류층의 그것과 비교할 수 있는 국가로 끌어올렸다.

그리고 그들에 대한 혐의는 전혀 조작된 것이 아니었다. 피고인들 스스로 그 혐의를 인정했는데, 그들의 대다수는, 기록이 보여 주듯이, 강압적인 자백 요구에 맞서 자신을 방어할 만한 충분한 육체적·정신적 용기를 가진 사람들이었다. 그리고 재판이 진행되는 동안 내내 피고인들 중 어느 누구도 자신들이 자백하지 않을 수 없도록 무언가 부당한 처우를 받았다는 낌새를 내비치지 않았다.

영국의 법률가로서의 나에게 제일 먼저 인상적이었던 것은 피고인들의 거의 자유롭고 편안한 행동(almost free-and-easy demeanour of the prisoners)이었다. 그들은 모두 안색이 좋아 보였다. 그들은 모두 그들이 원할 때마다 언제든 일어나 발언했으며, 심지어 장황하게 발언했다(얘기가 나온 김에 하는 말이지만, 그들은 그들이 원하면, 간수를 대동하여 산책을 했다).

피고인들에게 불리한 증언을 한 검찰 측의 증인 한 두 명은, 영국에서와 마찬가지로 자유롭게, 피고인들의 반대심문을 받았다.

피고인들은 자발적으로 변호인의 도움을 거부했다. 원한다면 무료로 변호인의 도움을 받을 수 있었지만, 그 도움을 거절하는 쪽을 택한 것이다. 그리고 자신들이 유죄임을 인정하는 진술과 대부분의 경우 정말로 달변 수준에 이르렀던 그들의 연설 능력을 고려한다면, 그들은 나의 모스끄바 동료들(법조인들)만큼이나 유능했을 것이기 때문에, 아마 변호인의 도움을 거절한 자신들의 결정으로 곤란을 겪지는 않았을 것이다.

영국의 법률가로서 가장 인상적이고 신기했던 것은, 한 피고인이나 또 다른 피고인이, 재판부나 검사의 제재를 받지 않고, 공동 피고들 중 다른 피고에 대한 심문 도중에 자유롭게 개입하곤 하던 것이었다. 검사와 세 명의 피고인이, 비록 동시에는 아니지만, 함께 얘기하는 네 사람 간의 신속하고 생생한 논쟁은, 비록 그러한 논쟁이 배심원들과는 불가능하더라도, 분명 사실을 둘러싼 쟁점들을 상당히 빨리 해결할 수 있게 하는 방법이라는 인상을 받았다.

비록 덜 충격적이었지만 훨씬 더 중요한 것은 최후 진술들이었다. 쏘련의 법률에 따라서 피고인들이 마지막 발언을 했다. ― 검사의 마지막 발언이 끝난 후 15명의 피고인들이 발언을 한 것이다.

검사 브이쉰스끼가 먼저 발언했다. 그는 4-5시간 동안 발언했다. 그는 대단히 지적인, 그리고 오히려 온화한 성품의 영국 사업가처럼 보였다.

그는 정력적이고 명료하게 말했다. 그는 거의 목소리를 높이지 않았다. 그는 한 번도 호통을 치거나 고함을 지르거나 주먹으로 테이블을 치지 않았다. 그는 좀처럼 방청객을 쳐다보거나 효과를 노린 행동을 하지 않았다.

그는 거침없이 말했다. 그는 피고인들을 악당, 살인자들이라고 불렀고, 처형되어야 한다고 말했다. 비록 이처럼 중대한 사건이라고 하더라도, 영국의 검찰청장들은 이렇게 강경하게는 말하지 않았을 것이다. 그러나 보다 덜 중대한 여러 사건에서 영국의 많은 검사들은 훨씬 더 거친 말을 사용하곤 한다.

법원도, 피고인들 중 누구도, 그의 발언을 제지하지 않았다. 그의 발언은 방청객들의 박수갈채를 받았고, 아무도 그 박수갈채를 저지하려 하지 않았다.

이것은 영국 사람의 눈에는 이상하게 보이지만, 배심원제가 아닌 재판에서는 그러한 행동이 크게 해가 되지는 않는다. 그리고 재판 내내 눈에 띄는 것은, 피고인들의 엉뚱한 발언이나 다른 우발적 사건으로 터지는 웃음을 재판부가 작은 종을 사용하여 진정시키려 해도 그러한 노력이 곧바로 효과를 내지는 못했다는 점이다.

그러나 이제 최후의 관문에 다다랐다. 쏘련 정부를 통째로 전복하려고 했던 15명의 범인들에게 이제 발언할 권리가 주어졌고, 또 그들이 발언을 했다.

어떤 사람들은 매우 장황하게, 어떤 사람들은 짧게, 어떤 사람들은 논쟁적으로, 그리고 다른 사람들은 약간의 탄원조로 발언했다. 대부분이 유창하게, 그리고 어떤 사람들은 격정적으로 발언했다. 어떤 사람들은 의식적으로 만장(滿場)한 방청객들을 향해서, 어떤 사람들은 재판부를 향해서 말했다.

그러나 그들은 모두 그들이 하고자 했던 말을 다했다.

그들은 검사의 어떤 제지도 받지 않았으며, 재판부도 단지 짧게 한 두 마디의 말만 했을 뿐이었다. 그리고 방청객들은 조용히 앉아, 그들이 틀림없이 느꼈을 증오감조차도 전혀 표출하지 않았다.

그들은 어떤 장애나 방해도 받지 않고 발언했던 것이다.

쏘련의 행정 당국은, 이 사건을 성공적으로 소추함으로써, 반혁명 행위를 근절하는 데 있어 대단히 커다란 걸음을 내디뎠을 것이다.

그러나 쏘련의 사법 당국과 검찰 당국이 근대 세계의 사법 제도 속에서 그들의 명성을 쌓는 데 있어 최소한 똑같이 거대한 걸음을 내디뎠다는 것 역시 마찬가지로 명백하다.

모스끄바 주재 스웨덴 대사관

1936년 8월의 재판이 있었던 당시에 모스끄바 주재 스웨덴 대사관이 쏘련의 상황에 대해 스톡홀름의 외무부에 보고했던 것을 알면 흥미로울 것이다. 외무부에 보낸 장문의 보고서들에서 2개의 짧은 논평을 취해 보자. 이 보고서들은, 쏘련과 사회주의에 대해서 우익다운 부정적 선입견을 가진 정통 우익 인사들에 의해 작성된 것임을 상기하라. 첫 번째 것은 쏘련의 정치적 상황에 관해서 얘기하고 있다.

왕립 사절 파견단이 왕립 외무부에 보냄
모스끄바, 1936년 9월 24일
에릭 윌렌스티에르나(Eric Gyllenstierna) 대사
기밀
공산당 내의 심문에 관하여
(총 11페이지 중 10번째 페이지의 마지막 부분 — [저자 M. 소새])

 마지막으로 지적해야 할 것은, —비록 과장된 행동일지는 모르지만— 외국 언론에 제멋대로 유포되어 왔고 순진한 대중들에게 쏘련 전체가 붕괴 중에 있다는 인상을 줄 수 있는 황당무계한 얘기들, 이러한 기사들이나 그와 유사한 매스컴의 무절제는, 설령 외신이 보도하는 재판의 모습과 쏘련에서의 실제 재판의 약간의 관련성을 추적하더라도, 사실과는 전혀 관련이 없다는 점입니다.[37]

 재판 당시 자본주의 국가들의 선동적인 반쏘 선전이 언론에서 너무나도 거대하고 조직적인 규모로 벌어졌기 때문에, 쏘련에 대한 판단에 중대한 오류를 범하는 것을 피하기 위해서 모스끄바 주재 스웨덴 대사관은 외무부에 그 선전들을 부인하지 않을 수 없었던 것이다. 다음 인용문은 재판과정 그 자체와 피고인들의 범죄에 관한 것이다. 이 훌륭한 사람들에 대한 재판에 대해 분개하면서도, 결국 윌렌스티에르나 대사는 테러가 실제로 그 사태의 일부였다는 결론을 내릴 수밖에 없었다.

---

[37] "Correspondence from the Swedish Embassy in Moscow to the Swedish Department of Foreign Affairs in Stockholm", *Riksarkivet*, Stockholm; "모스끄바 주재 스웨덴 대사관으로부터 스톡홀름의 스웨덴 외무부로의 서신", ≪리크자키베트≫, 스톡홀름.

모스끄바, 1936년 9월 25일
발신: 스웨덴 대사관
음모에 대한 중대한 재판
기밀
(총 8페이지 중 3번째 페이지 — [저자 M. 소사])

그렇다고 해서, 물론, 피고인들(지노비예프와 까메네프 — [M. 소사])이, 스스로 권력을 잡기 위해, 스딸린을 정점으로 하는 증오스러운 현 정부 지도자들을 전복하려는 상당히 명확한 계획을 세워 왔다는 모든 의혹에서 벗어날 수 있다는 것을 의미하는 것은 아닙니다. 테러까지도 불사하는 계획을 실행에 옮기자는 음모행위가, 불만을 지닌 인물들로 구성된 은밀한 조직들에 의해서 적어도 논의되었다는 것 역시 거의 확실해 보입니다.

에릭 윌렌스티에르나 (대사)[38]

1937년 1월 23-30일
반(反)쏘련 뜨로츠끼파 본부에 대한 재판
(빠따꼬프-라제끄 재판)

일부 지역에서는 평당원들에 의한 활기찬 당의 모습을 달갑게 여기지 않았다. 진정한 노동자들의 당은, 국외의 뜨로츠끼 조직과 동맹을 맺고 있던, 당내부의 정치적 반대파에게는 위협

---

38) *ibid.*

이었던 것이다. 당 지도부에 대한 음모는, 1927년의 당원 총투표에서의 정치적 패배 이후에도 줄곧 비밀리에 계속되었다. 그러나 1934년 12월에 끼로프가 암살된 후 사회는 경계심을 늦추지 않았고, 음모자들은 그들의 의도를 실현하기가 갈수록 더 어려워졌다.

이와 동시에 제1차 5개년 경제계획과 집단농장의 성과를 비롯한 국가의 경제적인 성공은 음모 집단의 단결을 산산이 부수어 버렸다. 쏘련 정부 및 사회주의적 사회 발전을 좌절시키기 위해 수년 동안 은밀히 노력해 왔던 사람들 가운데 일부의 마음이 중앙위원회가 취한 정책이 옳았음을 입증하는 생산성과에 흔들리지 않을 수 없었다. 이제 그것은 단지 이론상의 문제가 아니었고, 현실적인 생활 속에서 그 결과를 실제로 볼 수 있었던 것이다. 음모 집단 내부의 분열로 정치경찰은 그 집단의 활동에 대해 더 많은 정보를 입수할 수 있게 되었다. 공모자들 중 회개한 자들은 뜻밖의 결과를 보여 주는 정보를 제공했다.

자신들의 범죄를 자백하다

1937년 1월, 17명의 고위 관리들(빠따꼬프, 쏘꼴르니꼬프, 라제끄, 쎄레브랴꼬프, 리프쉬쓰(Livshitz), 무랄로프(Muralov), 드로브니스(Drobnis), 보구슬라프스끼(Boguslavsky), 끄냐제프(Knyazev), 라따이챠끄(Rataichak), 노르낀(Norkin), 쉐스또프

(Shestov), 뚜로끄(Turok), 흐라쉐(Hrasche), 뿌쉰(Pushin), 스뜨로일로프(Stroilov), 아르놀트(Arnold))가 반역죄로 기소되어 최고법원의 군사위원회 앞에서 재판을 받게 되자 모스끄바에는 커다란 사회적 동요가 일었다. 조직의 핵심을 이루는 주요 인물들은 빠따꼬프, 쏘꼴르니꼬프, 라제끄 및 쎄레브랴꼬프였다. 모스끄바에서 열린 공개재판에서 피고인들은 자신들이 기소된 범죄들을 자백했고, 그들 자신과 다른 사람들의 활동에 대해서도 진술했다. 기소된 17명의 관리들은, 독일에 있는 뜨로츠끼파 조직과 접촉하며 이들의 지령을 받고 있던 비밀조직의 일원이었다. 그 비밀조직의 목적은 쏘련 정부의 폭력적 전복을 준비하는 것이었다. 그 조직의 활동에는 공금횡령, 첩보활동, 파괴행위 및 테러 등이 포함되어 있었다.

조직의 중심적 지도자인 빠따꼬프의 공개재판에서 있었던 심문은 특히 중요했다. 빠따꼬프는 후회하고 있었고, 뜨로츠끼에게 속았다는 것을 깨달았으며, 자신이 저지른 범죄로 인해 사형선고를 피할 수 없다는 것을 잘 알고 있었다. 빠따꼬프는 법정에서 라제끄, 스미르노프, 쎄레브랴꼬프와 함께 이끌었던 테러 음모에 관한 상세한 정보를 제공했다. 빠따꼬프는 1928년에 뜨로츠끼 조직을 떠난 고참 뜨로츠끼파였다. 1931년에 빠따꼬프는 국가 고위관리로서 공공경제최고협의회에 속해 있었고, 화학산업 본부 위원회의 의장이었다. 1년 후에 그는 중공업 인민위원회의 부위원장이 되었다. 빠따꼬프는 제1차 5개년 경제계획 기간과 제2차 5개년 계획의 일부 기간 동안 수많은 대규모의 산업계획을 결정하는 지위에 있었다. 그가 사회주의 건설을 방해할 수 있는 가능성은 엄청나게 컸으며, 뒤에서 보는 것처럼, 그는 그 가능성을 이용했다. 아래의 모든 인용문들은 그 재판의 공개 기록에서 발췌한 것이다.

빠따꼬프, 뜨로츠끼파로 돌아가다

법정에서 빠따꼬프는, 자신은 뜨로츠끼파에 다시 합류했는데, 이는 1920년대에 뜨로츠끼 조직에서 일할 때부터 친밀한 관계였던 이반 스미르노프를 통해서였다고 진술했다. 그가 다시 뜨로츠끼파에 합류한 것은 1931년 봄-여름에 걸쳐 베를린으로 공무 출장을 가 그곳에서 수개월 간 체류했을 때였다. 당시 빠따꼬프의 임무는 쏘련의 석탄 광업 분야에서 사용할 중장비와 승강기를 구매하는 것이었다. 이반 스미르노프 역시 쏘련의 구매사절단의 일원이었다. 쏘련 붉은 군대 장교로 복무하던 시절에 그는 뜨로츠끼의 호위부대에서 지도적인 지위에 있었다. 로지노프(Loginov)나 모스깔로프(Moskalov), 쉐스또프와 같은 다른 뜨로츠끼파들도 구매사절단의 일원이었다. 1920년대 말에 있었던 반대파들과의 격렬한 투쟁 후에, 사회주의 사회 건설에 반대하던 모든 이들에게 새로이 기회를 부여했던 쏘련 정부의 정책은 그다지 성공적이지 못했다. 뜨로츠끼파든, 정치적 우파나 당내의 소위 좌파에 속했던 다른 사람들이든, 쏘비에뜨 정부에 맞서 싸웠던 이들 모두가 고위직에 계속 머무르거나 복귀하도록 허용되었는데, 이로 인해

1930년대에 쏘련은 상당한 대가를 치러야만 했다.

스미르노프는, 베를린에서 쏘련 내의 뜨로쯔끼파 조직을 이끌던 뜨로쯔끼의 아들 레오 쉐도프를 통해 뜨로쯔끼와 지속적으로 연락을 취하는 데에 베를린으로의 공무 출장을 십분 활용했다. 스미르노프는 베를린에서 빠따꼬프에게 이러한 사실을 얘기했고, 빠따꼬프는 이를 법정에서 진술했다. 또한 법정에서 빠따꼬프는, 스미르노프가 쏘비에뜨 정권과 당 지도력에 대항하는 투쟁을 심기일전하여 다시 시작해야 한다는 뜨로쯔끼의 지령을 설명하면서, 그러나 이는 정치투쟁 외곽에서 수행해야 하는 상황이라고 자신에게 설명했다고 진술했다. 빠따꼬프는, 스미르노프가 "대중투쟁 방식은 포기해야 하고, 테러와 쏘련의 정부 조치들을 방해하는 것을 주요한 투쟁 방식으로 삼아야 한다"[39]고 설명했다고 진술했다.

뜨로쯔끼에 의하면, 반대파는 정치투쟁을 접고, 중앙위원회의 주요 인사들뿐 아니라 쏘비에뜨 정권에 대한 암살과 테러, 파괴행위로 전환해야 했다. 스미르노프는 또한 빠따꼬프에게 쉐도프가 그와 만나고 싶어 한다고 말했다. 빠따꼬프가 이에 동의하여, 며칠 후에 그 만남이 이루어졌다. 그 만남에서 쉐도프는, 테러와 파괴행위, 암살 및 쏘련 내에서 진행 중인 전복공작(顚覆工作)을 통해 정권을 탈취한다는 뜨로쯔끼의 새로운 노선을 빠따꼬프에게 확인해주었다. 당시 그들은 지노비예프

---

39) *Report of Court Proceedings in the Case of the Anti-Soviet Trotskyite Centre* (반쏘비에뜨 뜨로쯔끼파 본부 재판 보고서), Moscow, 1937, p. 21.

추종자들을 포함한 전국적인 조직을 치밀하게 건설 중이었고, 그 조직에는 우파, 즉 부하린, 르이꼬프, 똠스끼와 같은 사람들도 포섭됐다. 쉐도프에 의하면, 뜨로츠끼의 의견은, "투쟁을 한 나라에 한정하는 것은 불합리할 것이며", "이 투쟁에서 우리는 반드시 국제적인 문제, 아니 오히려 국가 간의 문제들의 해결책을 찾지 않으면 안 된다"[40]는 것이었다.

쉐도프, 절도행위를 선동하다

이 회동이 끝나갈 무렵에 쉐도프는 분명한 어조로, 빠따꼬프가 자신들의 투쟁에 참여할 용의가 있는지에 대해 뜨로츠끼가 의문을 가지고 있다고 말했다. 빠따꼬프는 참여하겠다고 대답했다. 재판에서 브이쉰스끼 검사는 빠따꼬프에게 질문했다.

> 브이쉰스끼: 당신이 그렇게 빨리 당과 쏘련 정부에 맞선 투쟁을 재개하겠다고 동의한 것을 어떻게 설명하시겠습니까?
> 빠따꼬프: 쉐도프와의 대화가 그 원인이 된 것은 아니었습니다. 그것은 단지 신선한 자극제 역할을 했을 뿐입니다.
> 브이쉰스끼: 그러니까, 그 회동이 있기 전에도 당신은 옛 뜨로츠끼파로서의 자세를 견지하고 있었다는 말인가요?
> 빠따꼬프: 의심할 나위 없이, 옛 뜨로츠끼파적 견해들은 여전히 내 안에 살아 있고, 그것들은 계속해서 점점 더 강해졌습니다.[41]

---

40) *ibid.*, p. 23.

그렇게 빠따꼬프는 뜨로츠끼와 새롭게 연락을 취했던 것이다. 빠따꼬프가 베를린을 떠나기 전, 쉐도프는 빠따꼬프에게 한 번 더 만날 것을 요청했다. 이 짧은 회동과 관련하여 빠따꼬프는 법정에서, 쉐도프가 단도직입적으로 "자금이 필요합니다. 당신은 투쟁에 필요한 자금을 제공할 수 있습니다"라고 말했다고 진술했다. 빠따꼬프는 쉐도프의 제안에 대해서 계속 진술했다.

> 빠따꼬프: 그는 내가 일정한 정부자금을 별도로 떼어 둘 수 있는, 아니, 기탄없이 말하자면, 훔칠 수 있는 지위에 있다는 사실을 암시하고 있었습니다. 내가 할 일은 단 한 가지, 즉, 보르지히(Borsig)와 데마크(Demag)라는 독일의 두 회사에, 가격에 대해서 특별히 까다롭게 굴지 말고, 가능한 한 많은 주문을 하는 것이며, 그러면 그, 즉 쉐도프가 이들 회사로부터 필요한 자금을 받아 내도록 하겠다고 했습니다. 해독(解讀)하자면, 이는 명백히 쏘련이 주문하는 가격에 부풀려져 추가될 금액의 전부 혹은 일부가 반혁명을 위해 뜨로츠끼의 수중으로 들어가는 것이었습니다.[42]

그 후 빠따꼬프는 쉐도프의 요구대로 하려고 노력했다.

---

41) *ibid.*, p. 25.
42) *ibid.*, p. 26.

리틀페이지의 뺘따꼬프에 대한 견해

1931년 봄에, 뜨로츠끼의 자금력을 강화시킬 수도 있었던 이러한 주문들 가운데 하나가 좌절되었던 사실을 상기해 보면 흥미로울 것이다. 그 이야기는 이전에, "쏘련 역사에 관한 거짓말"(1998)이라는 나의 글에도 언급된 바 있다.* 미국인 엔지니어 존 리틀페이지(John Littlepage)는 쏘련에 고용된 광업 전문가로서, ≪쏘비에뜨의 금을 찾아서≫라는 자신의 저서에서 이에 관해 얘기하고 있다.

1931년 봄에 리틀페이지는 금광업의 지도부를 대신해서 뺘따꼬프의 대규모 무역사절단과 베를린에 동행했다. 리틀페이지는 뺘따꼬프가 추진했던, 품질이 형편없는 산업용 승강기의 대규모 주문 승인을 거부했고, 결국 거래는 성사되지 않았다.

구리와 납 광산에서 일어난 파괴행위에 관한 리틀페이지의 설명이나, 당시 뺘따꼬프가 최고 지도자였던 구리·납 꼼비나뜨의 최고 지도부에 대해서 리틀페이지가 품었던 의혹은, 뺘따꼬프에 대한 재판이 열렸던 1937년에는 아직 알려지지 않았다. 리틀페이지의 저서는 1939년에야 런던에서 간행되었다. 여러 면에서 이 저서는 쏘련의 정치적 반대파가 저지른 산업 스파이 행위의 증거들의 편찬물이다.

리틀페이지는 이렇게 쓰고 있다.

> 물론 나의 공산주의자 고용주들에게 그들의 동료당원들을

---

* [역주] 이 책의 pp. 58-59.

주의하라고 경고하는 것이 내 업무는 아니었다. 그렇지만 몇몇 러시아인들은 내가 우랄 구리광산에서 몇 달 동안 근무한 후인 1932년에 이미 그들에게 산업스파이에 대한 의혹을 제기했다는 것을 증언할 수 있을 것이다.[43]

구리광산은 중공업인민위원회 부위원장인 빠따꼬프가 의장으로 있던 거대한 구리·납 꼼비나뜨에 속해 있었다. 광산의 상황은 생산도, 노동자의 복지도, 양쪽 다 재앙이라 할 만큼 끔찍했다. 리틀페이지는 구리·납 꼼비나뜨의 최고 지도부가 파괴행위를 조직하고 있다는 결론을 내렸다.

빠따꼬프가 뜨로츠끼파 본부와 파괴행위를 조직하다

빠따꼬프는 쏘련 내에서 지노비예프-까메네프 조직이 경찰의 수중에 넘어갈 경우에 대비하여 새로운 반(反)혁명 본부를 구성하는 일을 맡았다. 이후에 빠따꼬프의 조직은 뜨로츠끼의 승인을 얻어 순수한 뜨로츠끼파 본부(Troskyist centre), 소위 대체본부(parallel centre), 즉 지노비예프와 고참 좌파 당원들이 벌이던 활동의 대안이 되었다. 대체본부의 활동은 모스끄바로부터 우랄과 서부 시베리아, 우끄라이나로, 그리고 차르꼬프(Charkov), 드네쁘로뻬드로프스끄(Djnepropetrovsk), 오데사, 끼예프 등의 도시들로 확산되었다. 빠따꼬프는 자신의 고위직 권력을 이용해서 쏘련 전역으로 파괴공작원들과 암살자들을

---

43) John D. Littlepage, *In Search of Soviet Gold*, London, 1939, p. 274.

파견했다. (쉐스또프: 꾸즈네츠끄 분지(Kustnetskbassängen, [Kuznetsk Basin, 꾸즈바스]) [탄전-역재의 갱도 건설(Schachtstoj) 책임자, 리프쉬쓰(Livshitz): 우끄라이나 철도 책임자, 까르쵸프(Kartsev): 께메로보(Kemerovo) 꼼비나뜨 수석 엔지니어, 드로브니스(Drobnis): 께메로보 꼼비나뜨 건설 부책임자, 꼴레가예프(Kolegayev): 중앙 우랄의 구리공장(Uralsredmed) 책임자, 율린(Julin): 중앙 우랄의 구리공장 건설(Sreduralmedstroj) 책임자,* 라따이챠끄(Rataitjak): 화학공업 본부 이사회 (Glavhimprom) 책임자, 마랴신(Maryasin): 우랄 등지의 철도건설 책임자 등등). 빠따꼬프는 법정에서 뜨로츠끼파 조직의 활동을 자세히 설명했다. 몇 가지 예를 들어 보자.

우끄라이나, 서부 시베리아 및 우랄 지역에서의 파괴행위에 대한 빠따꼬프의 증언

빠따꼬프: 저는 이미 우끄라이나에서, 주로 코크스 산업 및 화학 공업과 관련하여 파괴 활동들이 벌어지고 있었다고 증언했습니다. 그 파괴 활동은 아직 완성되지 않은 신축공장을 가동하는 것이었는데, 그 결과 그 공장들은 급속히 후락(朽落)했고, 주로 이들 공장의 화학 부문들의 완공이 지연되거나 아예 거의 무산되었으며, 그 때문에 코크스 산업과 화학 공업에 투자된 자산이, 3분의 2까지는 아니었지만, 절반까지나 그 가치를 잃었습니다. 석탄의 가장 귀중한 부분, 즉 그 화학 함유물

---

* [역주] 영역본에는 이 Julin이 누락되어 있다.

이 이용되지 못하고 공중으로 날아가 버린 것입니다. 다른 한 편에서는, 새로운 코크스화 장치들이 손상되었습니다.

서부 시베리아의 뜨로츠끼파 조직은 석탄 산업에서 가장 왕성한 파괴 활동을 벌였습니다. 이 파괴 작업은 쉐스또프와 그의 조직에 의해서 저질러졌습니다. 상당히 큰 조직이었는데, 그들은 주로 점결탄(粘結炭, coking coal) 광산들에 불을 질렀습니다. 께메로보의 화학 꼼비나뜨에서도 파괴 작업이 저질러졌습니다. 파괴 활동은 무엇보다도 새로 만든 설비의 가동을 지연시키고, 중요하지 않은 설비에 자금을 분산하는 것이었는데, 그 결과 막대한 설비들이 항상 건설 중인 상태였고, 조업할 수 있도록 건설이 완료되지 않았습니다. 발전소와 관련한 파괴 활동은, 꾸즈네츠끄 지역 전체의 효율적인 전력 자원을 감소시킬 것을 목표로 수행되었습니다.

우랄지역에서는 두 개의 주요 목표에 파괴 활동이 집중되었습니다. 하나는 구리 산업이고, 또 다른 하나는 차량공장이었습니다. 구리 산업에서는 가동 중인 구리공장들이 전면 가동되는 것을 방해하는 데에 주로 주력했습니다. 끄라스노-우랄스끄 구리공장(Krassno-Uralsk Copper Works)과 까라바쉬 구리공장(Karabash Copper Works)은 계획된 생산을 수행하지 않았습니다. 공장에 인도된 구리가 엄청나게 낭비되었고, 엄청나게 손실되었습니다. 까라바쉬 구리공장은 계속 불안정한 상태에 놓여 있었습니다. 깔라찐스끄 공장(Kalatinsk Works)에서는 농축 설비가 항상 불량하게 가동되었고, 거기에서도 역시 파괴 활동이 저질러졌습니다. … 파괴 활동은 주로 중앙 우랄 구리 꼼비나뜨(Central Urals Copper Trust)의 관리자인 꼴레가예프가 이끌었습니다.[44]

---

44) *Report of Court Proceedings*(재판 보고서), 1937, pp. 46-47.

뜨로츠끼파 사이에 낙담과 혼란이 퍼지다

빠따꼬프는 재판에서 계속해 파괴행위에 대해서 진술하면서, 그가 공장에 임명했던 최고 책임자들이 대개 파괴 활동을 이끌었음을 보여 주고 있다. 방위산업과 관련해서 빠따꼬프는 노르낀(Norkin)에게 "방화와 폭발을 통해서 방위산업의 기업들을 가동 중단할 수 있도록 준비하지 않으면 안 된다"[45]고 당부했다. 그러나 빠따꼬프와 라제끄는 점차 조금씩 주저하게 되었다. 그 이유는, 빠따꼬프와 라제끄에게 보낸 지령에서 뜨로츠끼가, [빠따꼬프가 이끌고 있는-역자] 뜨로츠끼파 대체본부(Trotskyite parallel centre)는 "말만 번지르르하게 하고 있다"며, "테러를 통해서, 그리고 또한 파괴를 통해서 확실한 활동들이 수행되어야 한다"고 요구했기 때문이었다. 뜨로츠끼의 편지의 의하면, 이렇게 테러와 파괴 활동을 수행하는 것은 "무언가 우발적인 것도 아니고, 그가 제안한 강력한 투쟁방법들 중의 단지 하나에 불과한 것도 아니었으며," 그의 정책들의 "본질적인 부분이었다."[46]

그리고 빠따꼬프는 이렇게 계속한다.

> 1934년 중반이었는데, 뜨로츠끼는 그 동일한 지령 속에서, 히틀러가 권력을 잡음으로써 일국(一國)에서만의 사회주의의 건설은 불가능하다는 그의, 즉 뜨로츠끼의 노선의 정당성이 완전히 입증되었음이 명백하고, 전쟁은 불가피하다며, 이제 우리

---

45) *ibid.*, p. 50.
46) *ibid.*, p. 52.

뜨로츠끼파가 무언가 정치세력으로서 살아남기 위해서는, 우리는 단지 피동적으로 관망하고 지켜만 보아서는 안 되고, 패배할 수밖에 없다는 입장을 취하고, 미리 이 패배에 능동적으로 대비(對備)하지 않으면 안 된다는 문제를 제기했습니다. 그러나 그를 위해서는 기간요원들을 조직해야 하고, 이 기간요원들은 말만으로는 조직될 수 없었습니다. 그리하여 필요한 파괴활동이 수행되어야 했습니다. 제가 기억하기로는, 이 지령 속에서 뜨로츠끼는, 외국으로부터 필요한 지원을 받지 못한다면, 블록bloc, 여기서 '블록'은 뜨로츠끼파가 이끄는 반대파를 의미한다. — M. 소사은 권력을 잡을 수도, 그것을 유지할 수도 없다고 말했습니다. 그 때문에 어떻게 하면 독일이나 일본과 같은 가장 침략적인 외국들과 임시협약을 맺을 수 있는가가 문제였고, 그, 즉 뜨로츠끼는 스스로 이미 일본 및 독일 정부와 접촉을 하는 데 필요한 조치들을 취해 왔습니다.[47]

전쟁의 패배를 위한 뜨로츠끼의 지령

뜨로츠끼의 지령으로 뜨로츠끼파 조직이 정권을 획득할 새로운 가능성이 대안으로 등장했다. 그것은 더 이상 단지 중앙위원회와 정부의 주요 인사들을 살해하거나 파괴 활동을 저지름으로써 쏘련에 정치적인 불안정을 야기하려는 방식이 아니었다. 이제 무언가 새로운 방식이었다! 바야흐로, 다가올 전쟁에서 뜨로츠끼파 조직은 쏘련의 패배를 위해 일하려는 것이었

---

47) *ibid.*, pp. 52-53.

고, 나찌 독일과 파쇼 일본의 도움으로 국가권력을 장악하려는 것이었다. 뜨로츠끼에 따르면, "자본주의로 후퇴할" 필요가 있었고, "이는 미리 합의된 조건대로 이들 국가에 수많은 이권을 넘김으로서 우리가 권력을 유지하는 데 필요한 지원을 획득하는 것을 의미했다."[48]

브이쉰스끼 검사의 질문을 받고, 빠따꼬프의 가장 신뢰하는 벗인 라제끄는 이렇게 대답했다. 장차 다가올 나찌 독일과의 전쟁에서 쏘련이 패배할 때 뜨로츠끼파 블록이 권력을 인수하는 것과 관련한 뜨로츠끼의 지령은,

> 자본주의로의 복귀, 자본주의의 회복이었습니다. 이것은 비밀에 부쳐졌습니다. 첫 번째 변화는 자본주의적 요소들을 강화하는 것이었을 것입니다. 이는, 허가의 형태로 독일인들과 일본인들에게 많은 경제적 이권을 넘겨주는 것, 그리고 독일에 국제가격 이하로 원료와 식품, 유지(油脂)를 공급할 의무를 지는 것을 의미했습니다.[49]

이것이 쏘련 내부에 미칠 영향은 명백했다.

> 러시아 사적 자본의 이해는 독일과 일본의 이권 소유자들의 주위에 집중될 것입니다.[49]

라제끄에 따르면, 뜨로츠끼는 "독일인들이 요구한다면 그들의 경제에 특히 귀중한 공장들을 양도하는 것"[49]도 필요하다

---

48) *ibid.*, p. 55.
49) *ibid.*, p. 56.

고 생각했다.

더 나아가서, 뜨로츠끼는 편지에서 이렇게 설명했다고 라제끄는 말했다.

> 아마 영토의 양도도 필요할 것이며 ... 그것은 우끄라이나로 영토를 확장하려는 독일을 만족시키는 문제였습니다. 일본과 관련해서는 뜨로츠끼는 아무르(Amur) 지역과 연해주를 양여하는 것에 대해서 얘기했습니다.[50]

뜨로츠끼, 나찌와의 협력을 승인하다

빠따꼬프와 라제끄는 뜨로츠끼의 지령들에 경악하여 그를 직접 만나 물어보기로 결정했다. 1935년 12월 빠따꼬프가 공무 출장으로 베를린을 방문했을 때 기회가 찾아왔다. 빠따꼬프는, 쉐도프에게서 구한 독일 여권과 독일 뜨로츠끼파의 도움으로 매우 은밀하게, 뜨로츠끼가 당시 거주하고 있던 오슬로로 날아갔다. 그들은 2시간에 걸쳐 회동을 가졌고, 뜨로츠끼는 그 편지의 내용이 사실임을 확인해 주었다. 나아가, 뜨로츠끼는 뜨로츠끼파 대체본부의 활동들에 대해 불만스러워했는데, 그는 그 활동이 아주 저조하다고 생각했다. 간단히 말하자면, 뜨로츠끼는 시설과 공장들에 대한 훨씬 더 광범한 파괴를 요구했고, 스딸린을 필두로 쏘련의 지도자들에 대한 일련의 암살을

---

50) *ibid.*, p. 58.

실행할 것을 요구했던 것이다. 독일인들에 줄 이권과 관련하여 뜨로츠끼는 빠따꼬프에게, "자신은 독일의 국가사회주의[나찌-역자] 당의 부의장인 헤쓰(Hess)와 꽤 긴 협상을 했으며,"[51] 합의가 이루어졌다고 말했다.

그러나 거기에 그치지 않았다. 뜨로츠끼는 빠따꼬프에게 대체본부가 "전쟁에 대비해서 기간요원들을 훈련시켜야 한다고, 다시 말해서, 쏘련을 침략하는 파시스트를 도와서 파괴활동과 양동작전을 펼칠 요원들을 훈련시켜야 한다"고 요구했다.[52]

뜨로츠끼와의 이 대화로 하나의 새로운 요소가 발생했다고 빠따꼬프는 법정에서 진술했다.

> 빠따꼬프: 말하자면, 새로운 무언가가 아주 명확하게 체계적으로 형성되었습니다. 본질적으로, 뜨로츠끼파 조직은 파시즘의 부속기관으로 변질되고 있었습니다. 저에게는 그때서야 그것이 명백해졌습니다.[53]

빠따꼬프는 법정에 계속 진술했다. 뜨로츠끼와의 대화는, "라제끄의 마음에도 제 마음에도 불쾌한 반응을 불러일으켰고, 무언가 손을 써야만 한다고 생각했습니다. 그러나 우리는 그 지령을 거부하지 않았고, 해 오던 일들을 계속 수행했습니다." 그리고 빠따꼬프는 "우리가 막다른 골목에 내몰려 있다"[54]는 것을 깨달았다.

---

51) *ibid.*, p. 64.
52) *ibid.*, p. 62.
53) *ibid.*, p. 66.
54) *ibid.*, pp. 68-69.

뜨로츠끼파 대체본부는 계속 뜨로츠끼의 요구를 수행했고, 이제 그들은 중앙위원회의 지도자들, 즉 스딸린과 몰로또프(Molotov), 까가노비치(Kaganovitj), 보로쉴로프(Vorosjilov), 오르드죠니끼제(Ordzjonikidze) 등에 대한 암살을 시도하지 않으면 안되었다. 빠따꼬프는 이 모든 것을 공개 재판에서, 국제 취재단과 외교사절단의 면전에서 진술했다. 대체본부의 활동은 그것이 발각되어 조직원들이 검거된 1936년 초까지 계속되었다.

나찌 독일과 미국에서의 뜨로츠끼파의 활동

오늘날 뜨로츠끼주의자들이나 그들에 대한 자유주의적·반공주의적 찬양자들은 뜨로츠끼가 나찌당 및 게쉬타포와 협력했다는 보고서들을 매우 회의적으로 받아들이고 있다. 여러 공개재판에서 진술된 사실들을 그들은 받아들이려 하지 않는 것이다. 그러나 뜨로츠끼와 게쉬타포가 협력했다는 결론에 도달하기 위해서 재판에서의 공개적인 진술들에만 매달릴 필요는 없다.

1934년 이후 나찌 독일은, 나찌가 국가를 장악한 지 겨우 1년만에 이미 수천 명의 독일 공산주의자들이 살해되고, 또 다른 수만 명의 공산주의자들이 강제수용소들에 갇혀 있는 완전한 경찰국가가 되어 있었다. 게쉬타포의 허락이 없이는 나찌 독일에서 어떤 일도 일어날 수 없었다. 게쉬타포의 허락이 없이는 어떤 정치적 활동도 절대적으로 불가능했고, 러시아 혁명가들이 관련된 그 어떤 정치적 활동도 불가능했다. 레오 쉐도프가 몰두했던 거대한 조직 작업은 오직 게쉬타포의 승인과 협력, 그리고 그들의 재정적·물질적 지원 하에서만 이루어질 수 있었다.

미국에서는 쏘련 정부에 대한 뜨로츠끼의 투쟁을 지원하기 위해서 한 뜨로츠끼파 조직이 결성되었다. 이 조직의 주요 목적은 흑색선전을 통하여 쏘련에 적대적인 대중들에게서 광범위한 지원을 획득하는 것이었다. 이 그룹은 일련의 저명한 지식인들을 조직하여 언론에 커다란 영향력을 발휘할 가능성을 획득하게 되었다. 그러나 그저 아무 신문이나 뜨로츠끼의 원고를 실을 수 있었던 것은 아니었다. 뜨로츠끼는 자신의 글들을 직접 친(親)나찌 허스트 신문사(pro-Nazi Hearst-press)에 보냈다. 윌리엄 허스트는 히틀러와 나찌즘에 대하여 공개적으로 호의(好意)를 드러낸 미국 신문계의 거물이었다.* 허스트가 히틀러를 만났던 1934년 이후 허스트 언론은 미국에서 나찌즘을 대변하는 거대한 선전 매체가 되었다. 바로 그곳에 뜨로츠끼는 자신의 글들을 출판하도록 보냈던 것이다. 이 허스트 신문에는 뜨로츠끼의 글들이, 무쏠리니(Mussolini)—그는 거기에 그의 고정 기고란을 가지고 있었다—의 연대기 및 괴링(Göring)의 공공연한 나찌 선전물들과 나란히 실려 있었다. 뜨로츠끼의 글들은 나찌의 반쏘 선전 속에서 일정한 위치를 차지하고 있었던 것이다.

1937년 1월 30일 오전 3시에 뜨로츠끼파 본부의 조직원들에 대한 판결이 선고되었다. 피고인들 중 13명(빠따꼬프, 쎄레브

---

* [역주] 이 책, pp. 8 이하 참조.

랴꼬프, 무랄로프, 드로브니스, 리프쉬쓰, 보구슬라프스끼, 끄냐제프, 라따이챠끄, 노르낀, 쉐스또프, 뚜로끄, 뿌쉰 및 흐라쉐)에게는 최고형인 총살형이 선고되었다. 피고인들 중 3명(라제끄, 쏘꼴르니꼬프 및 아르놀트)에게는 10년의 금고형이 선고되었다. 스뜨로일로프에게는 8년의 금고형이 선고되었다. 금고형이 선고된 사람들은 형기를 마친 후 5년 동안 정치적 권리가 박탈되었다. 유죄를 선고받은 모든 이들의 개인재산은 몰수되었다.55)

**빠따꼬프-라제끄 재판에 관한
미국 대사 조셉 데이비스의 기록**

모스끄바 주재 미국 대사로서 이 재판을 목격했던 조셉 데이비스는 1936년에서 1938년 당시 쏘련의 정세와 관련된 이런저런 주제들에 대해서 대단히 광범한 자료를 남겼다. 데이비스는 한 권의 책을 저술했는데, 우리는 그것을 강력히 추천한다. 그 책은 1941년에 뉴욕에서 ≪모스끄바에서의 임무(*Mission to Moscow*)≫라는 제목으로 출판되었다. 데이비스에 의해 저술된 이 책은 "1941년 10월까지의 일지와 논평을 포함하여, 국무성에 보낸 비밀 전문(電文)들과, 공무상의 그리고 사적인 서신들, 일기, 업무일지 등의 기록"이며, 그가 루즈벨트 대통령과 국무성, 미국의 가족들에게 보낸 서신들이 포함되어 있다. 데이비

---

55) *ibid.*, p. 579.

스 대사는 또한 제2차 세계대전 발발 1주년을 맞기에 앞서 1942년에 ≪우리의 쏘비에뜨 동맹에 대한 우리의 부채(*Our Debt to Our Soviet Ally*)≫라는 제목의 소책자를 저술하기도 했다. 이 소책자는 쏘련과 제2차 세계대전에 대해 다루면서, 미국도 유럽에서 나찌 독일에 맞서 제2의 전선을 개설할 것을 촉구하고 있다.*

조셉 데이비스는 직업적인 외교관이 아니라 변호사이자 자본가였으며 실업가였다. 그는 미국의 자본주의적 지배계급의 일원이었으며, 프랭클린 루즈벨트 대통령과는 사적인 친구였다. 데이비스는 미국 민주주의의 열렬한 찬양자였고, 철저한 반사회주의자(outright anti-Socialist; antisocialiste engagé; uttalad antisocialist)였다. 모스끄바에서의 그의 임무가 끝났을 때, 대사관 직원들에게 한 송별 연설에서 그는 무엇보다도 이렇게 말했다.

> 인류의 존엄성, 인간 생명과 자유의 신성함, 인간 정신에 대한 자존심이야말로 문명이 이 세계에 가져다 준 최고의 성과입니다. 이러한 것들은, 다른 곳에서는 세계 어디에서도 찾아볼 수 없을 정도로, 아메리카 합중국에 존재합니다. 저는 전체주의적인 국가들이나 독재 정권이 어린이들이나 노인들에게 얼마나 많은 물질적 편익(便益)이나 사회적 수당을 제공하든 관심이 없습니다. 만약 [그것을 위해-역재 자유와 권리를 희생해야 한다면, 그것은 너무나 큰 대가를 치루는 것입니다.56)

---

* [역주] 당시 미국은 일본과만 전쟁(=제1전선)을 벌이고 있었고, 나찌 독일과는 아직 전쟁을 벌이고 있지 않았다.
56) Joseph E. Davies, *Mission to Moscow*, New York, 1941, p. 645.

데이비스가 흥미로운 이유는, 쏘련에 체류하는 동안 그 나라와 사회주의 정부에 대해 알기 위해서 그가 진심으로 노력을 기울였기 때문이다. 그는 전국을 두루 여행할 수 있도록 허용해 줄 것을 쏘련 정부에 요청했고, 쏘련 정부는 이 요청을 받아들였을 뿐 아니라 가능한 모든 지원을 제공했다. 데이비스 대사는 쏘련 전국의 곳곳을 누비며 수많은 도시, 공장, 협동농장, 학교, 병원 등을 살펴보았다. 그는 미국의 가족에게 보내는 서신들과 국무성에 보내는 보고서들에 자신이 본 것을 객관적인 언어로 설명했다.

미국의 국무장관에게 보낸 데이비스의 보고서

빠따꼬프-라제끄 그룹에 대한 재판과 관련하여 1937년 2월 17일에 데이비스는 "극비(Strictly Confidential)" 보고서를 국무장관에게 보냈다.

> 통역의 도움을 받아 저는 주의 깊게 증언을 청취했습니다. 저는 제가 이 피고인들의 증언들을 믿지 않으려 했음을 당연히 고백하지 않으면 안 됩니다. 피고인들의 자백이 모두 일치한다는 점, 그들이 장기간 (**외부와 접촉이 끊긴 채 독방에**) 감금되어 있었고, 그동안에 그들 자신과 그 가족들에게 협박과 강제가 가해졌을 가능성이 있다는 사실 등, 이 모든 것이 저로 하여금 피고인들의 진술의 신뢰성에 심각한 의문을 갖게끔 했던 것입니다. 하지만, 객관적으로 관찰했을 때, 그리고 그

사건의 재판에서의 경험과 과거 경험에서 터득한 신빙성 판단력에 입각해 보았을 때, 적어도 쏘련 정부에 적대적인 정치 지도자들 사이에 음모와 모반이 광범하게 존재했으며, 이는 그들의 법률 하에서는 공소상의 범죄를 구성한다는 것을 증명할 만큼은 국가가 사건을 입증했다는 결론을 저는 내릴 수밖에 없었습니다.[57]

콘퀘스트와 반역 재판

이 반역 재판에 대하여 1937년 2월에는 부르주아지가 어떤 말을 하지 않을 수 없었던가를 아는 것도 흥미로운 일일 것이다. 언제나 그러하듯이, 부르주아지의 주요 교과서는 경찰 공작원 로브트 콘퀘스트가 쓴 《대숙청(The Great Terror)》이다. 스웨덴이나 다른 나라들에서 이 주제와 씨름하고 있는 여타의 소위 작가들은 단지 콘퀘스트의 도제(徒弟)들에 불과하다. 콘퀘스트가 그 재판에 관해 기술한 거짓말들을 여기에서 모두 다 언급하는 것은 불가능하다. 우리는 그가 **빠따꼬프** 건(件)에 관해서 기술한 것에 만족해야 한다.

콘퀘스트는 이렇게 쓰고 있다.

빠따꼬프의 희생은 아마도 스딸린의 의도를 가장 분명하게 보여 주는 증표일 것이다. 빠따꼬프는 실제로 반대파였고, 중요 인물이었었다. 그러나 그는 1928년에 반대파에서 탈퇴했고,

---

57) *ibid.*, p. 43.

그 이후에는 완전한 충성을 바쳐 일했다. ... 어떤 근거로 그를 적대적으로 대할 수 있겠는가? ... 그는 1920년대에는 스딸린에 대한 주요한 비판가였다. 그는 스딸린의 권력 상승을 불행한 것으로 간주한다는 점을 분명히 밝혔었다. 무엇보다도 빠따꼬프는, 그 자신의 야망이 무엇이든 간에, 여전히 지도자감이었다.[58]

우리는 이미 재판 기록에서 빠따꼬프의 "완전한 충성"에 대해서 살펴보았다. 그러나 빠따꼬프가 "여전히" "지도자감"이었다는 콘퀘스트의 주장조차 실제와는 전혀 다르다. 이미 이때는 반대파가 오래 전에 정치적으로 사라진 후였고, 쏘련에서 어떠한 정치적 영향력도 가지고 있지 못한 때였다. 그것은, 예컨대, 모스끄바 주재 스웨덴 대사 에릭 윌렌스티에르나가 1937년 1월 28일에 스웨덴 외부성에 보낸 서한에서 빠따꼬프-라제끄 재판에 관해 언급하면서 피력한 견해이기도 했다. "권력을 장악한 이들에게 정말로 위험이 되는 그 어떤 반대파도 존재하지 않는다"[59]고, 윌렌스티에르나 대사는 확언하고 있다.

콘퀘스트에 따르면, 그 반역 재판은 여전히 존재하던 일부 잠정적인 정적들을 스딸린이 제거한 수단에 불과했고, 이는 물론 자신의 권력을 유지하기 위해서였다! 빠따꼬프가 공개재판에서 했던 증언을 아는 사람들에게는 콘퀘스트의 글들은 분명

---

58) Robert Conquest, *The Great Terror—Stalin's Purge of the Thirties*, New York, 1968, pp. 156-157.
59) "Correspondence from the Swedish Embassy in Moscow to the Swedish Department of Foreign Affairs in Stockholm", *Riksarkivet*, Stockholm.

터무니없다. 리틀페이지의 1939년 저서는, 빠따꼬프가 도둑이자 파괴행위자임을 드러내 보여 주면서, 콘퀘스트의 거짓말들을 뭉개 버리고 있다. 그럼에도 불구하고, 콘퀘스트가 날조한 신화들은 여전히 대중매체에 의해서 널리 선전되면서 사전 지식이 없는 이들에게 영향을 미치고 있다. 그런 것들이 바로 상류층이 인민에게 퍼뜨리고 있는 신화다. 같은 상류층 내부에서는 예나 지금이나 말이 서로 다르다. 모스끄바 주재 스웨덴 대사인 에릭 윌렌스티에르나가 스톡홀름의 외무부에 보낸 기밀서류를 살펴보자.

빠따꼬프 재판에 대한 윌렌스티에르나 대사의 보고

스웨덴 대사
최근 뜨로츠끼 재판에서의 자백에 대한 약간의 논평
(총 6페이지)
모스끄바, 1937년 2월 3일
기밀

(p. 3) 장기간의 구금과 가혹한 정신적 —그리고 필시 대부분의 경우 또한 육체적인— 고문을 당했을 터인데도 불구하고, 피고인들이 거의 예외 없이 의기소침하거나 기가 죽어 있는 것처럼 보이지 않는 것이 충격적이었습니다. 아니 오히려 피고인들은 생기가 있고 정신이 또렷해 보였습니다. 그들 중 한 두 명은 심지어 입가에 희미한 미소까지 띠고 있었습니다.

(p. 4) 최대한 검사에게 협력하려는 피고인들의 행동과 노력을 심리학적으로 만족스럽게 설명하기는 어렵습니다. 이와 유사한 이전의 다른 재판들에서처럼 이에 대한 여러 가지 추측이 있었습니다. 아시다시피, 피고인들이 어떤 마약에 취해 있거나 최면에 걸려 있다는 가설까지 제시되었지만, 이를 뒷받침할 수 있는 어떤 증거도 없기 때문에 이러한 가설은 당분간 고려하지 않을 것입니다.

가장 널리 받아들여지는 설명은, 결정적으로 자신의 목숨이나 최소한 가까운 가족의 생명을 구할 수 있을 것이라는 희망으로 피고인들은 검사에 대해 이상할 정도로 무저항적으로 행동하는 것이며, 기이할 정도로 열성적인 자백은 살아남으려는 본능 때문일 것이라는 것입니다. 저 자신은 이러한 설명을 수긍할 수 없습니다. 지노비예프 재판과 다른 유사한 재판의 경험에 비춰 보았을 때, 아무리 미친 듯이 자책하며 함께 기소된 동료를 비난해도 이것이 법정에서 감형을 이끌어 낼 수 없다는 것은 모두가 아는 사실입니다. 더구나, 대다수의 피고인들이 법정과 권력자들을 만족시키기 위해 열성적으로 아첨하고자 죄를 자백하는 것처럼 보이지도 않았습니다. 이제까지 제가 암암리에 말씀드린 것처럼, 그들의 모든 행동은 이러한 추측과 모순됩니다. 지금 이러한 자백의 밑바닥을 이해하려고 하는 것은 시간낭비라고 말하면, 그것으로 충분합니다. 그것은 분명 해결불가능한 심리학적 난제이며 앞으로도 그럴 것입니다.

에릭 월렌스티에르나[60]

---

[60] *ibid.*

1937년의 윌렌스티에르나와 1999년의 아크 게티

윌렌스티에르나 대사에 의하면, 빠따꼬프 재판의 피고인들은 심문을 받고 죄를 자백할 때에 "생기가 있고 정신이 또렷해 보였으며, 그들 중 한 두 명은 심지어 입가에 희미한 미소까지 띠고 있었다." 더욱이 피고인들은 자신들의 죄를 거리낌 없이 이야기하고 자백했으며, 이는 윌렌스티에르나 대사에게는 "해결할 수 없는 심리학적 난제"였다. 피고인들은 실제로 유죄였으며 검사가 들이댄 강력한 증거 때문에 자신들의 범죄를 자백하기로 했다는 것을 윌렌스티에르나는 전혀 이해하지 못했다. 그러나 윌렌스티에르나 대사만이 그러한 것이 아니다. 극소수의 예외를 제외하면, 부르주아 계급과 그 문필가들 전체가, 오늘날에도 역시 그러한 것처럼, 그 피고인들의 자백에 완전히 갈피를 잡지 못했다. 새로운 연구가 발표되거나 새로운 책이 발간될 때처럼 그동안 그 주제가 제기될 때에는 그 피고인들이 실제로 유죄였다는 것을 변명하기 위한 새로운 이론들이 창안되어 왔다.

저자의 상상력 이외에는 어떤 근거도 없으면서도 때로는 완전히 새로운 일련의 이론들 가운데 최근의 것은 아크 게티(Arch Getty)의 최근[1999년-역재]의 저서인 ≪숙청으로의 길― 스딸린과 볼쉐비끼의 자멸(*The Road to Terror―Stalin and the Self-Destruction of the Bolsheviks, 1932-1939*)≫에서 읽을 수 있다. 쏘련의 역사 문제에 대한 극소수 진지한 연구가 가운데 한 사람인 게티 교수는 그 정치 재판에서의 피고인들의 자백과 관련하여 무리한 일을 시도하고 있다.

게티 교수는 피고인들이 유죄였다는 단순한 사실을 받아들일 수 없는 것이다. 게티가 속한 학계에서는, 즉 쏘련에 대한 적대적이고 편견에 찬 태도가 그리고 뜨로쯔끼에 대한 신성화가 완전히 지배적인 학계에서는 그러한 일들은 "결코 있을 수" 없는 것이다. 그리하여 게티는 피고인들의 자백을 설명하기 위한 독자적인 이론을 정립했다. 그것이 바로 그가 "자백 의식(confession ritual)"[61]이라고 지칭하는 것이다. 게티가 볼 때 그 자백이란 단지 레닌 시대 이래 볼쉐비끼당에서 일어나던 모든 현상의 기초를 이루는 어떤 의식(儀式)의 일부에 지나지 않는 것이었다. 이 의식의 목적은 모든 당원들을 당에, 즉 당의 지배층(nomenclature)에 종속시키는 것이었고, 당원들이 자백을 요구받으면, 설령 결백하다 할지라도, 범죄를 자백하게끔 하는 것이었다. 게티에 의하면, 이 무고(無辜)한 피고인들은, 오직 지배층에 존경을 표시하기 위해서, 그리고 오직 당의 단결을 위해서, 자신들에 대해서 거짓증언을 했고, 모든 동무들과 쏘련 및 전 세계 근로인민 앞에서, 그것도 영원히 치욕을 감수했으며, 사형 판결을 받아 총살당하는 것을 감수한 것이다! 그리고 게티가 말하는 자백 의식을 받아들이지 않고, 자신들이 저지르지 않은 범죄에 대해 유죄임을 인정하기를 거부한 사람들도 어찌 되었건 사형선고를 받은 것이다! 이는 터무니없다고 말할 수 없을지는 모르나 무척 억지스럽다. 물론 어떤 정신이 나간 사람이 그런 식으로 사고하고 있었을 수도 있

---

[61] Getty & Naumov, 1999, pp. 323-324.

다고 생각할 수도 있겠지만, 모든 피고인들이 자신들이 결백함에도 불구하고 스스로 유죄라고 선언했을 것이라고 하는 것은 오직 분별없는 연구자만이 받아들일 수 있다. 그러한 연구자는 진실을 탐구할 수 없고, 자신의 가설을 억지로 합리화하고 있을 뿐이다.

게티의 음모와 어리석음

더 나아가서 지적해야 하는 것은, 모스끄바 재판의 피고인들 대부분이 공산당의 전직 고위 관료, 즉 이른바 당의 지배층 인물들이었다는 사실이다. 그런데, 범죄도 없었고 아무도 유죄가 아니었다면, 왜 그 지배층의 일부가 다른 일부를 공격했겠는가? 수백 쪽에 달하는 지루한 문서자료들에도 불구하고, 그리고 역사를 갖은 음모와 어리석음의 속임수로 돌리는 난해한 이론들에도 불구하고, 게티는 자신의 저서 《숙청으로의 길》에서 이 질문에 답하지 못하고 있다. 결국 슬그머니 말하고 있는 것은, 언제나 그렇듯이, 모든 것은 어쨌든 스딸린의 작품이라는 것, 즉 그가 권력을 갈망하여 그리고 정치적 지배력을 잃을지도 모른다는 두려움에 사로잡혀 배후에서 이 모든 일을 꾸몄다는 것이다. 그리고 게티는 다음과 같이 극단적으로 말하면서 그의 저서를 끝맺고 있다. — 쏘련에 "노동자의 혁명 따위는 없었"으며, "사회주의 시대의 특권지배층이 사실상 그 국가를 물려받아", "1990년대의 '새로운' 지배자들이 되었을 뿐만 아니라 국가 자산의 법률적 소유자로 되었다."[62]

이것이 역사란 말인가? 모든 것이 그토록 단순해서 60년 전의 지배층이 1990년에 국가를 자본에 팔아먹은 자들과 동일한 지배층이라고 믿어야 한다고? 단지 어떤 이의 '이론'을 위해서, 60년이라는 긴 세월을 건너뛰고 그동안에 일어났던 모든 것들에 대해 눈을 감아야 한다고? 사회주의와 무계급 사회를 위한 싸움에서의 모든 계급투쟁에 눈을 감는 것. 그리고 특히 인류의 최대의 비극, 즉 나찌즘과 파시즘에 대항한 제2차 세계대전에 눈을 감는 것. 주로 쏘련이 싸워 승리했으며, 자신의 조국뿐 아니라 전 인류를 위해서, 자유를 위해서 수많은 최고의 공산주의자들과 젊은이들이 목숨을 바쳤던 전쟁. 십년 동안이나 시간을 다투어 분투해야 했으며, 쏘련의 광대한 지역을 잿더미로 만들고 엄청난 사회적·경제적 문제들을 남겼던 전쟁. 이 모두를 무시할 수 있단 말인가? 인류 최대의 그 비극이, 그것이 일어났던 국가의 사회 발전에 아무런 영향도 끼치지 않는다는 것이 가능하단 말인가?

그의 저서 ≪숙청으로의 길≫로서 게티는 지배 자본가계급에게 흡족한 성과를 만들어 냈다. 그는 쏘련에 관한 오래된 거짓말들 가운데 일부에 대해서, 즉 문서고가 개방된 후 더 이상은 옹호할 수 없는 거짓말들에 대해서 의문을 제기하고 있다. 하지만 그는 쏘련을 중상모략하고 그에 의혹을 던지는 새로운 부정직한 이론들을 꾸며 내고 있다.

---

[62] *ibid.*, p. 586.

1937년 당 숙청과 반(反)관료주의 투쟁

1937년 중엽에는, 두 가지 중대한 문제들을 아주 심각하게 받아들이지 않으면 안 되며 쏘련에서 사회주의의 건설을 지속하기 위해서는 그것들을 반드시 해결하지 않으면 안 된다는 것이 명백해졌다. 그들 문제 중 하나는 지노비예프-까메네프 반역 재판과 빠따꼬프-라제끄 반역 재판에 의해서 드러났다. 아직까지도 과거의 반대파들이 무기를 내려놓지 않았음이 입증된 것이다. 이전의 자아비판은 단지 관중을 위한 연극, 다시 유리한 사회적 지위를 차지하기 위한 수단이었을 뿐이었다. 그들의 지하 활동은 1930년대 초 이래 끊임없이 계속되었지만, 가담자들이 몇인지는 알려지지 않았다. 또 다른 문제는 당 내의 관료주의, 부패, 그리고 기회주의에 맞선 투쟁이었다. 이 문제는 특히, 기간 당원들이 감히 비판하지 못하거나 비판하지 않았고, 그 때문에 지방과 광역의 지도부에서 안정적이고 확실한 지위를 차지하고 있던 유력인사들과 관련되어 있었다.

1937년 2월에 이 두 가지 중요 문제를 다루기 위해 중앙위원회가 소집되었다. 이 회의는 결국 1937-1938년에 격렬하게 전개된 당내 투쟁의 출발점이 되었다. 그 회의가 시작되었을 때에는 중앙위원회 위원인 부하린과 르이꼬프도 참석했다. 그들은 당의 적들과 협력했으며, 또한 뜨로츠끼와의 반혁명 동맹에 참여했고, 쏘련 정부를 전복하려 했다는 비난을 받았다. 이러한 비난은 최근에 종결된 빠따꼬프-라제끄 재판의 수사 자료에 기초한 것이었다. 바로 그 재판에서 부하린과 르이꼬프에 대해 진술한 것은 빠따꼬프와 라제끄였다. 부하린과 르이꼬프는 자신들을 변호하려고 했지만, 중앙위원회는 그들을 반역자로 평결했고, 당에서 축출했다. 그들의 사건은 검찰로 넘겨져 수사되고 기소되었다. 부하린과 르이꼬프, 그리고 그들의 조직에 속한 다른 이들의 재판에 대해서는 다음에 다시 언급하기로 하자.

스딸린의 연설

그 중앙위원회 회의에서 스딸린은 "당 사업에서의 결함과 뜨로츠끼파 및 기타 표리부동한 자들을 청산하기 위한 조치들"[63] 이라는 제목으로 매우 중요한 연설을 했다. 이 연설과 그 회의에서의 스딸린의 "논쟁에 회답하는 연설"은, 1930년대에 쏘련에서 일어났던 사건들을 진지하게 연구하려는 모든 사람들에게 긴요한 문서들이다. 몰로또프나 즈다노프, 예죠프와 같은 다른 동지들도 그 회의에서 중요한 문제들을 제기하였다.

스딸린은 이 연설에서 중앙위원회의 다른 동지들에게, 어떻게 해서 외국의 앞잡이들이나 뜨로츠끼주의자들 및 그들의 정치적 동맹자들이 당 기구들뿐 아니라 쏘련 국가의 경제적·행정적 조직에 침투하여 파괴행위와 정탐, 해독행위를 벌일 수 있었는지를 물었다. 나아가 스딸린은, 어떻게 해서 신원이 불명한 이들 분자들이 책임적 지위들을 차지하게 되었으며, 그러

---

63) J. V. Stalin, *Selected Works*, Tirana, 1979, pp. 421-455.

한 지위들을 낚아채는 데에 일부 지도적 동지들의 도움까지 받았는지 물었다.

스딸린은 계속해서 이전 수년 동안의 파괴행위 및 정탐활동의 목록과 중앙위원회가 당 기구들에 보낸 경고서한을 제시하면서 다음과 같이 말했다.

> 여러 사실들은 우리 동지들이 이러한 신호들과 경고들에 매우 느리게 대처했음을 보여 주고 있습니다. 당의 문서들을 검증하고 바꾸는 운동에서 드러난 모든 사실들이 이를 웅변적으로 보여 주고 있습니다. 이러한 신호와 경고들이 필요한 효과를 내지 못했다는 사실을 우리는 어떻게 설명해야 하겠습니까? ... 혹시 우리 당의 동지들이 퇴화했고, 그 계급의식이 약화되었으며, 그 기강이 흐트러진 것인가? 아닙니다, 물론 아닙니다! 혹시 그들이 타락하기 시작했는가? 이 역시 물론 아닙니다! 그렇게 추정할 만한 어떤 근거도 결코 없습니다. 그렇다면 무엇이 문제인가? 이러한 경솔함, 부주의, 자기만족, 무분별은 어디에서 왔는가? 문제는 단지, 경제 건설의 최전선에서 벌이는 경제 활성화 운동에 열중하고 그 거대한 성공에 흥분한 나머지 우리 동지들이 볼쉐비끼라면 결코 잊어서는 안 되는 매우 중요한 사실들을 잊은 데에 있습니다. 그들은 쏘비에뜨사회주의공화국연방(USSR)을 둘러싼 국제정세의 중요한 사실을 잊었습니다. ... 그들은 쏘비에뜨 권력은 지구상의 단지 1/6에서만 승리하고 있고, ... 그 외에 수많은 국가들, 계속 자본주의적 생활양식을 유지하면서 쏘련을 에워싸고, 쏘련을 공격하여 궤멸시킬 기회를 엿보고 있거나, 아무튼 쏘련의 힘을 잠식하여 약화시킬 기회를 엿보고 있는 부르주아 국가들이 있다는 사실을 잊었습니다.[64]

자본주의 국가의 스파이들

스딸린은 그 다음 계속해서 자본주의 국가들과의 관계를 지적했다.

부르주아 국가들이 서로 다른 부르주아 국가에 간첩과 파괴자, 반정부 활동가, 그리고 때로는 또한 암살자들을 보내며, 그들에게 이들 국가의 기업과 공공기관에 침투하도록 지시하고, 앞잡이들을 포섭하고, '필요한 경우에는' 그들 국가를 약화시키고 그 힘을 잠식하기 위해서 후방을 교란시키고 있다는 것은 2×2=4라는 것만큼이나 명백히 입증되어 왔습니다. ... 오늘날 프랑스와 영국은 독일의 간첩과 반정부 활동가들로 들끓고 있고, 다른 한편에선 영국과 프랑스 간첩들이 독일에서 바삐 움직이고 있습니다. 미국에는 일본의 간첩과 반정부 활동가들이 득시글거리고, 일본에는 미국의 간첩과 반정부 활동가들이 득시글거리고 있습니다. 그러한 것이 부르주아 국가들 간의 관계의 법칙입니다. 여기서 다음과 같은 문제가 제기됩니다. — 어찌 부르주아 국가들이 자신들과 동류인 부르주아 국가들을 대하는 것보다 더 친절하고 더 우호적으로 쏘비에뜨 사회주의 국가를 대하겠는가? 어찌 그들이 쏘련에는 친족인 부르주아 국가들에 보내는 것보다 더 적은 수의 간첩과 파괴자, 반정부 활동가들, 그리고 암살자를 보내겠는가? 어찌 그들이 그렇게 생각하겠는가? 부르주아 국가들은 어떤 부르주아 국가에 보내는 것보다도 쏘련에는 두 배 세 배나 많은 파괴자와 간첩, 반정부 활동가들, 그리고 암살자들을 보낼 것이라고 추정하는 것이 맑스주의의 관점에서 보다 더 정확하지 않겠습

---

64) *ibid.*, pp. 423-424.

니까? 자본주의가 쏘련을 포위하고 있는 한, 우리나라에는 외국의 정보기관들이 보내는 파괴자들과 간첩들, 반정부 활동가들이 있으리라는 것은 명백하지 않습니까?[65]

이러한 것들이 스딸린에 따르면 지도자급 동지들이 망각했던 중요한 상황들이었고, 바로 그것이 그들 중 다수에게 파괴행위들과 스파이 활동들이 뜻밖이었던 이유였다. 경제적인 성과 때문에 그들은 해이해졌고 부주의해졌던 것이다. 사회주의 건설에서의 참으로 거대한 진전이 자만하는 경향, 즉 자기 자신 쪽의 힘을 과대평가하고 적의 힘을 과소평가하는 경향을 초래했던 것이다. 그 거대한 성공들이 "꼬리에 꼬리를 무는 성공과 성공, 연이은 성취, 그리고 계획의 연이은 초과달성이라는 분위기"를 야기하고 있고, "부주의와 자기만족을 야기하고 있으며, 눈부신 승리와 상호 축하라는 분위기를 조성하고 있는데, 바로 그것이 균형감각을 죽여 정치적 통찰력을 무디게 하고 있으며, 인민에게서 활력을 앗아가 그들로 하여금 안주하게 하고 있는 것입니다."[66]

자본주의의 포위?

그리고 스딸린은 계속해서 지방의 당 관료라는 주제에 관한 생각을 반어적으로 제시했다.

---

65) *ibid.*, p. 424.
66) *ibid.*, p. 431.

자본주의의 포위라구요? 오, 그것은 아무것도 아닙니다! 우리가 우리의 경제 계획을 초과해서 달성하고 또 달성하고 있는데 자본주의의 포위가 무슨 문제가 되겠습니까? 새로운 형태의 파괴행위, 뜨로츠끼주의에 대한 투쟁이라고요? 단지 사소한 것들일 뿐입니다! 우리가 우리의 경제 계획을 초과해서 달성하고 또 달성하고 있는데 이러한 사소한 것들이 무슨 문제가 되겠습니까? 당의 규율, 당 기구의 선출, 당원들에 대한 당 지도자들의 보고라고요? 정말 이 모든 것들이 필요한 것입니까? 우리 경제가 성장하고 있고, 노동자들과 농민들의 물질적 여건이 더욱더 좋아지고 있는데 이 모든 사소한 것들을 걱정할 가치가 있단 말입니까? 단지 사소한 것들일 뿐입니다! 계획들은 초과 달성되고 있고, 우리 당은 잘 하고 있으며, 당의 중앙위원회 또한 잘 하고 있습니다. 이외에 우리에게 무엇이 더 필요하단 말입니까? 모스끄바에, 당 중앙위원회에 앉아 있는 몇몇 웃기는 사람들은, 갖은 종류의 문제들을 꾸며 내면서, 파괴공작에 대해서 얘기하고 있고, 잠도 자지 않고 있으며, 또 다른 사람들까지 잠을 못 들게 하고 있습니다. ...[67]

당 강좌와 레닌 강좌

스딸린은 다음에 당 사업에서의 수많은 오류들과 발생한 오류들을 수정하기 위해 그가 필요하다고 생각한 대책들에 관해 상세히 설명한다. 그는 세포 지도자들로부터 지구(地區) 및 쏘비에뜨 공화국들의 당 조직의 지도자들에 이르기까지 지도적

---

67) *ibid.* [역주 — 모두 반어적 표현들이다.]

인 당 간부들을 위한 체계적인 학습을 제안하면서 연설을 끝맺는다.

당 세포 서기들을 당적으로 교양하고 재교육하기 위해서는 각 지구의 중심에 4개월 과정의 '당 강좌'가 개설되어야 합니다.

지구 조직의 제1서기들을 정치적으로 재교양하기 위해서는 쏘련에, 말하자면, 10곳의 가장 중요한 중심지들에 8개월 과정의 '레닌 강좌'가 개설되어야 합니다.

시당 서기들을 사상적으로 재교양하고 정치적으로 단련시키기 위해서는 쏘련공산당(볼) 중앙위원회 산하에 6개월 과정의 '당 역사 및 정책 학습 강좌'가 개설되어야 합니다.

마지막으로 6개월 과정의 '국내·국제 정책협의회'가 쏘련공산당(볼) 중앙위원회 산하에 조직되어야 합니다. 여기에는 각 지역과 변경의 당 조직들 및 각 민족 공산당의 중앙위원회의 제1서기들을 보내야 합니다.[68]

학습은 당 내부의 제 모순과 문제들을 해결하려는 올바른 방법이고, 1934년 1월부터 스딸린과 즈다노프, 끼로프가 결의한 노선이었다.

"논쟁에 회답하는 연설"에서 스딸린은 논쟁 중에 제기되었던 몇 가지 중요한 쟁점들을 끄집어냈다. 무엇보다도 스딸린은, 한때 뜨로츠끼주의자였거나 뜨로츠끼 동조자들이었으나, 그 이

---

68) *ibid.*, p. 440.

후에 마음을 바꾸어 당에 충성하며 열심히 일한 사람들은 뜨로츠끼파 범죄자들이나 첩자들에 대한 투쟁의 대상이 아니라는 것을 지적했다.

> 이 문제에서는, 다른 모든 문제들에서와 마찬가지로, 개별적이고 차별적인 접근이 요구되고 있습니다. 모든 이들에게 똑같은 잣대를 들이댈 수는 없습니다.[69]

당 관료 통제

맺음말의 기타 문제들은 모두 당 관료들과 평당원 간의 관계를 날카롭게 비판하는 데에 초점이 맞춰져 있었다. 스딸린은 단도직입적으로 말했다. 그는 당 관료의 선발을 비판하는 것에서부터 시작했다.

> 극히 자주 당의 일꾼들이, 객관적인 이유가 아니라, 즉흥적이고 주관적이며 속물적이고 소부르주아적인 이유로 선출되고 있습니다. 극히 자주 소위 친지들, 친구들, 동향 사람들, 개인적으로 헌신적이었던 사람들, 상관에게 아부하는 데 능숙한 사람들이, 그들이 정치적·업무적으로 적합한지 여부를 고려함이 없이 선출되고 있습니다. 자연히, 책임감 있는 일꾼들로 구성된 지도 집단 대신에 우리는 친밀한 사람들로 구성된 소규모의 가족을, 즉 노동자협동조합을 갖게 되는데, 그 구성원들은 무사안일하게 살려고 하고, 서로의 비위를 거스르지 않으려 하

---

[69] ibid., p. 443.

며, 내부의 수치를 드러내지 않고, 서로를 칭찬하며, 때때로 무기력하고 메스꺼운 성과 보고서들을 본부로 보냅니다. 그러한 가족적 분위기에서는 업무상 결함을 비판하거나 지도자들이 그 업무를 자아비판할 어떤 여지도 없다는 것을 이해하는 것은 어렵지 않습니다. 물론 그러한 가족적 분위기는 아첨꾼들을, 즉 자존심이 없는 사람들을 양성하기에 좋은 여건을 조성하고, 그 때문에 그것은 볼쉐비즘과는 어떤 공통점도 없습니다.[70]

더 나아가 스딸린은 당 관료들을, 단지 그들의 상관들에 의해서만이 아니라, 훨씬 더 중요하게는 평당원들에 의해서 통제할 필요성에 대해서 언급했다.

> 어떤 동지들은 오로지 지도자들이 작업 결과에 따라 사람들을 평가하는 하향식 평가로만 사람들을 평가할 수 있다고 생각합니다. 그것은 진실이 아닙니다. 물론 하향식 평가는 사람들을 평가하고 작업을 완료하였는지 검증하는 데 필요한 효과적인 수단 중 하나입니다. 그러나 하향식 평가로서 평가 업무 전체가 끝나는 것은 결코 아닙니다. 또 다른 종류의 평가로 상향식 평가가 있는데, 이것은 지도자들이 인도하는 대중들이 지도자들을 평가하고, 지도자들의 실수에 관심을 갖고, 그리고 이러한 실수들을 교정할 수 있는 방법을 지적하는 것입니다. 이러한 종류의 평가는 사람들을 평가하는 가장 효과적인 방법의 하나입니다.[71]

---

70) *ibid.*, p. 444.
71) *ibid.*, p. 446.

레닌주의의 적용

스딸린은 또한, 자아비판은 적이 그것을 약점으로 간주하고 악용할 것이며 또한 조직의 해체와 약화로도 귀결될 수 있다고 주장하면서 자아비판을 하지 않으려는 사람들을 강하게 비판했다.

> 동지들, 그것은 어리석은 소리, 완전히 어리석은 소리입니다. 그와는 정반대로 우리의 실수를 공개적으로 인정하고 그것들을 정직하게 교정함으로써만 우리는 우리 당을 강화하고, 우리 당의 신망을 높일 수 있습니다. … 간부들의 실수를 얼버무려 봐주고 감싸는 것은 분명히 바로 이들 간부를 죽이는 것을 의미합니다.[72]

마지막에 스딸린은 당 조직의 지도자들에게 대중의 목소리에 귀를 기울일 것을, 즉 올바른 지도력을 발휘하는 확실한 길을 역설했다. 그는 "개별 당원들의 운명에 대한, 당에서 당원들을 추방하는 문제에 대한, 혹은 당에서 추방된 당원들을 복권시키는 문제에 대한, 우리 당 일부 동지들의 형식적이고 무정한 관료주의적 태도"[73]를 단호하게 비판했다.

스딸린에 따르면 지도자들은 당원들 각자에 대하여 공정하고 개별적인 판단을 내릴 수 있을 만큼 당원들에 대해서, 즉 그들의 발전과 생활양식을 파악해야만 했다. 그러한 것들을

---

72) *ibid.*, p. 448.
73) *ibid.*, p. 452.

알지 못하기 때문에, "그들은 보통 아무렇게나 행동합니다. 도매금으로 과도하게 칭찬하거나, 역시 도매금으로 과도하게 비난하고, 수천수만 명의 당원들을 당에서 추방합니다."[74] 스딸린은 소위 수동적이라는 혐의에 의한, 혹은 당 강령을 숙지하지 못한 당원들이라는 이유에 의한 모든 출당(黜黨)에 반대했다. 오직 검증되고 이론적으로 교육을 받은 맑스주의자들만이 당의 강령을 숙지할 수 있을 것이다.

스딸린은 당원자격에 대하여는 레닌주의적 원칙을 적용할 것을 당 지도자들에게 요청했는데, 그 원칙에 따르면 "당원이란 당의 강령을 받아들이고, 당비를 납부하며, 당 조직 중 한 곳에서 일하는 사람이다."[75] 어떤 당원도 당의 강령이나 당 정책을 깊이 알고 있지 못하다는 이유로 추방되어서는 안 된다는 것이다. 스딸린은, 당 회의에 지각하거나 당비를 지불하지 못한 것과 같은 사소한 잘못을 이유로 노동자들을 추방하는 것을 냉혹한 정책이자 엄청난 관료주의라고 불렀다. 당원들을 추방해 버리기 전에, 문제의 인물이 스스로 개선할 수 있도록 어떤 비판이나 경고, 혹은 일정한 시간이 주어져야 한다. 당 지도자들은 당원들에게 진정한 관심을 가져야 하는데, "이것이야말로 바로 우리 동지들 중 일부에게 부족한 점입니다"[76]라고 스딸린은 결론지었다.

---

74) *ibid.*
75) *ibid.*, p. 454.
76) *ibid.*, p. 455.

당원들이 비판을 시작하다

스딸린의 연설들이 출판되자, 그 연설들은, 몰로또프, 즈다노프 그리고 예죠프의 다른 연설들과 마찬가지로, 사회적 논쟁을 촉발했다. 주요 주제는 스딸린의 "논쟁에 회답하는 연설"과 중앙위원회 회의에서 채택된, 즈다노프의 당 선거를 비밀 투표로 하자는 제안이었다. 이렇게, 가장 큰 관심을 불러일으켰던 문제들은 당 지도자들의 권력과 행동, 그리고 당내 민주주의에 관한 것들이었다. 부하린-르이꼬프 재판이나 간첩 및 파괴분자들을 경계해야 할 필요성도 역시 논의되었고, 나아가 당원들의 당 규율 위반도 비판되었다. 하지만 주된 쟁점은 여전히 지역 당 지도자들의 무소불위의 권력과 부패였다.

1930년대 내내 중앙위원회는 당원들에게 지도부에 대한 비판을 개시하고, 부패하고 열의가 없는 당 서기들을 규탄하도록 촉구하였다. 이제 마침내 그 논의가 시작되었다! 중앙위원회의 2월 회의는 사회 곳곳에서 당 회의가 일어나는 데 기폭제가 되었다. 최근 의례적·관료주의적으로 폐쇄되고 끼리끼리 부패했다는 혐의를 받은 회의들이 당원들의 대중적 요구로 갑자기 다시 열리지 않을 수 없었다. 스몰렌스끄 문서들은 지역 지도자들이 문자 그대로 궁지로 내몰려 어쩔 수 없이 당원들 앞에서 자아비판을 해야 했던 회의들의 예가 다수 기록되어 있다. 당원들의 대다수는 단호했다. 지구(地區) 위원회들의 많은 회의들이나 작업장 및 주거 세포의 많은 회의들에서는 당 지도자들의 정체가 남김없이 탄로되어 즉석에서 그 지위들을 잃었고, 당원들의 신뢰를 받는 새로운 지도자들이 곧바로 선출되었다. 이들 선거는 새로운 당 지도자들을 비밀투표로 선출하고자 했던 중앙위원회의 계획에는 없던 것이었다. 당시까지는 그러한 계획은 단지 준비 중에 있었을 뿐이었다. 그렇지만 그 무엇도 당원들이 타락한 당 관료들로부터 권력을 빼앗는 것을 막을 수 없었다.

벨르이 지구의 사례

이제 1937년 2월 중앙위원회 회의 후 노동자 계급 속의 그러한 분위기를 보여 주는 전형적인 한 예를 보자. 벨르이 지구(Belyi Raion, [쏘련의 행정단위-역자])에서 당의 활동을 분석하기 위한 회의가 나흘간 진행되었다. 그 회의록이 스몰렌스끄 문서들[77] 속에 포함되어 있다. 예전에는 회의에서 거의 발언을 하지 않거나 소극적이었던 평당원들이 이번엔 연이어 발언에 나섰고, "직위에 상관없이"[78] 거리낌 없이 발언했다. 240명의 당원 중 220명이 벨르이 지구위원회의 회의에 참석하였다. 그 회의에서는 77명이 발언하였고, 지구 서기인 꼬발레프(Kovalev)를 준엄하게 비판했다. 그는 당원들을 배려하지 않는 관료주의자가 되었다는 비난을 받았다. 그는 정치교육에 관한 거짓 보고서를 작성했고, 교육회관은 불필요하다면서 그것들을

---

77) Getty, 1985, p. 151.
78) *ibid.*

폐쇄하였다. 그는 독재적이었고, 불공평했으며, 잔인했다. 무언가 때문에 지구 사무실로 불려 온 당원들은 으레 장시간을 기다려야 했거나, 곧바로 업무를 마치지 못한 채 돌아가야 하는 불편을 겪었다.

벨르이 내무인민위원회의 위원장인 비노그라도프(Vinogradov)가 꼬발레프를 돕고 나섰다. 그는 당원들에게 당의 업무에 대하여 논의하지 말 것을 요구했다. 그에 의하면, 중앙위원회의 2월 회의에서 하달된 지시는 당원들이 봄철 파종에 대하여 논의하라 것이었다는 것이다. 꼬발레프 쪽에서는 비판을 보다 낮은 수준 탓으로, 즉 당 세포들 탓으로 돌리려 했다. 그에 따르면, 오류를 찾아야 하는 곳은 지구(地區) 수준이 아니라 바로 세포 수준이었다. 광역위원회(obkom)의 대표인 골로바쉔꼬(Golovashenko)조차 꼬발레프를 지원하고 나섰다. 그는 논쟁을 진정시키려고 했고, 꼬발레프를 신랄하게 비판했던 당원들을 역공격했다. 그러나 꼬발레프를 도울 수 있는 것은 아무것도 없었다. 당원들의 비판은 회의 내내 끊임없이 계속되었고, 혐의 사실의 목록은 길어졌다. 회의는 당원들이 즉시 꼬발레프를 걷어차고 까르뽀프스끼(Karpovsskij)를 당 지구의 서기로 선출하는 것으로 끝났다.

스딸린의 "논쟁에 회답하는 연설", 투쟁의 도구

역사는 여기에서 끝나지 않는다. 지역 내무인민위원회 위원장[비노그라도프-역자]도, 광역위원회 대표[골로바쉔꼬-역자]도 모두 꼬발레프를 도우려 했다. 광역 서기국은 새로 선출된 까르뿌프스끼의 직무를 정지시키는 결정을 내렸고, 다른 당원인 보라둘린(Boradulin)을 추천했다. 다시 대규모 당원회의가 개최되었고, 거기에서 당원들은 보라둘린은 꼬발레프보다도 훨씬 더 부적격하다고 선언하고, 다시 한 번 까르뿌프스끼를 지구 서기로 선출하였다. 까르뿌프스끼가 당원들에게 광역 서기국의 제안을 수용하라고 촉구했음에도 불구하고 이런 일이 벌어졌다.

그것이 중앙위원회 2월 회의 이후의 분위기였다. 스딸린의 "논쟁에 회답하는 연설"이 알려지자 평당원들이 즉시, 상부의 권고를 개의치 않고, 출세주의자들과 부패한 관료들을 내치면서 자기들 자신의 지도자들을 선출하기 시작했던 것이다. 그것은, 스몰렌스끄 문서고의 보고서들이 명백히 보여 주는 것처럼, 자발적인 투쟁이었고 가까운 장래에 아주 커다란 영향을 미쳤다. 동시에 권력을 지닌 부패한 관료들은 계속해서 서로를 보호했다. 이를테면 꼬발레프는 그 광역의 인사부에서 좋은 자리를 얻었다. 그러나 다른 한편으로는 투쟁은 이제 막 시작된 것에 불과했다.

1937년의 당 선거

중앙위원회 2월 회의에서 통과된 중요한 결의 중 하나는 정확하고 엄격한 민주적 규정에 따라 비밀투표로 사람을 선출하는 당 총선거를 실시하는 것이었다. 중앙위원회 회의 2주 후인 1937년 3월 20일에 "당 조직 선거"에 관한 중앙위원회의 포고가 발표되었고, 언론에서는 자아비판과 당 내부 민주주의, 지도적인 당 관료들에 대한 통제의 필요성에 대한 논쟁이 시작되었다. 중앙의 지도부는 부패한 당 지도자들이 선거 집회들을 교묘하게 조종하지 못하도록 최선을 다하였다.

선거는 1937년 4월에 실시되었다. 선거 집회들에서는 현지 지도자들이 광범하게 비판을 받았다. 토론과 비판을 위한 당 회의들은, 예전에는, 당 규율이 부족하거나 비행을 저질렀다며 평당원들을 비판하던 공개 토론의 장이었다. 이제, 상황이 반전되었다. 이제는, 지방 당 지도자들이 비판의 중심에 서 있었다. 그들 회의에서는 대체로 많은 당원들이 당위원회들에 임명되었다. 토론은 길어졌고, 회의록은 세세하게 작성되었다. 마지막에 비밀선거들이 실시되었다. 스몰렌스끄 문서고에는 투표지를 포함하여 당 선거와 관련된 많은 문서가 있다.

이전 지도자들이 교체되다

당 선거의 전국적인 결과가 이후 언론에 발표되었다. 1937년 5월에 알려진 선거 결과에 의하면, 5만4천 개의 당 조직 가운데 55퍼센트에서 이전 지도자들이 교체되었다. 이는 믿기 어려운 결과였다. 이는 무엇보다도 이전 지도자들에 대한 불신이 엄청나게 컸다는 것을 보여 주었고, 두 번째로는 부적격하거나 권력을 남용하는 정치인들을 내쫓기 위해 필요한 집단적인 힘을 평당원들이 실제로 가지고 있음을 보여 주었다. 이미 존재하고 있던 불만을 중앙위원회 회의가 공식화시켰음이 명백해졌다.

하지만, 당 선거는 다른 측면도 가지고 있었다. 축출된 당 지도자들의 대부분은 지방 수준에서, 즉 지구(地區)나 세포들 속에서 활동하던 지도자들이었는데, 그 수준에서는 일반 당원들이 무엇이 옳고 그른지를 쉽게 판단할 수 있었고, 부패나 권력남용 또는 사보타지도 쉽게 발견할 수 있었다. 대도시나 광역위원회 상층부의 선거 결과들은 달랐다. 광역 수준의 당 지도자들은 비판에서 살아남는 대단한 능력을 보여 주었다. 부패한 정치인들이 광역 수준에서 소군주(小君主)처럼 행동하면서 어떻게든 투표를 자신들에게 유리하게 만든 경우가 많았다는 것이 알려졌다. 평당원들에겐 이런 광역 수준의 지도자들을 소지역 지도자들처럼 평가할 능력이 없었다. 평당원들이 곤란을 겪는 데는 또 다른 요인도 있었다. 부패하고 부적격한 광역 및 도시의 서기들은 언제나 어떤 조건에서도 자신들을 지원하는 무리들을 거느리고 있었던 것이다. 평당원들이 진실을 좇아 이 모든 것을 헤쳐 나가기란 쉽지 않았다.

광역 지도자들이 교체되다

그러나 공산당 내부의 관료주의와 부패에 대한 투쟁은 보다 높은 수준에서도 계속되었다. 여느 때처럼 6월 초에 광역 공산당 연례 협의회들이 시작되었다. 이들 협의회는 딱히 중시되지 않았고, 대개 광역 지도자들의 업무와 관련된 보고서들이 토론되었다. 이번에는 그러나 무언가 새로운 사태가 벌어졌다. 광역 협의회에서조차 당 지도자들에 대한 비판이 일었던 것이다. 평당원들이 광역 수준에서 목소리를 내는 것은 훨씬 더 어려울 것이라는 것을 당 중앙은 알고 있었다. 이번에는 중앙위원회에서 광역 협의회에 대표자들을 파견하기로 당 중앙이 결정했다. 이 대표자들은, 때로는 일절 통보 없이, 회의에 참석하여 토론에 참가하였다. 이는 여러 광역 협의회에서 그곳의 당 지도자들에게 불리한 방향으로 영향을 미쳤다. 언론에 보도된 25군데의 광역 협의회 중 4군데의 협의회가 당 지도자들이 물러나는 것으로 끝났다. 문제가 개선되긴 했지만, 많은 곳에서는 여전히 그곳의 소군주들이 당의 지시에 개의치 않고 계속 제멋대로 지배하고 처신했다.

장군들에 대한 군사재판

광역 당 협의회들이 개최되고 있던 바로 그때에 국가의 장래에 결정적인 무언가가 쏘련의 정치에 발생했다. 1937년 6월 11일 공산당 중앙기관지 ≪쁘라브다(Pravda)≫는 뚜하체프스끼(Tukhachevsky) 원수와 뿌뜨나, 야끼르(Iakir), 우보레비치(Uborevich), 펠트만(Feldman), 꼬르끄(Kork), 쁘리마꼬프(Primakov),

그리고 아이데만(Eideman) 장군이 체포되어 반역죄로 기소되었다고 발표했다. 이들 장군은 1937년 5월 26일에 체포되어, 오랫동안 "어떤 적대적인 파시스트 권력에 상습적이고 비열하게 군 기밀들을 누설했으며, 쏘비에뜨 국가를 전복시키고 자본주의를 부활시키기 위해 간첩으로 활동한"[79] 혐의를 받고 있었다.

장군들의 이 음모는 반대파 군부가 쏘련 정부에 대항하여 벌인 투쟁이었다. 빠따꼬프-라제끄 반역 재판은 반대파에게 심각한 타격을 가했으나, 장군들은 그들의 쿠데타 계획을 취소하지 않았다. 그렇기는커녕 그들은 조금이라도 지체하면 그들에게 불리해질 것임을 깨달았다. 계획들은 이미 예전에 다 짜인 상태였고, 이제는 행동할 때였던 것이다. 빠따꼬프 재판 후에, 그리고 이제는 구금 중인 부하린-르이꼬프 무리에 대한 규탄이 있은 후에, 군대의 공모자들은 더욱 노력을 강화했다. 1937년 3월 말이 되면서 그들은 쿠데타 시점을 결정했다. 6주 이내에, 즉 늦어도 5월 15일 이전에 일으키기로.

정치위원들의 복귀

쿠데타 계획을 알게 된 쏘련 정부는 기민하게 움직였다. 5월 8일에는 중요한 결정을 내렸다. 모든 수준의 군대에 정치위원들이 재배치된 것이다. 장교들과 군의 결정을 감독하는 정치위

---

79) Davies, 1941, p. 152.

원 제도는 프룬제(Frunze)의 건의에 따라 10년 전인 1927년 5월 13일에 폐지되었었다. 프룬제는 고참 볼쉐비끼로서 중견 장교가 된 당 고위 간부였다. 그는 정치위원을 폐지하고 장교들의 권한을 부활시켰다.

정치위원 제도의 부활에 더하여, 1937년 5월 11일에는 뚜하체프스끼 원수가 부(副)전쟁위원의 지위에서 강등되어 볼가(Volga) 지역에서 하급 임무를 맡게 되었다. 공모자들 중의 한 명으로서 자살한 가마르니끄(Gamarnik) 장군은 같은 날 부(副)전쟁위원직에서 강등되었다. 야끼르 장군과 우보레비치 장군 역시 강등되었고, 꼬르끄 장군과 아이데만 장군은 나찌 독일을 위해 간첩 활동을 한 혐의로 체포되어 기소되었다. 음모자들에게는 더 이상 군사 쿠데타를 지휘할 어떠한 실질적 수단도 없었다.

사회주의 사회가 스스로를 방어하다

쏘비에뜨 정부의 신속한 개입으로 이번에 쏘련에 대한 쿠데타 시도를 막았지만, 민간 사회에서 그리고 군 내부에서 어떤 규모의 음모가 있었는지 그 모두가 알려지진 않았다. 그 장군들은 많은 거물급 당 관료들 및 간부들과의 접속망을 가지고 있었다. 정치 사회에는 불안감이 감돌았다. 1938년 부하린의 재판 때에야 비로소 음모의 전모가 알려지게 되었다. 일례로, 공모자들은 이미 체포하여 제거할 수천 명의 당 관료들의 명단들을 만들어 놓고 있었다. 하지만 사회주의 사회는 그 장군들과 빠따꼬프 무리가 남겨 놓은 흔적들을 추적함으로써 스스로를 방어할 수 있었다.

군사재판이 시작되기 전에 모스끄바에서 개최된 대형의 군사 협의회에서는, 쏘련의 모든 군사 지구에서 모인 수많은 장교와 대표자들에게 그들 장군의 유죄의 증거가 제출되었다. 재판 중에 언급되는 군사 기밀들 때문에 재판 과정은 비공개로 진행되었다. 고위 간부들만이 재판을 방청할 수 있었다. 재판부는 울리히(Ulrich) 판사와 8명의 고위 군장교로 구성되었다. 재판부는 모든 피고인들을 유죄로 평결하고, 그들에게 사형을 선고했다. 2명의 재판관, 즉 블뤼허(Blücher) 원수와 고참 볼쉐비끼 영웅인 부죤느이(Budjonnyj) 원수가 그 사형 판결문을 낭독했다. 1938년 5월 12일에 ≪쁘라브다≫는 8명 사형수들의 총살형이 집행되었음을 공표했다.

공모자들, 그리고 그들의 국외 연줄

장군들에 대한 군사재판은 여러 해 동안 끝없는 추측의 주제가 되었고, 그 추측들은 많은 기이한 결론들로 끝나곤 했다. 모든 추측의 공통점은 쏘련 군 내부에 쿠데타를 통해 무력으로 정부를 전복시키려는 음모가 실제로 있었다는 것이다. 가장 반동적인 역사 해설가들까지도 그러한 음모가 실재했음을 인정한다. 오직 이 음모에서 누가 그 장군들과 협력했는지에 관한 주장에서만 저자들 사이의 견해 차이가 드러난다. 그러나 최근의 역사 연구는 쏘비에뜨 정부의 기소내용, 즉 뚜하체프스끼와 그 일당은 나찌 독일에 쿠데타에 대한 지원을 요청했으며, 빠따꼬프와 부하린 일당은 그 공모의 일부였음을 확증하였다.

1937년에 쏘련에서 있었던 쿠데타 시도가 만일 성공했더라면, 그 전모를 평가하기도 어려울 정도의 심각한 결과를 초래했을 것이다. 한편에서는 쏘비에뜨 정부가 인민과 쏘련 군 병사들의 매우 강력한 지지를 받고 있었다. 다른 한편에서는 음모자들이 동원 가능 병력을 준비하면서 다년간 은밀하게 작업해 오고 있었다. 이들 음모자들은 많은 경우 뚜하체프스끼처럼 옛 짜르 군대의 장교 출신의 사람들이었다. 그들의 다수가 계속 붉은 군대에서 복무했고, 1937년에는 고위 지휘관의 자리를 차지하고 있었다. 재판 당시 쏘비에뜨 군대는 수백만의 거대하고 현대적이며 강군으로 성장해 있었다. 이러한 군대 내에서 정부에 충성하는 부대들과 음모자들에게 충성하는 부대들 사이에 대결이 벌어졌다면, 비록 음모자들 측의 군사의 수가 훨씬 적기는 했지만, 광범한 영향을 야기했을 것이고, 엄청난 손실을 초래했을 것이다.

유사한 역사상의 상황들에서 알 수 있는 것처럼, 이런 종류의 사건들은 병사들이 자신들의 행동의 옳고 그름을 가릴 겨를도 없이 그저 지휘관들의 명령을 따르는 혼란을 초래한다. 만일 예정대로 그 장군들이 쿠데타가 일어났다면, 그것은 끔찍한 결과를 수반하는 소규모 전쟁이 되었을 것이다. 이 또한 그들 음모자들이 바라는 바였다. 그들이 최종적으로 승리하기 위해서는 외부의 지원이 불가결했다. 그러한 지원을 할 수 있는 곳은, 장기간 쏘련을 위협해 오던 군사 강국들, 즉 나찌 독일이나 일본, 이딸리아였다. 그 계획은 바로 그렇게 구상되어 있었다. 나찌는 우끄라이나를 "해방시키기" 위해서 침략을 시작할 참이었으며, 일본은 쏘련의 태평양 연안을 점령할 참이었다.

광역 당 회의와 반혁명에 대한 투쟁

1937년 6월, 쏘련에는 극도의 긴장감이 맴돌았다. 아무도 군사적 음모의 정확한 규모를 몰랐지만, 그 규모가 드러난 것보다 훨씬 크다는 징후는 많았다. 중앙위원회는 대대적인 조사를 실시하기로 하였다. 군사적 음모는 상부에서 나왔고, 민간 사회에서의 그 뿌리는 지도적 위치에 있는 사람들 사이에서 밝혀져야 했다. 광역 당 지도자들의 사업을 평가하고 음모의 규모를 알아내기 위해서 수많은 임시 당원회의들이 개최되었다. 서부 지역에서는 1937년 6월 19일에서 21일까지 3일간에 걸쳐 그러한 회의가 개최되었고, 거기에는 까가노비치가 중앙위원회의 대리인으로 참가하였다. 주요 의제는 광역 당서기 루먄체프(Rumiantsev)와 그의 측근들에 대한 평가였다.

루만체프 비판받다

이반 뻬뜨로비치 루만체프(Ivan Petrovich Rumiantsev)는 일찍이 1905년에 입당한 '고참 볼쉐비끼'였다. 1929년에 중앙위원회가 그를 스몰렌스끄의 제1서기로 임명하자, 그는 수많은 옛 동지들을 그 지역의 여러 지도적 지위에 앉혔다. 스딸린은 중앙위원회 2월 회의에서 이러한 정실주의적 조치를 반(反)맑스주의적이라고 규정했는데, 그러나 루만체프에게는 별다른 감명을 주지 못했다. 1937년 6월 당시 루만체프는 서부 지역에 강력한 기반을 가진 61살의 중앙위원회 위원이었는데, 그 지역의 여러 회사와 공장들의 이름이 그의 이름을 딴 것이었다. 실제로 루만체프는 비판을 개의치 않았다. '고참 볼쉐비끼' 루만체프가 세월이 지나면서 주로 자기 자신의 번영에만 관심을 쏟는 거만한 관료로 바뀌어 있었던 것이다. 루만체프에 대한 서부 지역의 불만은 명백했으나, 그를 실각시킬 가능성은 미미했다.

1937년 6월 19-21일의 회의를 앞두고 상황이 급변했다. 이는 단지 까가노비치가 나타나 비판적 목소리들을 지원했기 때문만이 아니었다. 당원들이 그토록 거침없이 발언하게 된 데에는 훨씬 더 중요한 또 다른 일이 있었다. 음모를 꾸며 사형 판결을 받은 장군들 중 한 명인 우보레비치가 루만체프와 최상의 협력관계에 있는 광역위원회 위원임이 밝혀졌던 것이다. 루만체프는 군사적 음모에 연루된 고위 당 관료 중 한 명이라는 혐의를 받았다. 루만체프와 그의 무리가 당원들에게 저지른 오랜 비행들이 가차 없이 폭로되었다.

서부 지역의 지도부에게는 상황이 갈수록 암울해졌다. 여러 문제들 중에서도 당 비서 꼬발레프의 해임 건이 먼저 제기되었다. 꼬발레프는 벨르이 지구의 당원회의에서 쫓겨났지만, 퇴임한 그를 … 루만체프가 안락한 자리에 앉혔던 것이다. 이제 당원들이 무슨 일이 일어났는지를 따졌고, 꼬발레프가 당원들의 의사에 반해서 행동할 수 있었던 것은 바로 루만체프 때문이었다는 게 중론이었다. 그는 벨르이 지구에서 일탈과 권력 남용을 조장하고 있는 사람이었다. 그러한 친분과 후원관계를 이용함으로써 루만체프는 "'자신의 추종자' 집단을 만들어 가면서 비판과 자아비판을 억압해 왔다."[80] 서부 지역 지도부의 부패와 전횡에 대한 고발 목록은 계속해서 늘어났다. 그 결과, 지도부 전체가 그 회의에서 해임되었다. 그 이후 계속된 조사로 루만체프와 그의 일당은 체포되었고, 부패 및 권력 남용죄로 기소되었다.

중앙위원회 광범한 반격을 시작하다

1937년 7월에 중앙위원회는 그 군사적 음모가 다수의 당 고위관리들이 연루된 어떤 음모의 일부라는 충분한 증거를 확보했다. 상황은 극도로 심각했다. 심지어 중앙위원회 안에도 그

---

80) Getty, 1985, p. 169.

음모에 연루된 부패한 위원들이 있었다. 사회주의의 건설은 그와 함께 일부 고참 볼쉐비끼들과 새로운 고위 당 관리들이 받아들일 수 없는 결과를 낳았다. 1917년 혁명기에는 막연하고 다소 낭만적이었던 노동자 권력의 상(像)이 노동자들이 지배하는 쏘련에서는 이제 현실이 되었다. 일부 유복하게 살고 특권을 가졌던 사람들에게는 이러한 새로운 사태가 두려웠다. 그들은 반혁명의 길을 택하였다. 그들은 사회주의적 발전을 저지하기 위해 불가피한 동맹자들을 쏘련의 외부에서 찾았다. 중앙위원회는 백색테러 및 반역에 맞서 단호히 싸우기로 했다.

반역자들이 시도한 쿠데타의 흔적을 추적하는 작업은 예죠프 휘하의 내무인민위원회 보안경찰이 맡았다. 전국적으로 빠따꼬프 일당이나 문제의 장군들과 관련되어 있는 것으로 알려진 사람들은 조사를 받았다. 많은 사람들이 체포되었다. 정치적 상황은 불안정했고, 음모자들의 국외 연결고리는 여전히 그 실체가 불분명했다. 그 장군들이 쏘련의 국방에 관한 기밀들을 누설했는데, 이것이 국가를 얼마나 약화시켰는지는 불분명했다.

나찌즘이 유럽을 재패하다

유럽에서는 파시스트 군대들이 거침없이 행동하기 시작했다. 스페인 내전은, 프랑꼬를 돕기 위해 5만 명을 파병한 이딸리아의 지원을 받아 절정에 달해 있었다. 나찌 독일은 경제적으로 지원했고, 또 전투기와 폭격기, 소총, 탱크, 기타 군사 장비들로 이딸리아와 프랑꼬의 파시스트들을 무장시켰다. 항공기에 의한 테러 공격은 마드리드와 바르셀로나에 대한 폭격으로부터 시작되었다. 아프리카에서는 이딸리아가 최신 병기에 대한 방어력이 없는 사람들에게 무자비한 전쟁을 벌인 후 에티오피아-아베씨니아(Ethiopia-Abessinia) 왕국을 점령했다.

나찌는 1938년 3월에는 오스트리아를, 1939년 3월에는 체코를 점령했다. 같은 달에 마드리드가 파쇼의 수중에 떨어졌고, 1939년 9월에는 나찌 독일이 폴란드를 정복·점령했다. 1940년 4월에는 덴마크가 나찌의 침략에 굴복했고, 1940년 6월에는 노르웨이가 용감한 저항 끝에 항복하지 않을 수 없었다. 같은 달에 네덜란드와 벨기에, 룩셈부르크, 그리고 군사 강국 프랑스가 독일의 공격 5주 만에 무너졌다. 영국군이 프랑스를 지원했지만, 역시 대패한 후 심각한 피해를 입고 퇴각해야 했다.

쏘련은 위험에 처해 있었다. 파시즘의 공격이 빠르게 다가오고 있었다. 장군들의 반역이 가한 타격은, 그 피해를 회복하는 데 장기간이 걸릴 것이었고, 나라를 위태롭게 했다. 정부는, 세계 최대·최강의 군대인 나찌 독일의 군을 격퇴하기 위해서는 갈 길이 멀다는 것을 알았다. 1941년 6월 침략 당시 나찌 독일은 8백만의 군대를 거느리고 있었다! 인류 역사상 그렇게 거대한 군대는 결코 존재한 적이 없었다. 쏘련은 어려운 여건 속에서도 전속력을 다해 현대 산업을 건설했고 군대를 5백만으로 증강했다.

숙청이 최고위층을 가격하다

중앙위원회가 광역 당 지도자들의 사회주의에 대한 충성심에 의문을 제기한 후, 당내의 숙청에 탄력이 붙었다. 당 회의들은 긴장된 사회 분위기로부터 강한 영향을 받았고, 평당원들은 부패하고 비효율적인 당 관리들에 맞서 더욱더 목소리를 높여 갔다. 자신들이 전적으로 안정적인 자리에 있다고 생각했던 사람들이 불시에 간부의 자리에서 평당원으로 내던져졌고, 일부는 자신들이 저지른 범죄로 인해 곧바로 법의 심판을 받게 되었다. 서방의 부르주아 역사가들은 대부분의 사람들보다 훨씬 더 좋은 경제적 조건들을 가지고 있던 사람들인 주요 관리들이나 기업 관리인들에 대한 공격에 관해 이야기한다. "아무도 편안히 잠들 수 없었다"라고 부르주아 역사가들은 말한다.

그러나 왜 인민의 재산을 '은밀히' 거래하고, 국가의 공급을 사적으로 이용하고, 친구들과 친지들에게 자유롭게 선물과 뇌물을 건넨 사람들을 문제 삼으면 안 된단 말인가! 왜 평당원을 억압하고 학대하는 데에 권력을 이용한 당 지도자들에 대해서 특별히 관대해야 한단 말인가? 왜 국가의 기밀들을 누설하고 적에 부역한 장군들과 기타 고위 간부들을 박해하면 안 된단 말인가? 왜 그들은 방면되어야 하고, 혹은 다른 범죄자들보다 좋은 대우를 받아야 한단 말인가? 쏘련에서는, 서방의 부르주아 민주주의 국가들과는 대조적으로, 모두가 법 앞에 평등했다. 나아가, 사회의 고위직은 좋은 본보기가 되어야 하며 아주 신중하게 법을 준수해야 함을 의미하는 명예로운 임무였다. 이는 오직 자본주의의 부르주아지에게만, 즉 언제나 범죄와 부정 거래와 투기로 살아가는 사람들에게만 놀랄 만한 일이라고 할 수 있을 것이다.

숙청과 '고참 볼쉐비끼들'

부르주아 역사가들은 '고참 볼쉐비끼들'에 대한 박해에 대해서, 즉 숙청으로 가장 많은 피해를 입었다는 사람들에 대해서 많은 이야기를 해 왔다. 스몰렌스끄의 문서들에 대한 연구 결과는 그러한 이론을 지지하지 않는다. 만일 '고참 볼쉐비끼들'이 숙청되거나 체포되었다면, 그것은 단지 그들이 주요 간부로서 평당원들에 의해 부패하고, 거만하거나 자신의 임무에 무관심하다는 지적을 받았기 때문이었다.

1917년에 모스끄바에서 10월 혁명에 참여했던, 스딸린 세대의 127명의 주요 '고참 볼쉐비끼들'에 대한 연구는 그들이 특별한 숙청 대상이 아니었음을 보여 준다. 만일 그들이 실각했다면, 그 이유는 지도적 지위에 있던 그들에게 가해진 평당원들의 비판 때문이었다. 이들 127명의 '고참 볼쉐비끼들' 가운데 109명에 대해서는 그들의 평생의 행적을 추적할 수 있었다. 이들 가운데 38명은 1937년에 추방되거나 재판에 회부되었다.[81]

1934년과 1937년을 비교해도 흥미로운 결과를 보여 준다.[82]

---

81) *ibid.*, p. 176.

1934년 제17차 당대회 때 '고참 볼쉐비끼들'의 수는 182,600명이었다. 1939년 제18차 당대회 때에는 그 수가 125,700명으로 줄었다. 이 5년 동안의 '고참 볼쉐비끼들'의 감소는, 심지어 자연사한 사람과 병자까지 모든 원인들을 다 포함해도, 56,900명, 즉 대략 31퍼센트였다. 이 56,900명 중 일부는, 그리고 아마도 그 커다란 부분은 1937년 숙청 때에 추방되었다. 하지만 1939년에도 여전히 125,700명의 '고참 볼쉐비끼들'이 활동하고 있었으며, 그것도 그 대다수는 전국적으로 당의 주요 직책에서 활동하고 있었다. "스딸린이 '고참 볼쉐비끼들'을 몰살시켰다"는 신화는 단지 신화에 불과한데, 콘퀘스트와 CIA에 의한 또 다른 이 거짓말은 당시 뜨로츠끼가 꾸며낸 것이었다.

또한, 연구조사에 따르면, 이 시기에 추방된 사람들의 대부분은 당의 간부 집단 출신들이었다. 벨르이 당 지구의 구체적인 예를 들어 보자.[83] 벨르이 당 조직의 244명의 당원과 후보당원 가운데 36명이 1937년에 추방되었다. 그중 29명은 간부직에 있었다. 지구위원회 당 제1서기 2명, 지구 쏘비에뜨 집행위원회 의장 1명과 부의장 2명, 꼼소몰(Komsomol) 지구 서기 1명, 지구 검찰관, 지구 내무인민위원회 의장과 그의 동료 간부 1명, 지구 내 3대 학교의 교장들, 토지관리소 책임자, 벨르이 농기계트랙터센터(MTS) 책임자, 제조업체 책임자 4명, 무역기관 책임자 2명, 집단농장 의장 5명, 그리고 농촌 쏘비에뜨 의장 5명이 그들이었다.

---

82) *ibid.*
83) *ibid.*, p. 175.

1937년 숙청에 대한 신화

자본가계급이 최고의 화젯거리 중의 하나로 삼아 온 '끔찍한 1937년'에 관한 신화는 경찰의 앞잡이인 로버트 콘퀘스트와 CIA 및 MI5에 의해서 만들어진 것이고, 따라서 그들이야말로 이 신화의 진정한 창조자들인데, 그 허구성은 1930년대 전체 숙청에 관한 통계에 의해서 드러난다.

연도별 추방 당원[84]

연도	추방자 수(명)	전체 당원 중 퍼센트(%)
1929	170,000	11
1933	792,000	18.5
1935	170,000	9
1936	-	-
1937	100,000	5
1938	70,000	2

주: 1936년도에 대해서는 전국적인 통계가 없다.
스몰렌스끄에서는 당원의 2-3%가 추방되었다.

통계를 분석해 보면, 부르주아들이 얼마나 거짓말을 하고 있는지를 알 수 있다. 사실, 1937년은 가장 적은 수의 사람들이 추방된 해들 중의 하나로서, 추방자의 수는 전체 당원의 5%를 넘지 않았다! 어떻게 해서, 자본가계급과 그 아첨꾼들은 1937년이라는 해를, 페테르 엥글룬드가 즐겨 공식화하듯이, "수백

---

84) *ibid.*, p. 177.

만이 불법적으로 기소되고, 수백만이 국외로 추방되었으며, 수백만이 살해된" "스딸린의 믿을 수 없는 1937년"[85]으로 둔갑시킬 수 있단 말인가? 그 이면에는 어떤 이해관계가 숨겨져 있는가?

그렇게 수백만 명이 참여한 비판과 자아비판이라는 대중운동 속에서는 잘못된 결정들이 내려지고, 결백한 사람들이 피해를 입기도 했다고 우리는 생각한다. 그러나 그러한 일들은 이전의 숙청들에서도 역시 일어났다. 수십만의 당원들이 잘못된 근거로 추방을 당했지만, 중앙당에 탄원하기만 하면 당원자격이 회복되었다. 누구보다도 일반 노동자들에게 더 많은 피해를 끼쳤던 이런 부당한 조치들은 전혀 서방인들의 관심거리가 아니다. 1937년에 대한 그러한 특수한 관심을 어떻게 설명해야 할까? 왜 유독 1937년이 쏘련에 닥친 최악의 해로 거론되는가?

계급 문제에 답이 있다

그 설명은 사회적 계급의 문제와 연관되어 있다. 1937년의 숙청들과 당내의 다른 숙청들 간의 커다란 차이는, 다른 숙청들에서는 주로 평당원들, 즉 일반 노동자들이 추방되었다는 것—그들이 전체 추방자의 80퍼센트에 달했다는 것이다. 1937년에는 그 정반대였다. 전체 추방자 중 약 80퍼센트가 당의 부

---

[85] Englund, 1994, p. 22; Englund, 1996, p. 73.

패한 거물들이거나 군의 고위 인사들이었다.[86] 이들은 특권과 재정적 이익을 누렸던 사람들이었고, 그것들을 지키기 위해서는 심지어 나찌 독일과도 협력할 준비가 되어 있던 사람들이었다. 이들은 평당원을 짓밟는 것을 개의치 않았던 사람들이었고, 그러한 일탈을 용납하지 않는 사람들을 기꺼이 내쳤던 사람들이었다. 1937년에는 서방(西方)과 부르주아적 사고에 경도된 당 관료와 간부들이 추방되었다. 그들은 사회주의적 민주주의의 길을 걷고 있는 쏘련을 다시 자본주의 사회로 되돌리고자 했던 사람들이었다. 그들은 또한 쏘련을 약화시킨 사람들이었으며, 서방에 동조하고 협력하며 사라진 자본주의를 재도입하고자 했던 사람들이었다. 그들이 권력을 잃고, 당에서 축출되었으며, 재판에 회부되었다. 1937년의 쏘련에 대한 자본가계급의 증오를 우리는 이해할 수 있다.

당의 정책과 대중 투쟁의 어려움

숙청의 목표는 당과 군대 내의 부패한 관료들과 반역자들을 쫓아내는 것이었다. 수백만의 당원들이 참여한 그러한 광범위한 투쟁이 실수 없이 수행될 수는 없었다. 해묵은 사적인 반목으로 인해 불공정한 결정이 내려질 수 있었다. 다른 한편에선 어떤 당 조직의 고위 간부가 부패한 관료였음이 판명되면,

---

86) Getty, 1985, p. 175.

그 조직 내의 모든 간부에 대한 강한 불신이 쉽게 확산될 수도 있었다. 중앙위원회는 그러한 난점들을 알고 있었고, 과도하게 나아가지 않도록 처음부터 경계하고 당부했다.

투쟁은 관료주의와 반역을 겨냥한 것이었지, 고위직 당 간부들 일반을 겨냥한 것이 아니었다. 일부 방면에서는 이러한 원칙을 적용하기가 어려웠다. 예를 들어, 사무직에 종사하면서 당의 활동에 대하여 딱히 관심을 보여 주지 않은 당원들은 그들이 직무를 수행하면서 입증한 사회주의에 대한 충성심에도 불구하고 쉽사리 추방되곤 했다. 중앙위원회는 이에 반대했고, 그렇게 추방된 이들로부터 탄원이 접수되면 그러한 부당한 조치들을 시정했다. 1937년 10월 돈바스(Donbas)에서 온 기술간부들을 위한 환영식에서 스딸린은 모든 간부들을 문제 삼는 사람들에 반대하여 자신의 의견을 진술했다. 스딸린에 따르면, 쏘련의 새로운 기술자들과 경제전문가들은 노동자계급 출신이며, 인민의 존경을 받을 자격이 있었다.

내무인민위원회와 권력 투쟁

군대 내의 음모를 밝히는 데 중요한 역할을 했던 내무인민위원회 보안경찰과 그 수장 예죠프 역시 중앙위원회의 경고를 받았다. 경찰은 사회주의 사회의 위에 군림해서는 안 되고, 단지 그 종복이었으며, 사회주의의 법규를 준수해야만 했다. 보안경찰의 활동은 중요해서 내전에서 국가를 구했지만, 그 권력은 노동자와 농민의 당에 종속되어 있었다. 그런데 중앙위원회 위원 예죠프를 정점으로 한, 내무인민위원회 내의 일부 세력은 누가 반혁명분자이며 적의 특징은 무엇인지를 그들 스스로 결정하고자 하였다. 이들 세력은 최소의 오류도 배려하지 않고 아주 광범한 숙청을 벌이길 원했다. 그들은 약간이라도 불확실하거나 전적으로 헌신적이지 않은 모든 사람들까지 철저하게 당을 숙청하기를 원했다. 그들은 이웃이나 직장에서 부패한 관료 또는 배신자들과 교제했던 사람들까지 모두 추방할 기세였다. 명백히 이는 보안경찰이 아니라 중앙위원회가 결정해야 할 정치적인 문제였다. 예죠프가 강하게 비판을 받은 것은, 그가 때때로 과도하게 반역자들을 추적하도록, 즉 무고한 사람들까지 투옥하여 심한 고통을 당하도록 내무인민위원회를 이끌었기 때문이었다.

게다가, 중앙위원회의 비판에도 불구하고 사회와 언론에는 내무인민위원회와 예죠프의 행동들을 찬양하는 경향이 있었다. 스딸린 자신은 이러한 찬양에 반대했다. 1937년 12월 내무인민위원회의 창립 20주년을 맞아 보안경찰을 위한 공개행사가 볼쇼이 극장에서 성대하게 거행되었는데, 의장석이 비어 있었다. 스딸린이 행사에 불참했고, 미꼬얀(Mikoian)이 임시 의장 역할을 해야 했다. 예죠프와 내무인민위원회에 대한 비판은 심각하게 받아들여야 한다. 스딸린은 내무인민위원회의 행사는 거부했지만, 마치 시위라도 하듯이 그날 저녁 볼쇼이 극장에서 열린 음악회에 참석했다. 스딸린의 불참은 그것을, 그가 영웅 조종사들이나 극지(極地) 연구원들, 꼴호즈 여성들과의 모임에서부터 공장 지도자들이나 자신의 선거구 유권자들과의 모임에 이르기까지 모든 모임에 자주 나타났다는 사실과 관련지어 곰곰이 생각해 보지 않으면 안 된다.

부하린-르이꼬프의 반역 재판, 1938년 3월 2일-13일

21명의 거물급 인물들이 대역죄로 재판에 회부된다는 사실이 1938년 2월 27일에 언론에 공식 발표되었다. 이들 중에는 9명의 전 중앙위원회 위원과 다른 고위 관료들(부하린, 르이꼬프, 야고다(Yagoda), 끄레스쩐스끼(Krestinsky), 라꼬프스끼(Rakovsky), 로젠골쯔(Rosengoltz), 이바노프(Ivanov), 체르노프(Chernov), 그린꼬(Grinko), 젤렌스끼(Zelensky), 베쏘노프(Bessonov), 이끄라모프(Ikramov), 호쟈예프(Khodjayev), 샤란고비치(Sharangovich), 주바례프(Zubarev), 불라노프(Bulanov), 레빈(Levin), 쁠레뜨뇨프(Plentnev), 까자꼬프(Kazakov), 막시모프-지꼬프스끼(Maximov-Dikovsky), 끄류치꼬프(Kryuchkov))[87]가 포함되어 있었다. 그들은 쏘련 정부를 무너뜨리고 국가를 자본주의 사회로 되돌리기 위해 "우익과 뜨로츠끼파 블록(Bloc of the Rights and Troskyites)"을 구성한 혐의로 기소되었다. 파괴행위, 테러, 나찌 독일이나 일본·영국과의 협력, 공산당 중앙위원회와 정부의 주요 위원들의 암살 기도, 끼로프 암살 연루, 작가 막심 고리끼(Maxim Gorky)와 그의 아들 막심 뼤

---

[87] *Report of Court Proceedings in the Case of the Anti-Soviet "Bloc of Rights and Trotskyites"*, Moscow, 1938, p. 1.

쉬꼬프(Maxim Peshkov), 보안경찰 의장 멘쥔스끼(Menzhinsky)와 정치국원 꾸이브이쉐프(Kuibyshev) 암살 등도 이 조직의 활동 중 일부였다.

유죄를 시인하다

더욱이 피고인들은 이미 수년 동안 지노비예프-까메네프 재판과 뺘따꼬프-라제끄 재판에서 드러난 음모를 알고 있었고, 그 집단들과 긴밀하게 협력해 왔다. 게다가 피고인들은 1937년 5월에 시도된 쿠데타와 군사적 음모에도 참여했다. 피고인들 중 가장 중요한 인물은 중앙위원회 전 위원 부하린과 르이꼬프, 그리고 전 보안경찰 총수 야고다로서, 그들은 사회에서 정치적 영향력과 권력을 가진 인물들이었다. 그러나 다른 피고인들 중 다수도 쏘련의 사회주의 건설에 지배력을 가진 관리들이었다.

이 재판에 관해서 수많은 저서와 기사들이 나왔는데, 그 거의 모두가 부하린과 그의 동료들이 유죄임을 부정하고 있다. 하지만, 모든 피고인들이 기소된 사실에 대하여 유죄임을 인정했다. 재판을 참관한 외교관들의 전반적인 의견 또한 피고인들이 실제로 유죄라는 것이었다. 재판의 신뢰성과 공정성에 대한 증언은, 다른 누구보다도 우선, 재판이 있을 때마다 매일 참관했던 당시 모스끄바 주재 미국 대사 조셉 데이비스가 제공하고 있다. 우리는 뒤에서 이에 대하여 살펴볼 것이다.

파시즘에 대한 경계

부하린과 르이꼬프 재판은 공개적으로 진행되었고, 쏘련 주재 외교관들과 전 세계 언론이 열심히 지켜보았다. 쏘련의 다른 재판들과 마찬가지로 재판이 진행되는 동안 내내 모든 피고인들이 나란히 앉아 출석하였다. 재판 내내 그들은 언제든지 아무런 제약 없이 발언할 수 있었고, 다른 사람들의 진술에 대하여 자신의 의견을 주장할 수도 있었으며, 심지어 필요하다고 생각할 때에는 다른 피고인에게 질문도 할 수 있었다. 이 재판에 관해서, 즉 검사의 기소 내용과 그에 대한 피고인들의 답변 및 방어권과 자유발언권에 대하여 아는 것이, 과거 어느 때보다도, 오늘날 중요하다. 사실을 아는 것이 쏘련과 사회주의에 대한 우파의 조직적인 중상(中傷)과 맞서 투쟁하는 최상의 방법이다.

계속해서 우리는 1938년 쏘련에서 프랑스어와 영어, 독일어로 출판되었고, 스웨덴의 노동자문화출판사(Arbetarkulturs Förlag)가 ≪파시즘의 영향(På vakt mot fascismen)≫이라는 제목으로 스웨덴어로 출판한, 그 공개재판의 속기록을 고찰할 것이다. 지면 부족 때문에 고찰을 제한할 수밖에 없지만, 그럼에도 불구하고 긴 인용구들을 많이 수반한 대단히 긴 서술이 될 것이다. 그 공식적인 속기록을 입수할 수 있는 사람들은 그것을 꼭 읽어볼 것을 우리는 강력히 권장한다. 우리는 우선 세 명의 피고인, 체르노프, 젤렌스끼, 이바노프 심문 내용의 일부를 다루는 것으로부터 시작할 것인데, 이는 이를 통해 이 우익 집단의 전반적인 활동들을 보여 주고, 그러고 나서 차후에 이 우익 단체의 지도자인 부하린, 르이꼬프, 야고다에 대해서 고찰하기 위해서이다.

연구의 부재

사실을 토대로 한 부하린-르이꼬프(그리고 뺘따꼬프-라제끄) 재판의 연구, 그러한 연구는 이제까지 거의 수행되지 않았다. 이들 재판에 대한 견해들은 자본주의 대중매체에서 새로운 책들과 논문들로 몇 번이고 반복해서 공표되었다. 그러나 그 대부분은 단지 (콘꿰스트와 같은) 비밀경찰의 앞잡이들이나 파시스트들, 혹은 뜨로츠끼주의자들의 책과 논문들을 복제한 것들에 불과했다. 이들 재판에 대한 연구는 사실상 전무(全無)하다. 1999년 11월에 내가 웁살라 대학의 도서관에서 뺘따꼬프-라제끄 재판 및 부하린-르이꼬프 재판의 속기록 영문판을 빌리려 했을 때, 나는 이 사실을 경험으로 알 수 있었다. 그 속기록들은 대출 중이었는데, 1967년 5월 이래 똑같은 사람에게 계속 대여 중이었음이 밝혀졌다! 대학 도서관의 책들은 누군가가 그것을 원하는 날까지 먼저 대출한 사람이 그것을 가지고 있을 수 있었다. 1967년 이후 내가 32년 만에 그 속기록의 대출을 원한 첫 번째 사람이었다. 웁살라에 살고 있고, 스웨덴 학술원 및 스웨덴 왕립군사과학원의 회원인 작가 페테르 엥글룬드는 결코 그 재판 속기록을 빌린 적이 없었다. 그럼에도 불구하고 그는 그들 재판에 대한 책들과 논문들을 쓴 것이다!

웁살라 대학의 도서관에는 그 재판 속기록들의 영어판이나 프랑스어판, 독일어판이 더 이상 존재하지 않는다는 사실도 말하지 않을 수 없다. 그러한 사실을 나는 2002년에 내가 이 작업을 영어와 프랑스어로 번역 중에 발견했다. 그것들이 존재하지 않는다는 사실에 대해 나는 그 도시의 신문을 통해 의문을 제기했고, 그 속기록들이 소각처분되었다는 답변을 받았다. 대학 도서관 측의 얘기로는, 자료보관소의 임대료를 지불할 돈이 부족했고, 그리하여 많은 고서와 학술지들을 소각처분하기로 결정했다는 것이다. 사회주의의 역사에 관한 거의 모든 책들이 소각처분되었다. 이야말로 부르주아들이 문화를 어떻게 존중하는지를 보여 주는 좋은 예이다!

농업 담당 인민위원 체르노프에 대한 심문

재판 중에 피고인들은 일상적으로 그리고 광범하게 생산설비들을 파괴해 왔다는 끔찍한 범죄를 인정했다. 예전엔 우끄라이나의 통상 담당 인민위원[88]이었고, 당시엔 쏘련의 농업담당 인민위원[89]이었던 체르노프는 법정 심문에서, 르이꼬프로부터 "중농을 화나게 하는" 방식으로 우끄라이나에서 사업을 수행하라는 임무를 부여받았다고 말했다. 우파의 전술은 파괴행

---

88) *ibid.*, p. 106.
89) *ibid.*, p. 88.

위를 자행하여 집단농장을 위한 투쟁을 불가능하게 만드는 것이었다. 르이꼬프가 체르노프에게 내린 지시들 중에는 "정책의 과도함을 역설할 것, 우끄라이나 인민들의 민족감정에 특별한 관심을 기울일 것, 그리고 어디에서나 이 과도함은 모스끄바 당국의 정책의 결과라고 설명할 것"[90] 등이 있었다! 나아가, 체르노프는 베를린의 "무역 대표부나 대사관의 요원 중에 혹시 아는 사람들이 있다면, 그들을 규합하여 우익 조직을 만들 것"[91]도 지시받았다고 법정에서 진술했다.

체르노프는 독일에 도착한 뒤 지시대로 했다. 이 경우 르이꼬프의 지시는, "쏘련에 대한 부르주아 정부의 적대를 강화시키기 위하여" 체르노프가 "제2인터내셔날의 정당들을 통해서 자본주의 국가들의 반쏘 여론을 자극하는 것"이었다. 우익 블록은 "우파가 권력을 잡은 뒤 … 경제 문제에 관해서 그리고, 필요하다면, 영토 문제에 관해서도 부르주아 정부들과 타협할"[92] 준비가 되어 있었다. 르이꼬프는 체르노프에게, "우리가 국가 권력을 장악하기 위해서는 쏘련이 패배해야 하기 때문에, 우리는 이 패배를 촉진해야 하고, 또한 마찬가지로 쏘련의 경제력과 국방력을 훼손시킴으로써 전쟁의 발발 그 자체를 촉진해야 한다"[93]고 얘기했다. 공개재판에서, 그리고 국제적 보도진이 지켜보는 앞에서 르이꼬프는 자신이 체르노프에게 이런 모든 지시를 했다고 시인했다. 우파는 전쟁의 패배를 위해 일

---

90) *ibid*., p. 91.
91) *ibid*., p. 98.
92) *ibid*., p. 93.
93) *ibid*., p. 106.

할 준비가 되어 있었고, 쏘련 정부를 전복하고 국가 권력을 장악하는 것을 지원하는 대가로 우끄라이나와 벨라루씨 일부를 독일에, 그리고 태평양 연안을 일본에 할양할 준비가 되어 있었다.

나찌 독일의 첩자

그러나 체르노프의 활동은 독일에서 갑자기 또 다른 전기를 맞았다. 그 우익 블록의 한 요원이, 즉 독일 경찰을 위해서도 일하던 그 요원이 독일 경찰에게 체르노프의 음모 활동에 대해서 얘기했던 것이다. 체르노프는 독일을 위해서 일하든지, 아니면 쏘련 당국에 고발되든지, 둘 중 하나를 택하라는 최후통첩을 받았다. 그는 독일을 위해 일하기로 했다고 법정에서 진술했다. 그는 농업 및 공업의 성과에 관한 비밀정보를 정기적으로 독일 경찰에 제공했을 뿐 아니라 독일 경찰이 요구하는 파괴행위를 수행했다.

체르노프는 법정에서 이렇게 진술했다.

당시 독일 정보부가 제게 내린 주요 임무는 국내 곡물을 상하게 하는 것이었습니다. 여기에는, 증대하는 곡물 수확량과 이를 보관할 공간 사이의 불일치를 야기하기 위해서 곡물 창고의 건설을 지체시키는 것도 포함되어 있었습니다. 이러한 방식으로 두 가지가 달성될 수 있을 터였습니다. 첫째로는, 곡물 그 자체가 상했을 것이고, 둘째로는, 농부들의 분노를 불러일으켰을 것입니다. 곡물이 썩어가는 것을 볼 때 그들이 분노하는 것은 필연적입니다. 저는 또한 곡물 창고들에 해충, 특히 옥수수 벌레를 대규모로 퍼뜨리라는 지시도 받았습니다.[94]

체르노프는 독일을 위해 이 모든 끔찍한 파괴행위를 저질러 쏘련에 엄청난 손실을 초래했다. 체르노프는 수년 동안 농업 분야의 최고위 당 관료 중의 한 사람이었다는 사실을 헤아려야 할 것이다.

농업 파괴행위

또한 체르노프는 법정에서 자신의 반(反)혁명 활동의 다른 부분들에 대해서도 진술했다. 그중에서도 특히, "선별해 놓은 종자들을 마구 뒤섞어 곡물 수확량을 감소시키는 종자 뒤섞기"도 있었고, 경작과 관련해서는 "작물별 경작 면적을 부적절하게 계획하여, 사실상 적절한 윤작을 할 수 없도록 집단농장의 농민들을 배치할 작정"도 있었다. 이렇게 되면, 체르노프에 의하면, "이는 수확의 규모를 감소시키고, 동시에 농민들의 분노를 불러일으킬 것"[95]임에 틀림없었다.

농기계트랙터센터와 관련해서는, "목표는 트랙터와 콤바인, 기타 농기계들을 고장냄으로써 농기계트랙터센터의 재무(財務)를 혼란시키는 것이었다."[96] 축산과 관련한 르이꼬프의 지시

---

94) *ibid.*, p. 102.
95) *ibid.*, p. 103.

는 특히 "종자용 가축들을 죽여 버리고, 가축의 사망률을 높이도록 힘쓰며, 사료 자원의 개발을 저지하고, 특히 가축의 사망률을 높이기 위해서 고의로 여러 종류의 박테리아를 감염시키는 것"[97]이었다. 전국에 산재한 우익 조직원들이 체르노프의 이런 파괴행위 활동을 도왔다. 특히 그들은 동부 시베리아에 가축 전염병 치료약을 보내지 않음으로써 1936년 봄에 2만5천 마리의 말이 역병으로 죽게 했다. 우익 조직원들은 또한 레닌그라드 지역과 보로네즈(Voronezj), 그리고 아조프-흑해(Asov-Black sea) 지역에 전염병을 퍼뜨려 돼지 역병을 발생시켰다. 감염 물질은 까신제프(Kasjinzev), 올로프스끄(Orlovsk) 그리고 스따브로뽈(Stavropol)의 우익 블록이 관리하는 공장들에서 생산되었다. 이때 1만 마리의 돼지가 죽은 것으로 추산되고 있다. 인민을 위한 쏘련의 농업기구를 책임지고 있던 체르노프가 수많은 협력자들과 함께 시간을 바쳐 몰두한 것은 바로 이런 식의 활동이었다.

모스끄바 당위원회 서기, 쎈뜨로소유즈 의장 젤렌스끼[98]

반역자의 활동에 대한 또 다른 예를 들어 보자. 젤렌스끼는 법정에서 자신이 어떻게 짜르 시대에 돈에 매수되어 그의 공

---

96) *ibid.*
97) *ibid.*
98) *ibid.*, p. 322.

산당 동지들을 밀고하면서 비밀경찰을 위해 일했었는지를 말했다. 그는 용케 과거를 숨기고 공산당에서 계속 활동하면서 출세를 한 사람들 중 하나였다. 1929년에 그를 부하린-르이꼬프 조직에 끌어들인 것은 스미르노프였다. 그의 첫 임무는 중앙아시아의 협동농장화를 파괴하는 것이었다. 그는 스미르노프로부터 "대농들, 즉 꿀락들을 보존하고,""협동농장의 조직을 견제하고 저지하라"⁹⁹⁾는 지시를 받았다.

모스끄바에서는 그곳의 협동조합들과 젤렌스끼 자신이 의장으로 있는 쎈뜨로소유즈(Centrosoyouz)*를 손상시키는 것이 젤렌스끼가 맡은 임무였다. 목표는, "공급 업무와 관련하여 인민 내부에 불만을 야기하기 위해", "주택 건설, 협동조합, 무역, 상품 유통 등 주민에게 가장 즉시 영향을 끼치는 경제 부문들을 와해시키는 것"¹⁰⁰⁾이었다. 젤렌스끼는 1936년에 그들이 어떻게 "꾸르스끄 지역(Kursk Region)에서 설탕 공급을 교묘히 방해하여""많은 상점에 2-3주 동안이나 설탕이 바닥나게"¹⁰¹⁾ 했는지 진술했다. 젤렌스끼는 비슷한 방법으로 레닌그라드에서는 담배를, 벨라루씨에서는 빵을, 그리고 소금은 전국적으로 파괴했다고 진술했다.

---

99) *ibid.*, p. 326.
* 쎈뜨로소유즈(Centrosoyouz): 농산물의 생산계획, 수송, 분배뿐만 아니라 국내외의 생산물들을 획득하여 농업 생산자들에게 분배하는 것을 목적으로 하는 중앙기구. 쎈뜨로소유즈는 쏘련의 모든 공화국에 지부를 두고 있으며, 이들 지부는 또한 마을 단위까지 체계적으로 하부조직을 가지고 있었다. - [M. 소샤의 설명]
100) *ibid.*, pp. 327-328.
101) *ibid.*, p. 328.

인민의 목구멍과 위장을 난도질한 버터

우익과 뜨로츠끼파 블록이 조직한 버터 파괴행위에 대해 브이쉰스끼 검사가 단도직입적으로 질문하자, 젤렌스끼는 처음에는 그가 그것을 알고 있었다는 것을 부인하려고 했다. 그러나 브이쉰스끼가 계속 추궁하자 마침내 젤렌스끼는 전모를 고백하지 않을 수 없었다.

우익 조직은 오직 고품질의 버터만이 매우 높은 가격에 정기적으로 생산되도록 조치했다. 이는 인민 사이에서 거대한 불만을 유발했다. 그러나 불만은 더 악화되었다. 인민의 불만을 더욱 확실히 하기 위해서, 우익 조직 요원들이 버터에 못과 유리를 섞어서 "우리 인민의 목구멍과 위장을 난도질했던" 것이다. 젤렌스끼는 이들 파괴행위에, 그리고 나아가 심지어는 달걀 파괴행위에도 책임이 있었다. 젤렌스끼에 의하면, "1936년에는 자동차 50대 분량의 달걀을 썩도록 방치해" 모스끄바에서 달걀이 동나게 했다. "가능한 곳은 어디든 파괴한다"[102]는 것이 신조였다.

쿠데타에 호의적인 영국 노동당

젤렌스끼는 쎈뜨로소유즈의 의장이었으며 그의 업무는 주민에게 식품과 다른 생활필수품들을 공급하는 일이었다는 사실

---

102) *ibid.*, pp. 331-332.

을 상기하라. 젤렌스끼는 또한 법정에서 "물품들을 잘못된 지역으로 혹은 잘못된 시기에 발송함으로써 그 보급을 동결시키는 것"도 조직했다고도 진술했다. "예를 들면", 여름에 방한용 장화(felt boots)를 보내고 겨울에 여름 신발을 보내는 것처럼, "겨울에 여름 상품을 보내고, 반대로 여름에 겨울 상품을 보내는 경우들도 있었다."[103] 이외에도 젤렌스끼의 반(反)혁명 활동은 거대 조직 쎈뜨로소유즈의 자금을 횡령하고, 또 전국의 쎈뜨로소유즈 지부들을 비밀리에 반혁명분자들을 조직하는 본부로 이용하는 데까지 이르렀다.

젤렌스끼는 또한 쎈뜨로소유즈의 의장이라는 자신의 지위를 이용하여 영국 노동당과 접촉해, 쏘련에서 우익 쿠데타가 일어날 경우 지원을 요청했다. 노동당은 반혁명 쿠데타를 환영했고, 그 실현을 위한 지지를 보냈다.

북 까프까즈 당의 제2서기, 이바노프[104]

체르노프와 젤렌스끼의 법정 진술들은 쏘련의 근로인민에 대한 끔찍한 범죄이다. 그러나 그것들은 부하린과 르이꼬프가 이끄는 조직이 저지른 온갖 범죄의 단지 일부에 불과하다. 또 다른 피고인인 북 까프까즈 당의 제2서기 이바노프는 법정에서 자신은 부하린으로부터, "간섭의 경우에, 즉 자본주의 파쇼

---

103) *ibid.*, p. 333.
104) *ibid.*, p. 118.

국가들과의 전쟁에서 쏘련이 패배할 수 있는 길을 우익 조직들의 영향력을 통해 꾸준히 준비할 것"이며, 이와 관련해서 "거기에 파견될 상주 요원에게 모든 지원을 제공하여 영국 정보부의 요구들을 수행하게 하라"는 임무를 받았다고 진술했다. 이바노프는 부하린이 지시한 대로 했고, "영국 정보부로부터 받은 지령들이 내가 우익 본부에서 받은 지령들과 완전히 일치한다"[105]는 사실을 알게 되었다.

이바노프에 따르면 부하린은 북 까프까즈에 대한 영국의 관심에 대해서 말하면서, "우익이 쏘련 정권을 전복시키는 것을, 그리고 장악한 권력을 유지하는 것을 지원하기로 우익 본부는 그 나라와 협정을 맺었다고 말했다." 이 협정에서 그들은 "북부 지역의 목재에 대한 영국 목재회사들의 이해를 보장했다." 이바노프에 따르면 부하린은 "제재소들은 이권으로서 영국에 넘겨져야 하고, 쏘련 정권이 지은 새로운 제재소들도 짜르[제정 러시아-역자]의 채무에 대한 변제로서 양도될 것"이라고 했다. 그리고 더 나아가 부하린은 1934년 이후 줄곧,

> 우리는 이미 실질적으로 변제하기 시작했어야 한다는 의견을 제시했다. 한편에서는 지지를 잃지 않도록, 그리고 다른 한편에서는 신뢰를 잃지 않도록 영국의 부르주아지에게 접근하지 않으면 안 된다고 그는 말했습니다.

부하린의 이런 지시들에 따라서,

---

105) *ibid.*, pp. 121-122.

로젠골쯔와 로보프(Lobov)가 다음과 같은 조치들을 수행했습니다. 가장 값비싼 목재를 싼 가격에 팔아넘겼습니다. 이는 외화로 수백만 루블의 손실을 쏘련에 끼친 것을 의미했습니다.106)

북 까프까즈에서의 테러

이바노프는 또한 부하린으로부터 북 까프까즈에 테러집단을 양성하라는 임무를 받았다고 법정에서 진술했다. 끼로프 암살 후, 부하린은 이바노프에게, "단발적인 테러 활동은 어떠한 성과도 낳지 못하므로 대규모 테러 활동을 조직해야 하고, 그때에야 우리는 성과를 거둘 것"이라고 말했다. 이바노프에 의하면, "그의 노선은 당 지도부를 제거하는 것이었다." 만일 임박한 나찌 독일과의 전쟁 이전에 그 작업에 성공하지 못할 경우, "우리는 전쟁 중에 이를 수행할 것인데, 이는 엄청난 혼란을 야기하고, 국가의 전투력을 잠식하여, 제국주의자들과의 전쟁에서 급격히 쏘련이 패배하게 만들 것이다." 이바노프의 테러 집단은, "무력간섭 때에 아르한겔스끄(Arkhangelsk)와 국가 주요 지점의 간선 통신망을 절단하고, 그리하여 영국이 이 목재 생산지와 가장 중요한 항구를 장악할 수 있도록 하기 위해"107) 아르한겔스끄에서 활동하고 있었다.

이바노프의 테러 집단은 또한 목재 부족을 가중시키기 위해

---

106) *ibid.*, pp. 122-123.
107) *ibid.*, p. 123.

서 북 까프까즈에서 "불량 장비를 공급하고, 기계센터를 망가뜨리며, 수로를 통한 목재수송을 방해하면서 목재 산업의 기술적 재정비를 막는" 임업 파괴행위도 조직했다. 이 집단은 더 나아가서, "제재업의 기술적 재정비를 방해하고, 특히 셀룰로즈 및 제지 산업의 자본설비 확충을 저지하여 전국적인 종이 배급 부족 사태를 유발했는데, 공책의 공급을 가로막고, 그리하여 대중의 불만을 불러일으킴으로써 문화혁명에 타격을 가하려는 것이 그 목표였다."[108]

그러나 이바노프는 점차 이 공작의 성공 가능성에 회의를 품기 시작했고, 이를 그는 부하린에게 얘기했다.

> 저는 부하린에게 조직이 와해되고 있으며 ... 이곳저곳에서 대중들이 우리 조직원들을 적발하고 있다고 말했습니다. 그리고 저는 상황의 추세로 봐서 우리가 완전히 파멸하는 것은 아닌지 그에게 물었습니다. ... 조직 전체가 공포에 휩싸여 있었습니다. 우익의 활동은 사실상 완전히 폭로되기 직전의 상태에 있었다고 할 수 있을 것입니다.[109]

이바노프의 심문에 관한 부하린의 진술

이바노프의 범죄행위 자백은 동시에 같은 법정에서 단지 몇 걸음 떨어져 앉아 있는 부하린에 대한 중대한 고발이기도 했

---

108) *ibid.*, p. 124.
109) *ibid.*, p. 126.

다. 이바노프를 심문하던 브이쉰스끼 검사는 부하린에게 이바노프가 제시한 자료들을 인정할 것인지 부정할 것인지 물었다.

    브이쉰스끼: 피고 이바노프는 당신이 자신에게 북 까프까즈에 어떤 특정 목적들을 가진 우익 조직을 만들라고 했다고 증언했습니다. 당신도 인정하십니까?
    부하린: 이바노프는 날짜들을 혼동하고 있습니다.
    브이쉰스끼: 우선, 사실 그 자체는 인정하십니까?
    부하린: 제가 그에게 조직을 만들라고 지시한 사실 그 자체는 인정합니다.
    브이쉰스끼: 비밀 조직입니까?
    부하린: 비밀 조직이고 불법적인 반(反)혁명 조직입니다. 그러나 당시에는 당과 쏘련 정부에 대한 격렬한 투쟁은 구체적으로 벌어지지 않았습니다. ...
    브이쉰스끼: 저는 지금 오직 피고 이바노프가 법정에서 한 증언에만 관심이 있습니다. 그는 당신이 그에게, 즉 이바노프에게 북 까프까즈에 비밀 우익단체를 조직하는 일에 착수하라는 지시를 내렸다고 말하고 있습니다. 당신은 이를 인정합니까?
    부하린: 그 부분은 인정합니다.
    브이쉰스끼: 결과적으로, 1928년에 당신은 불법적인 지하활동 방법을 채택하셨군요?
    부하린: 그 당시는 매우 과도기였고...
    브이쉰스끼: 나는 그때가 어떤 때였는지를 묻고 있는 게 아닙니다. 이것이 사실입니까, 사실이 아닙니까?
    부하린: 그것이 사실임을 인정합니다.
    브이쉰스끼: 당신은 당시 이바노프에게 우익 조직의 본부가 이미 활동하고 있다고도 말했지요?

부하린: 그랬습니다.

브이쉰스끼: 어떤 사람들로 구성되었습니까?

부하린: 똠스끼, 르이꼬프 그리고 저, 부하린 세 사람으로 구성되었습니다.

브이쉰스끼: 당신은 이 본부가 쏘련 정권의 전복을 준비하고 있다고 말했지요?

부하린: 그렇습니다. 하지만 그것은 나중에 있었던 얘기입니다.

브이쉰스끼: 정확히 언제입니까?

부하린: 제 생각엔 대략 1932년이나 33년 같습니다.

브이쉰스끼: 약간 이후군요. 그러나 당신이 이바노프와 그런 대화를 했다는 사실은 인정합니까?

부하린: 인정합니다. 정확히 몇 월 며칠인지는 기억나지 않지만, 그것은 우익 본부의 일반적인 방침이었습니다.

브이쉰스끼: 그리고 언제 폭동 집단에 대한 문제를 제안했습니까?

부하린: 폭력을 채택한 것은 1932년이었습니다.

브이쉰스끼: 이바노프는 뜨로츠끼파 및 우익 단체들과 민족주의 단체들 간에 연합체가 존재한다는 사실을 당신을 통해 알게 되었다고 진술하고 있습니다. 이것이 맞습니까?

부하린: 맞습니다.

브이쉰스끼: 그리고 당신은 이바노프와 다른 사람들이 자본주의 국가들과 벌인 협상에 대해서 알고 있었습니까?

부하린: 예, 하지만 이는 훨씬 나중에 있었던 일입니다.

브이쉰스끼: 그러니까, 영국 정보부와의 관계에 관한 이바노프의 진술이...

부하린: 저는 정보부나 계획에 관하여 전혀 들은 바가 없습니다.

브이쉰스끼: 당신은 어떤 것에 관해 보고받았습니까?

부하린: 저는 이바노프에게 우익 본부의 대외 정치 방침에 관하여 알렸습니다. 저는 그에게 쏘련 정권과의 투쟁에서는 전쟁 상황과 기타 많은 상황들을 활용할 수 있다고 말했습니다. 요컨대, 우익 본부의 지도자의 한 사람으로서 외곽 본부의 지도자 중 한 명에게 우리의 노선을 알려 주는 것은 나의 직무였습니다. 어떤 노선이었느냐고요? 간략히 말해서, 이 노선은 쏘련 정권과 투쟁하는 데 있어서 전쟁 상황을 활용할 수 있으며, 자본주의 국가들로 하여금 중립을 지키게 하기 위해서, 그리고 때로는 그들의 지원을 얻기 위하여 그들에게 일정한 양보를 할 수 있다는 것입니다.

브이쉰스끼: 바꾸어 말하자면, 어떤 외국들로부터 지원을 받는다는 방침이군요.

부하린: 예, 그렇게 표현할 수 있습니다.

브이쉰스끼: 바꾸어 말하자면, 쏘련을 패배시킨다는 방침이군요?

부하린: 대체로, 요약하자면, 다시 말하지만, 그렇습니다.[110]

부하린 심문

이제 세 명의 주요 피고인, 부하린, 르이꼬프 그리고 야고다 심문을 계속 살펴보자. 우익 본부의 실질적인 이념적 지도자이고, 르이꼬프와 더불어 실제로 조직화에 대한 사항을 결정했던 부하린으로부터 시작하자. 신뢰할 수 없는 역사의 위조자

---

110) *ibid.*, pp. 128-137.

들은 브이쉰스끼 검사가 부하린과의 토론에서 졌고, 부하린이 그의 정견을 화려하게 선전하는 데 법정을 이용했다고 이따금 주장해 왔다. 재판 절차에 정통한 사람은 거의 없기 때문에 독자들은 이러한 함정에 빠지기 쉽다. 자료를 가지고 스스로 판단해 보라. 계속해서 재판 기록을 인용하자.

브이쉰스끼: 당신이 정확히 무엇에 대하여 유죄를 인정하는지 간략히 정리해 보시오.
부하린: 먼저, 반(反)혁명적인 "우익과 뜨로츠끼파 블록"에 속해 있던 것에 대해서.
...
브이쉰스끼: 어떤 목표를 이러한 반(反)혁명 조직은 추구하였습니까?
부하린: 그것이 추구한 주요 목표는, 비록, 말하자면, 완전히 실현시키지 못했고 모든 일을 꼼꼼히 처리하지 못했지만, 쏘련에 자본주의적 관계(capitalist relations)를 회복시키는 것이 본질적인 목표였습니다.
브이쉰스끼: 쏘련 정권의 전복이요?
부하린: 쏘련 정권의 전복은 이러한 목적을 위한 수단이었습니다.
브이쉰스끼: 어떤 방식으로입니까?
부하린: 알려진 대로입니다.
브이쉰스끼: 폭력적인 전복을 통해서입니까?
부하린: 예, 이 정권을 폭력적으로 전복시키는 것을 통해서입니다.
브이쉰스끼: 무엇을 이용해서입니까?
부하린: 쏘련 정권이 직면한 모든 난국을 이용해서, 특히 징

후로 봐서 예상되던 전쟁을 이용해서입니다.

브이쉰스끼: 어떤 것이, 누구의 도움으로, 예상되고 있었습니까?

부하린: 외국들의 지원을 이용해서입니다.

브이쉰스끼: 조건은요?

부하린: 구체적으로 말하자면, 많은 이권을 조건으로 해서입니다.

브이쉰스끼: 어느 정도까지 ...

부하린: 영토의 할양까지입니다.

브이쉰스끼: 말하자면?

부하린: 상세하게 말하자면, － 쏘련을 분할해 주는 조건으로입니다.

브이쉰스끼: 쏘련에서 행정구역들과 공화국들을 통째로 분리하는 것입니까?

부하린: 그렇습니다.

브이쉰스끼: 이를테면?

부하린: 우끄라이나, 연해주, 벨라루씨입니다.

브이쉰스끼: 누구를 위해서입니까?

부하린: 지리적으로 또 정치적으로 해당 국가들을 위해서...

브이쉰스끼: 정확하게 어느 국가입니까?

부하린: 독일을 위해서, 일본을 위해서, 그리고 부분적으로는 영국을 위해서입니다.[111]

그 법정 심문에서 부하린은 또한, "뜨로츠끼로부터 그러한 지시를 받았으며, 뜨로츠끼가 독일과 협상 중이며, 뜨로츠끼가 이미 우끄라이나를 포함해 많은 영토의 할양을 독일에 약속했

---

[111] *ibid.*, p. 370.

다는 것"112)을 1934년 여름에 라제끄를 통해서 알게 되었다고 진술했다.

끼로프 암살

계속하여 그 공개 심문에서 브이쉰스끼 검사는 당의 지도적 간부를 대상으로 한 암살 시도에 대해 질문을 이어갔다.

> 브이쉰스끼: 그 블록은 테러 활동들, 즉 당과 쏘련 정부 지도자들의 암살을 지지했습니까?
> 부하린: 그랬습니다, 그리고 제 생각에 분명 그 조직화는 대략 1932년 가을까지 거슬러 올라갈 것입니다.
> 브이쉰스끼: 그리고 당신은 세르게이 미로노비치 끼로프(Sergei Mironovich Kirov) 암살과 어떤 관계가 있습니까? 그 암살이 저질러진다는 것을 알고 있었고, 그것은 "우익과 뜨로츠끼파 블록"의 지시로 저질러졌습니까?
> 부하린: 그 점에 대해서는 아는 바가 없습니다.
> 브이쉰스끼: 다시 묻겠습니다. 이 암살이 저질러진다는 것을 알고 있었고, 그것은 "우익과 뜨로츠끼파 블록"의 지시로 저질러졌습니까?
> 부하린: 다시 반복해서 말씀 드리지만, 저는 아는 바가 없습니다, 검사님.
> 브이쉰스끼: 끼로프 암살과 관련하여 당신은 분명히 이에 대해 몰랐습니까?

---

112) *ibid.*, p. 430.

부하린: 분명히 몰랐습니다만, 그러나 …

브이쉰스끼: 피고 르이꼬프에 대한 심문을 요청합니다.

재판장: 허가합니다.

브이쉰스끼: 피고 르이꼬프, 세르게이 미로노비치 끼로프 암살에 관해서 무엇을 알고 있습니까?

르이꼬프: 저는 끼로프의 암살에 우익이나 또는 그 블록의 일부가 관여했다는 것에 대해 아무것도 아는 바가 없습니다.

…

브이쉰스끼: 당신은 예누끼제(Yenukidze)와 접속했습니까?

르이꼬프: 예누끼제와요? 거의 관련이 없습니다.

브이쉰스끼: 그는 "우익과 뜨로츠끼파 블록"의 일원이었나요?

르이꼬프: 1933년부터 그는 조직의 일원이었습니다.

브이쉰스끼: 이 블록에서 그는 뜨로츠끼파와 우익 중에 어느 블록을 대표했습니까? 그는 어느 쪽으로 기울었습니까?

르이꼬프: 그는 분명 우익의 성향을 띠었습니다.

브이쉰스끼: 좋습니다. 앉으십시오. 피고 야고다에게 질문하게 해 주십시오. 피고 야고다, 당신은 피고 르이꼬프가 방금 얘기한 예누끼제가 그 블록의 우익 부분을 대표했으며, 세르게이 미로노비치 끼로프 암살 조직에 직접 연루되어 있었다고 알고 있습니까?

야고다: 르이꼬프와 부하린 둘 다 거짓말을 하고 있습니다. 르이꼬프와 예누끼제는 끼로프 암살 문제가 논의된 본부의 회의에 참석하였습니다.

브이쉰스끼: 우익이 이 사건과 어떤 관련이 있었습니까?

야고다: 직접적으로 관련되어 있었습니다. 왜냐하면 그것은 "우익과 뜨로츠끼파 블록"이었기 때문입니다.

브이쉰스끼: 피고 르이꼬프와 부하린은 그 암살과 특히 어떤

관련이 있었습니까?

야고다: 직접적으로 관련되어 있었습니다.

브이쉰스끼: 당신은, "우익과 뜨로츠끼파 블록"의 일원으로서 이 암살과 어떤 관련이 있었습니까?

야고다: 예. 관련되어 있었습니다.

브이쉰스끼: 부하린과 르이꼬프가 자신들은 그 암살에 관해 아무것도 몰랐다고 진술하고 있는데, 이는 진실입니까?

야고다: 그럴 리가 없습니다. 왜냐하면 예누끼제가 제게 그들이, 그러니까, "우익과 뜨로츠끼파 블록"이 합동회의에서 끼로프를 테러하기로 결정했다고 말했을 때, 저는 그것에 절대 반대했기 때문입니다.[113]

쓴맛을 본 반혁명주의자들

야고다가 부하린과 르이꼬프가 1934년 12월의 끼로프 암살의 공범자였음을 폭로하자, 그 둘은 침묵으로 일관했다. 그들은 보안경찰의 전임 수장인 야고다가 끼로프 암살을 둘러싼 전모를 낱낱이 파악하고 있다는 것을 알고 있었고, 자신들이 얼마나 깊이 연루되었는지를 드러낼 뿐인 논의를 계속하기를 원치 않았던 것이다. 브이쉰스끼는 "우익과 뜨로츠끼파 블록"은 왜 쏘비에뜨 권력에 맞서 이러한 범죄적인 전투를 벌이고 있었는가 하는 문제로 넘어갔다.

---

113) *ibid.*, pp. 373-375.

부하린: ... 저는 책임을 져야 할 범인으로서 프롤레타리아 국가의 재판관 앞에 서 있는 피고입니다. ... 재판관과 우리나라의 여론은, 다른 나라 진보적인 사람들의 여론과 마찬가지로, 사람들이 어떻게 그런 구렁텅이에 빠졌는지, 어떻게 우리 모두가 과격한 반(反)혁명주의자, 즉 사회주의 조국에 대한 반역자들이 되었는지, 그리고 어떻게 우리가 간첩, 테러리스트 그리고 자본주의 수복자들이 되었는지, 그리고, 마지막으로는, "우익과 뜨로츠끼파 블록"의 의도와 정치적 관점이 무엇이었는지를 판단할 수 있을 것입니다. 우리는 배신과 범죄, 반역에 나섰습니다. 그러나 무엇을 위하여 우리가 이런 일에 나섰습니까? 우리는 폭도가 되었고, 테러 집단들을 조직했으며, 파괴활동에 몰두했고, 스딸린의 영웅적인 지도부를, 즉 프롤레타리아트의 쏘련 정부를 전복시키길 원했습니다.[*]

...

브이쉰스끼: 피고 부하린은 말해 보십시오. 당신의 반쏘 활동은 실제로 모두 어떤 형태를 취하고 있습니까?

부하린: 저의 프로그램을 실제적으로 정식화하자면 그것은, 경제 영역에서는, 국가 자본주의, 부유한 개인농, 집단농장의 억제, 해외 이권, 독점적 대외무역의 폐지가 될 것이고, 그 결과 자본주의의 복구가 될 것입니다.

브이쉰스끼: 당신의 목표들은 결국 어떻게 되었습니까? 전반적으로 어떤 예상을 하였습니까?

부하린: 많은 이들이 자본주의를 원할 것이라고 예상을 했습

---

* [역주] 스웨덴어판에는 "우리 모두는 지독한 반혁명주의자가 되었으며, 사회주의의 조국을 저버렸습니다. 우리는 간첩, 테러리스트가 되었고, 자본주의를 되살리고자 했습니다. 우리는 폭도가 되어 조직적인 테러 집단으로 변모했으며, 파괴공작을 저질렀습니다. 우리는 프롤레타리아의 쏘련 정부를 전복시키고자 했습니다"로 되어 있다.

니다.
 브이쉰스끼: 그리고 어떤 일이 일어났습니까?
 부하린: 실제로 일어난 것은 아주 달랐습니다.
 브이쉰스끼: 실제로 일어난 것은 사회주의의 완전한 승리였습니다.
 부하린: 예, 사회주의의 완전한 승리였습니다.
 브이쉰스끼: 그리고 당신의 예측은 완전히 빗나갔습니다.
 부하린: 예, 우리의 예측은 완전히 빗나갔습니다.[114]

1918년, 레닌, 스딸린, 스베르들로프를 노린 음모

 부하린을 심문하는 중에 그에 대한 새로운 고발이 제기되었는데, 그것은, 브이쉰스끼 검사가 말한 것처럼, 시효를 고려해야 하는 법정 앞에서가 아니라 시효도 사면도 존재하지 않는 역사의 법정 앞에서, 유죄를 요구하는 것이었다. 이 사건은 제1차 세계 대전 종전 무렵 브레스뜨(Brest)에서 독일과 강화협정을 맺을 즈음인 1918년에 발생한 사건들과 연관이 있었다. 브이쉰스끼 검사는 심문 중에 이들 사건을 제시하며, 부하린에게 그가 레닌을 체포하는 것에 찬성했는지 여부를 물었다. 부하린은 다소 주저하더니 "처음에는 24시간 동안 그를 감금하자는 의견이 제시되었습니다"라고 답변했다. 브이쉰스끼는 계속 심문을 이어갔다.

---

[114] *ibid*., p. 379. [역주 — 부하린의 이 마지막 발언은 스웨덴어판에는 "부하린: 실제로는 사회주의의 완전한 승리였으며, 제 예상은 완전히 빗나갔습니다"로 되어 있다.]

브이쉰스끼: 그리고 묻건대, 당신은 1918년에 스딸린 동지를 체포할 계획을 세웠습니까?

부하린: 스딸린만 아니라 레닌과 스딸린, 스베르들로프(Sverdlov)를 체포할 계획이 있었습니다.

브이쉰스끼: 그리고 스딸린과 레닌, 스베르들로프 동지들을 암살할 계획이 있었습니까?

부하린: 어떠한 경우에도 그런 일은 없었습니다.[115]

그러자 브이쉰스끼 검사는 야꼬블레바(Yakovleva)와 오신스끼(Ossinsky), 만쩨프(Mantsev) 및 까렐린(Karelin)과 깜꼬프(Kamkov)를 증인으로 부를 것을 재판부에 요청했다. 앞의 세 사람, 즉 야꼬블레바와 오신스끼, 만쩨프는 1918년부터 소위 좌익공산주의자들(leftist Communists)이라던 부하린파의 적극적 활동가들이었고, 뒤 두 사람, 즉 까렐린과 깜꼬프는 '좌익'-사회혁명당("leftists"-Social revolutionaries) 중앙위원회의 전위원이었다. 브이쉰스끼 검사에 따르면, 1918년의 음모는 브레스뜨에서의 강화협정을 저지하기 위하여 부하린의 '좌익 공산주의자들'과 '좌익'-사회혁명당, 뜨로쯔끼파가 벌인 일이었다. 독일과의 협상을 담당하고 있던 뜨로쯔끼는 강화협정에 서명하기를 거부하고, "전쟁도 평화도 아닌, 전 세계 자본가계급에 대한 성전(聖戰)"이라는 이론을 선언했다. 이때는 장기간의 끔찍한 제1차 세계 대전 후, 짜르 군대는 전멸하고 붉은 군대도 없었기 때문에 전쟁을 계속해 봐야 승리할 가능성이 조금도 없던 시기였다.

---

115) *ibid.*, pp. 377-378.

쿠데타 계획

뜨로츠끼가 강화조약의 서명을 거부한 결과 독일은 거의 아무런 방해도 받지 않고 계속 러시아로 진격해 들어왔다. 레닌은 중앙위원회에서의 논쟁 끝에 가까스로 뜨로츠끼와 부하린을 고립시키고, 강화조약에 동의하도록 중앙위원회를 설득했다. 그러나 반대파는 이 결정, 즉 레닌의 정책을 받아들이려 하지 않고, 대신에 쿠데타를 준비하였다. 중앙위원회는 레닌의 제안을 반대하기 위한 무언가가 비밀스레 도모되고 있다는 것은 알았으나 당시에는 반대파의 음모를 추적할 여유가 없었다. 우익과 뜨로츠끼파 본부에 대한 법정심문에서 마침내 그 전모가 드러났다. 브이쉰스끼는 공소시효가 지났음에도 불구하고 이 미해결의 사건을 제소하기로 했다.*

모든 증인들이 법정에서, 부하린파와 뜨로츠끼파 집단 및 좌익사회혁명당의 음모는 레닌과 스딸린, 스베르들로프의 체포뿐만 아니라 정부의 전복도 준비했다고 진술했다. 게다가 이들 집단은, 증인 야꼬블레바가 명확히 진술한 것처럼, "그리고 만약 투쟁이 더욱 격렬해진다면, 우리는 그들을 죽여 없애는 것도 망설여서는 안 된다"116)는 데에 동의했다. 이 음모의 선두에서 그것을 조직하고 선동한 주요 인물 중의 한 사람이 바로 부하린이었다. 부하린은 법정에서 이를 인정했으나, 체포한 사람들을 어떻게 처리할 것인가에 대해서는 아무것도 결정된 바가 없었다고 주장했다. 다음은, 1918년에 음모자들이 누구를

---

* [역주] 영역본에는 이 두 문장이 없다.
116) *ibid.*, p. 440.

체포하려 했는지를 브이쉰스끼가 물은 뒤에, 브이쉰스끼와 부하린 간에 오고 간 대화이다.

누구를 체포하기로 했는가?

부하린: 레닌과 스딸린, 스베르들로프였습니다.
브이쉰스끼: 역시 24시간 동안 말입니까?
부하린: 그때는 이 방침은 채택되지 않았습니다.
브이쉰스끼: 그리고 어떻게, 무엇을 위해서 그들을 체포하려 했습니까?
부하린: 새로운 정부를 구성하기 위해서였습니다.
브이쉰스끼: 체포한 이들을 어떻게 할 생각이었습니까?
부하린: 그들을 죽여 없앤다는 논의는 없었습니다.
브이쉰스끼: 그러나 그것을 배제한 것은 아니었지요?
부하린: 정반대로, 우리 모두는 어떤 대가를 치르더라도 이들의 안전을 지켜야 한다고 생각했습니다.
브이쉰스끼: 정부를 전복하고 체포하려 했을 때, 무력을 사용하려 하지 않았나요?
부하린: 예. [무력을 사용하려 했습니다.-역재]
브이쉰스끼: 체포를 할 때 폭력적인 방법이 사용될 것으로 예상했지요? 이는 사실입니까, 아닙니까?
부하린: 사실입니다.
브이쉰스끼: 그러나 폭력적인 방법이란 무엇을 의미합니까? 당신들은 그것을 세세히 결정했습니까?
부하린: 아닙니다, 세세한 결정은 내린 바 없습니다.
브이쉰스끼: 그렇다면 상황이 허락하고 요구하는 대로 행동

하기로 결정했습니까?

부하린: 바로 그렇게 결정했습니다.

브이쉰스끼: 그러나 상황이 결정적인 행동을 요구할지도 모르지요?

부하린: 예, 하지만 사실은 '좌익 공산주의자들'은 숙명론적인 관점을 취한 것이 아니라 단지 상황을 고려했을 뿐입니다. 이는 어떤 것이나 모든 것을 상황에 따라 결정한다는 것을 의미하지 않았습니다.

브이쉰스끼: 잠시 이견이 없는 것을 확인해 봅시다. 브레스뜨-리또쁘스끄(Brest-Litovsk) 평화협정 전에는 블라지미르 일리치 레닌을 체포하려는 논의가 있었고, 브레스뜨-리또프스끄 평화협정 후에는 레닌과 스딸린, 스베르들로프를 체포하고 폭력적으로 정부를 전복하려는 협의가 있었습니다. 맞습니까?

부하린: 대체로 맞습니다.

브이쉰스끼: 나아가서, 쏘련 정권의 폭력적 전복 및 레닌과 스딸린, 스베르들로프 동지들의 체포를 논의할 때 폭력적인 방법들이 실제로 논의되었지만, 어떤 것이 정확히 언급되지 않았습니까?

부하린: 그렇습니다. 논의된 전부는 어떤 대가를 치르더라도 그들의 안전은 보장되어야 한다는 것이었습니다.

브이쉰스끼: 야꼬블레바 증인, 이에 대해 하실 말씀은 무엇입니까? 부하린은 진실을 말하고 있습니까?

야꼬블레바: 저는 그가 '좌익' 사회혁명당과 교섭하던 자리에 참석했습니다.

브이쉰스끼: 그가 당신에게 뭐라고 말했습니까?

야꼬블레바: 그는 제게 그러한 가능성을 배제하지 않는다고 했습니다.

브이쉰스끼: 어떤 가능성 말입니까?

> 야꼬블레바: 죽여 없애는 것, 즉 암살 가능성이 배제되지 않았습니다.[117]

1918년에 부하린의 측근 동지 가운데 한 명인 증인 야꼬블레바는 사건의 전말과 논의된 것에 대해서 완전히 확고했다.

르이꼬프 심문

부하린과 르이꼬프, 똠스끼로 구성된 우익 조직의 본부 속에서도, 르이꼬프는 가장 실질적으로 활동을 조직한 사람이었다. 르이꼬프는 1928년에 쏘련 정부에 대한 지하 음모를 꾸몄다. 그가 야고다, 안찌뽀프(Antipov), 라주모프(Rasumov), 루만체프와 같은 당 고위 관리들을 반혁명 조직으로 포섭했는데, 그러나 그들은 자신들이 당내 우파의 지지자라고 공언하지는 않았다. 르이꼬프는 법정에서 자신과 자신의 가장 절친한 친구 (그 옆에 앉은) 부하린이 까프까즈와 시베리아에서 부농(Kulak) 봉기를 조직하는 데 얼마나 적극적이었나를 털어 놓았다. 그들이 거기에 우익 단체의 파괴분자들을 보냈던 것이다. 부하린은 법정에서 이러한 모든 일들을 인정할 수밖에 없었다. 르이꼬프와 부하린은 둘 다 1932년부터 그들의 반혁명 활동이 대역모로 바뀌었다고 자백하였다. 르이꼬프에 따르면,

---

117) *ibid.*, pp. 448-449.

제가 아는 한, 이미 1930년부터 테러리스트적인 풍조가 나타나기 시작했습니다.

그리고

대략 1932년에는 권력 장악을 위한 투쟁 방법으로서 폭력을 이용한다는 우리의 확고한 태도가 구체화되고, 실천에 옮겨졌습니다.[118]

그리고 르이꼬프는 이렇게 계속 말을 이어간다.

사회혁명당과 연합하여

르이꼬프: 노선이 채택되자 그에 상응하는 조직적·실천적 결론들이 곧바로 도출되었습니다. 즉, 많은 테러 집단들이 조직되었습니다. 저 자신도, 네스쩨로프(Nesterov)나 라진(Radin)과 같은 측근들 외에도, 수많은 사람들에게 테러 지령을 내렸습니다. 저는 또한 이들 지시를 민족주의적 단체에도 전달했습니다. 저는 범(凡)투르크 민족주의 단체들 및 벨라루씨 민족주의 단체들과 테러 문제를 논의하였고, 이윽고 널리 테러 노선이 채택되어 그에 상응하는 결론들이 도출되었습니다. 이 문제에 관해서는 이들 외에 다른 사람들과도 논의하였습니다. 나중에 네스쩨로프는 저의 지시에 따라 우랄 지역의 스베르들로프스끄(Sverdlovsk)에 테러 단체를 조직했다고 보고해 왔습니다. 그 후 1935년에 저는 모스끄바 우익 단체의 한 지도자

---

118) *ibid.*, pp. 169-170.

인 꼬또프(Kotov)와 테러 및 테러리스트에 대한 이야기를 나누었습니다. 1934년쯤에 저는 제 전 비서인 아르쩨멘꼬(Artemenko)에게 관용 차량들이 지나가는지 망을 보도록 지시했습니다.

우리 반혁명 단체의 다른 조직원도 비슷한 조치를 취했습니다. 하지만 우리는 결코 이런저런 정부 관리들을 죽여야 한다는 어떤 확실한 결정은 내리지 않았습니다. 우익 조직의 본부는 결코 그러한 결정을 내리지 않았습니다. 그러나 그 조직의 사업은, 테러를 준비하고 본부가 결정을 내리면 언제든지 그러한 결정을 실행으로 옮길 수 있는 상태로 테러리스트 요원을 유지하는 일로 이루어져 있었습니다. 이 시기에 부하린을 통해 사회혁명당의 쎄묘노프(Semyonov)와 테러리스트의 접속이 이루어지기도 했습니다. 저는 쎄묘노프와 개인적으로는 아는 관계가 아니었습니다. 부하린은 쎄묘노프를 통해 스딸린의 목숨을 노릴 준비를 하고 있다고 말했습니다.[119]

브이쉰스끼 검사는 이러한 최후 진술을 부하린에게 확인하고자 했다.

브이쉰스끼: 그러니까, 1932년에 당신과 쎄묘노프는 스딸린 동무와 까가노비치 동무의 목숨을 거둘 준비를 해야 한다고 한 적이 있습니까?
부하린: 저는 그래야 한다고 하지 않았습니다. 저는 어떤 일이 일어났었는지 이야기하고 있는 중입니다.
브이쉰스끼: 제 말은 당신이 1932년에 이에 대해, 즉 스딸린과 까가노비치 동무의 목숨을 거두려는 준비가 진행 중이라는

---

119) *ibid.*, p. 170.

얘기를 했다는 것입니다.

부하린: 당신이 그렇게 규정한다면, 그것은 그것이 무척 구체적이었다는 뜻이군요.

브이쉰스끼: 아주 구체적입니다.

부하린: 그 당시 우리는 당의 간부들을 대상으로 한 테러 활동에 대하여 얘기하였습니다.

브이쉰스끼: 그것은 단지 이론상의 얘기였습니까?

부하린: 아닙니다. 집단을 조직하는 것은 단지 이론상의 얘기가 아닙니다.

브이쉰스끼: 무엇에 관하여 얘기했습니까?

부하린: 우리는 테러 계획에 대해서 얘기했고, 정치국원들을 대상으로 이 계획들을 실행할 준비 조직에 대하여 얘기했습니다.

브이쉰스끼: 누구를 포함해서입니까?

부하린: 스딸린과 까가노비치를 포함해서입니다.

브이쉰스끼: 그것은 그렇다면 구체적이었군요.

부하린: 아주 구체적이었습니다. 저는 실제로 일어난 일을 정확히 파악하고 말하고자 하였습니다.

브이쉰스끼: 피고 부하린이 예비 신문 중에 진술한 내용을 낭독할 수 있도록 허락해 주실 것을 재판부에 요청합니다.

재판장: 허락합니다.

브이쉰스끼: 105페이지에서 106페이지입니다. 12월 1일에 연방 검사가 당신을 심문했을 때, 당신, 피고 부하린은 다음과 같이 진술했습니다. "저는 진실을 말하고자 합니다. 그리고 명확히 밝히건대, 저는 이 제안(이는 앞에서 언급한 쎄묘노프의 제안을 가리킨다)을 본부의 회의에 보고했으며, 우리는 쎄묘노프에게 테러 집단들을 조직하도록 지시하기로 결정했습니다."

부하린: 예.

브이쉰스끼: 이것이 맞습니까?

부하린: 맞습니다.

브이쉰스끼: 이것은 정확히 1932년의 일입니까?

부하린: 틀림없습니다.

브이쉰스끼: 그리하여, 1932년에 당신은 우익 조직 본부의 결정에 따라 쎄묘노프에게 테러 집단을 조직하라고 지시했습니다. 그렇습니까, 아닙니까?

부하린: 그렇습니다.

브이쉰스끼: 왜 당신은 그에게 테러 집단을 조직하라고 지시했습니까?

부하린: 테러 행위를 벌이기 위해서였습니다.

브이쉰스끼: 누구를 대상으로 말입니까?

부하린: 정치국원들을 대상으로였습니다.

브이쉰스끼: 누구를 포함해서였습니까?

부하린: 스딸린을 포함해서였습니다.[120]

르이꼬프를 심문하는 중에 나찌와의 협력 문제가 제기되었다.

르이꼬프: 반혁명 투쟁을 고집하는 사람들은, 우리가 1933년 이후에 채택했던 수단과 방법들, 동맹자들에 호소했습니다. 이는 '본부'의 독일 파시스트들과의 커넥션을 의미합니다. 이것은 매우 중죄이기 때문에 자연히 우리는 그리고 저 개인적으로도 이 질문에 대해 조심스럽게 진술하고자 했습니다. 우리는, 본부에서 사전에 이들 커넥션에 대해 논의하지 않은 것처럼 보이도록 상황을 묘사했습니다. 실제 상황은 똠스끼가 주도했습니다. 부하린과 저는 나중에야 그에 대하여 전해 들었

---

120) *ibid.*, pp. 173-174.

습니다. 하지만 이 모든 것은 단지 형식적인 점들일 뿐입니다. 왜냐하면, 저와 부하린을 포함하여 우리 모두는 한순간도 주저함이 없이 똠스끼가 옳다고 확신했으며, 만약 그가 우리에게 물었더라면, 우리는 그렇게 하는 것이 적절하다고 대답했을 것이기 때문입니다.[121]

접선 본부

검사 브이쉰스끼가 르이꼬프에게 던진 또 다른 매우 중요한 질문은 소위 접선 본부로 불리는 연합음모블록을 구성한 사람들이 누구인가였다.

브이쉰스끼: 당신은 이 블록이 우익들을 포함하고 있다고 했습니다. 그 이외에 누가 이 조직에 포함되어 있었습니까?
르이꼬프: 우익세력과 뜨로츠끼파, 지노비예프파입니다.

브이쉰스끼 검사는 피고 끄레스쩬스끼에게서 이 질문에 대한 확답을 듣고자 했다.*

브이쉰스끼: 피고 끄레스쩬스끼, 당신은 뜨로츠끼파가 우리가 지금 이야기하고 있는 '우익과 뜨로츠끼파 블록'에 속해 있었다는 것을 알고 있습니까?
끄레스쩬스끼: 1935년 2월에 빠따꼬프가 이에 대해 제게 말해

---

121) *ibid.*, p. 178.
* [역주] 영역본에는 이 문장이 생략표(...)로 처리되어 있다.

주었을 때, 저는 우익과 뜨로츠끼파, 군인들을 하나로 묶는 어떤 조직이 결성되었으며, 그 조직은 군사 쿠데타를 준비하는 것을 그 목표로 삼고 있다는 것을 알게 되었습니다. 그리고 지도적 본부에는 우익의 르이꼬프와 부하린, 루드주따끄(Rudzutak), 야고다, 군부의 뚜하체프스끼와 가마르니끄, 그리고 뜨로츠끼파의 빠따꼬프가 포함되어 있다는 사실도 알게 되었습니다.

...

브이쉰스끼: 당신도 이 본부의 구성원이었습니까?

끄레스쩐스끼: 1937년에 많은 사람들이 체포된 후에는 뜨로츠끼파로부터는 로젠골쯔와 저, 우익으로부터는 루드주따끄와 야고다, 그리고 군부로부터는 뚜하체프스끼와 가마르니끄가 이 본부를 구성하고 있었습니다.[122]

뚜하체프스끼와의 결탁

계속 이어진 심문 속에서 르이꼬프는 군부와의 동맹을 확인했고, 또한 "전쟁 상황을 이용해 정부를 전복시키려던" 뚜하체프스끼의 군부 집단에 대해서도 얘기했다. 독일과 "전쟁을 시작하고" 그 패배를 이용하여 국가 권력을 장악한다는 "발상"이었다. 르이꼬프는 또한 그 본부에서는 벨라루씨를 떼어 내 폴란드의 보호령으로 삼게 할 수도 있다는 계획도 논의되었다고 했다.

브이쉰스끼 검사는 부하린에게 어느 부대로 전쟁을 시작하

---

122) *ibid.*, p. 181.

려 했는지 물었다. 그들은 "제가 착각하고 있지 않다면, 뚜하체프스끼와 꼬르끄, 그리고 또 뜨로츠끼파 군대"였다고 부하린은 대답했다. 브이쉰스끼의 질문에 끄레스쩬스끼는, 뚜하체프스끼는 "그중에서도 특히, 야끼르와 우보레비치, 꼬르끄, 아이데만"[123]에게 기대고 있다는 사실을 그를 통해 알게 되었다고 설명했다. 르이꼬프를 심문하는 도중에 재판장 울리히가 개입하여 공산당 조직들 내부에 첩자들이 있었는지를 물었다. 폴란드의 군 참모들과 협력하는 벨라루씨의 우익 조직이 외국의 공산당 조직들 속에 첩자로 스며든 것은 사실이라고 르이꼬프는 확인했다.

재판과정에서 이루어진 모든 심문을 통해서, 우익에 의해 조직되고 있던 반역의 실태를 더욱 명확히 알 수 있다. 이들 반역자 모두가 당시 쏘련 사회의 지도적 인물이었음을 상기해야 할 것이다. 그들은 정치적 패배를 인정하지 않았고, 오히려 반혁명의 편으로 돌아서서 사회주의와 싸웠다. 르이꼬프 자신도 한때 인민위원회 의장, 즉 쏘련의 총리였다.

야고다와 막심 고리끼 암살

보안경찰인 연방국가정치보안부(OGPU)의 전임 의장 야고다에 대한 심문에서는 끔찍한 범죄가 드러났다. 야고다는 친밀

---

123) *ibid.*, pp. 186-188.

한 관계였던 르이꼬프를 통하여 1928년에 부하린과 르이꼬프의 비밀 우익 조직에 가입했다. 그 당시 야고다는 보안경찰 OGPU(내무인민위원회의 전신)의 부의장이었고, 그런 연유로 그는 특히 우익 조직이 발각되거나 체포되지 않도록 보호할 수 있었고, 심지어는 우익 조직의 인물들을 지도적인 지위에 임명할 수도 있었다. 야고다는 이러한 여건을 최대한 활용했다. 야고다는, 그의 휘하의 파견부대뿐 아니라 끄렘린 수비대의 수장으로서의 자신의 지위를 통해서, 계획 중인 쿠데타의 핵심 인물이 되었다.

우익 조직의 다른 사람들과 마찬가지로, 르이꼬프는 자신이 파괴행위와 간첩행위를 저질렀고, 쏘련 정권을 무너뜨리고 자본주의를 복귀시키려 했다고 자백했다. 야고다는 또한 자신은 거액의 돈을 훔쳐 그것을 뜨로츠끼로 하여금 임의로 사용하게 했고, 끼로프 암살을 모의했던 공범이었다고도 자백했다. 야고다의 경우가 다른 모든 사람들의 사례와 다른 것은 그의 지휘 하에 시도되고 실행된 살인의 유형이다. 야고다는 자신의 권력을 이용하여, 많은 의사들과 다른 사람들로 하여금 범죄를 저지르고, 막심 고리끼와 그의 아들 막심 뻬쉬꼬프, 정치국원 꾸이브이쉐프, 그리고 자신의 직속상관인 OGPU 의장 멘줸스끼를 살해하도록 강요했다. 암살을 실행한 의사들은 고리끼의 주치의인 레빈(Levin)과 레빈의 조수 쁠레뜨뇨프(Pletnev), 멘줸스끼의 주치의 까자꼬프(Kazakov), 그리고 재판 초기에 자연사한 레빈의 또 다른 조수 비노그라도프(Vinogradov)였다. 야고다의 비서 블라노프와 고리끼의 비서 끄류치꼬프(Kryuchkov), 꾸이브이쉐프의 비서 막시모프(Maximov)도 이들 암살에 연루되어 있었다.

뜨로츠끼 대 고리끼

본래 고리끼를 위협한 것은 뜨로츠끼였다. 고리끼는 뜨로츠끼를 정치적인 모험가로 분류하고 그와의 관계를 강하게 끊었다. 뜨로츠끼는 쏘련 정부에 맞선 투쟁에 고리끼의 동의을 얻을 수 있는 가능성이 전무했다. 고리끼는 사회주의 건설을 강하게 지지하였고, 스딸린과 친밀한 관계를 유지했다. 여러 반역자들이 고리끼를 만나서 그의 동의를 구하고자 했지만, 어느 누구도 이러한 상황을 바꿀 수가 없었다. 지노비예프뿐만 아니라 까메네프와 똠스끼도 시도해 보았지만 소용이 없었다. 고리끼는 반혁명에 위협적인 존재였다. 그는 유럽의 많은 국가들의 지식인들과 매우 긴밀한 관계를 유지하고 있었고, 쿠데타가 일어나면 자신의 영향력을 이용하여 반혁명분자들을 비난할 터였다. 바로 그 때문에, 우익과 뜨로츠끼파 본부는 고리끼를 죽이기로 결정했다. 그것은 뜨로츠끼의 요구였다.

법정에서 고리끼의 비서 끄류치꼬프는, 자신은 야고다로부터 고리끼의 아들 막심 뻬쉬꼬프를 죽여 고리끼를 절망에 빠진 무해한 노인으로 만들라는 임무를 받았다고 진술했다. 야고다는 끄류치꼬프가 고리끼의 상속인이 될 기회가 생긴다는 미끼로 그를 꼬드겼다. 그것이 첫 단계였다. 끄류치꼬프는 뻬쉬꼬프를 부추겨 야고다에게 받은 와인을 밤낮으로 마시게 했다. 점차 몸이 허약해져 병에 걸리게 되었다. 이로써 의사인 레빈과 비노그라도프가 뻬쉬꼬프를 진찰하고 약을 처방할 수 있게 되었는데, 그 약들이 그의 병세를 악화시켜 마침내 1934년 5월에 그를 죽게 했다. 고리끼는 비탄에 잠겼지만, 계속 적극적으로 혁명과 사회주의를 옹호했다. 끄류치꼬프의 다음 임무는 의사들이 고리끼에게 약을 처방할 이유가 생기도록 지켜보며 고리끼의 건강을 잠식하는 것이었다.

막심 고리끼는 젊었을 때부터 만성적인 결핵을 앓고 있었다. 야고다가 끄류치꼬프에 내린 다음 지시는 고리끼가 감기에 걸리도록 하는 것이었다. 여러 번의 실패 끝에 고리끼가 병에 걸리게 만들 기회가 찾아왔다. 야고다의 지시대로 끄류치꼬프는, 비가 내리는 어느 추운 날에 쩨쎌리(Tesseli)의 끄리미아(Crimea)에서 휴가를 보내던 고리끼를 뻬쉬꼬프의 미망인과 고리끼의 손자가 있는 모스끄바의 집으로 돌아오게 했다. 손자는 독감을 앓고 있었고, 그를 무척 사랑하던 고리끼도 곧 전염되었다. 고리끼는 1936년 5월 31일에 앓아누웠다. 마침내 의사 레빈과 쁠레뜨뇨프가 행동할 기회를 잡은 것이다. 엉뚱한 치료로 고리끼의 병은 폐렴으로 전이되었다. 의사들은 법정에서 자신들이 고리끼에게 가한 치료에 대해서 회한에 찬 진술을 했다. 그가 병석에 누운 지 불과 수주 만에 그들의 음모는 성공을 거두었다. 고리끼는 1936년 6월 18일에 숨졌다.

더 많은 암살

막심 고리끼와 그의 아들 막심 뻬쉬꼬프만이 의사들을 이용한 야고다와 부하린, 르이꼬프의 음모의 희생자가 아니었다. 정치국원 꾸이브이쉐프와 OGPU 의장 멘쥔스끼도 이 음모의 희생자들이었다. 혼란과 간부 부족을 야기하기 위해서 우익본부는 야고다가 중앙위원회의 지도적 인물들을 가능한 한 많이 죽이길 원했다. 멘쥔스끼의 경우는, 그가 죽음으로써 야고다가 OGPU의 의장으로 승진한다는 점이 중요했다. 심장이 약했던 멘쥔스끼는 심장운동에 해를 끼치는 약을 복용하고 숨졌다. 그는 1934년 5월 10일 고리끼의 아들 뻬쉬꼬프에 앞서 죽었다. 이 치료법은 의사 레빈과 까자꼬프에 의한 것이었다.

정치국원 꾸이브이쉐프의 암살은 의사 레빈과 쁠레뜨뇨프, 그리고 꾸이브이쉐프의 비서 막시모프에 의해 조직되었다. 꾸이브이쉐프에게 심장병은 고의적으로 무시되었다. 의사들은 그에게 엉뚱한 약을 투여했다. 막시모프에게는 "격렬한 병증, 즉 심장 발작이 일어나는 경우, 서둘러 의사를 부르지 말고, 만일 의사를 불러야 한다면, 그를 치료하던 의사들만을", 즉 레빈과 쁠레뜨뇨프만을 "부르라"[124]는 임무가 부여되었다.

평소처럼 집무실에서 일하고 있던 어느 날, 꾸이브이쉐프는 통증을 느끼며 매우 창백해졌다. 막시모프는 기회가 찾아왔음을 깨달았다. 막시모프는 의사를 부르지 않았고 꾸이브이쉐프는 집까지 걸어가 3층까지 계단을 올라가야 했다. 그 결과 그

---

124) *ibid.*, p. 612.

는 집에 도착한 직후 심장 발작으로 숨졌다. 정치국원인 꾸이브이쉐프는 제1차 및 제2차 5개년 계획의 배후에서 활약한 가장 중요한 인물 중 한 명이었다. 몰로또프와 더불어 그는 제1차 5개년 계획을 총괄하고 제2차 계획을 제안한 1932년 쏘련공산당(CPSU)의 제17차 대회의 연사 중의 한 사람이었다.

부하린-르이꼬프 반역 재판, 요약

부하린-르이꼬프 반역 재판의 모든 피고인들은 재판부 앞에서 자신들의 범죄 행위들을 자백했고, 모든 것이 어떻게 합의되었고 실행되었는지 말했다. 21명의 피고인들이 전적으로 자유롭게 자신들의 사건을 인정하고 심지어 자신들의 유죄를 부인하기도 했던 그 재판에서는 수천 가지의 사실이 밝혀졌다. 사건들의 전말에 대한 새로운 자료들이 제시되기도 했고, 어떤 피고들은 자신이 음모를 꾸민 주요 인물들에 의해 오도되었음을 느끼고 일어나 이를 명확히 밝히기도 했다. 재판이 끝나갈 무렵 부하린이 자신을 변론하면서 자신이 "르이꼬프와 동등한, 간첩활동의 주요 조직자 중 한 사람임"을 부인하자, 샤란고비치가 이렇게 힐난하며 제지하고 나섰다.

> 평생 동안 단 한 번이라도 거짓말을 하지 마시오! 당신은 지금 법정에서도 거짓말을 하고 있소.[125]

---

125) *ibid.*, p. 770.

모범적인 검사

쏘련의 최고위 연방 검사 브이쉰스끼는 허위 주장을 그칠 줄 모르는 부르주아 언론의 중상모략에 시달려 왔다. 경찰의 앞잡이 콘퀘스트에서부터 스웨덴의 그 비슷한 자들에 이르기까지 역사의 모든 위조자들은 그 재판에서의 브이쉰스끼의 역할과 행동에 관하여 수많은 공상소설을 써 댔다. 그러나 진실은 그것과는 완전히 달랐다. 법정의 속기록을 읽어 보면 이를 쉽게 알 수 있다. 브이쉰스끼 검사는 강력한 증거를 제시했고, 그 때문에 피고인들은 진실을 얘기하는 수밖에는 다른 어떤 여지도 거의 없었다. 바로 이것이 역사의 위조자들을 완전히 미치게 만들고 있다. 브이쉰스끼는 사건을 완전히 파악하고 있었고 어떤 것도 빠뜨리지 않았다. 그는 피고인들로 하여금 자신들이 연루된 것들을 실토하지 않을 수 없게 하였고, 세세한 내용을 전부 드러내게 하였다. 재판이 진행되는 동안 내내 브이쉰스끼 검사는 피고인들에게 정중한 태도를 취했다. 브이쉰스끼는 검사로서의 자신의 직무를 모범적으로 수행했고, 피고인들의 설명으로부터 정확한 결론을 이끌어 냈다. 그는 저 유명한 말로 그의 논고(論告)를 마쳤는데, 그 말은 지금까지도 부르주아 언론에 의해 빈번하게 위조되고 있다.

> 남녀노소 할 것 없이 우리나라 전체가 한 가지를 기다리고 있고 요구하고 있습니다. — 우리나라를 적에게 팔고 있던 반역자들과 첩자들은 더러운 개들처럼 총살되어야 한다![126)

법정은 피고인들 중 18명(부하린, 르이꼬프, 야고다, 끄레스찐스끼, 로젠골쯔, 이바노프, 체르노프, 그린꼬, 젤렌스끼, 이끄라모프, 호쟈예프, 막시모프-지꼬프스끼 그리고 끄류치꼬프)*에게 법정 최고형, 즉 사형과 모든 개인재산의 몰수를 선고했다. 나머지 세 사람에게는 그들의 모든 개인적 재산을 몰수하고 징역형(쁠레뜨뇨프 25년, 라꼬프스끼 20년, 베쏘노프 15년)과 만기 후 5년간의 시민권 제한을 선고했다.

러시아의 매국노들은 자본주의의 영웅들이다

그 재판의 속기록을 읽어보면, 이것이야말로 반역자들과 간첩들, 살인자들에 대한 아주 정당한 판결이었다는 것을 쉽게 이해할 수 있다. 일부 저술가들은 사형을, 즉 18명이 사형을 선고받았다는 사실을 비난한다. 오늘날 사형은 인간 사회의 구시대의 유물이다.** 그러나 60년보다도 더 전에는 사형은 전

---

126) *ibid.*, p. 697.
* [역주] 스웨덴어 원본이나 영역본 등 모두에 사형이 선고된 18명 중 샤란고비치, 주바레프, 불라노프, 레빈, 까자꼬프의 이름이 빠져 있다.
** [역주] 그러나 오늘날에도 많은 나라에서, 그리고 특히 미국의 많은 주에서도 사형이 집행되고 있으며, 사형 폐지 반대론자들의 대부분은 보수주의자들이다. "앰네스티에 따르면, 전 세계 3분의 2 정도의 나라에서 사형제가 폐지됐고, 유럽에서는 단 한 나라도 사형을 집행하고 있지 않다. 미국에서는 현재 16개주가 사형제 폐지를 선언했으나, 남부와 서부를 중심으로 34개주에선 사형제가 실시되고 있다. 지난해 10월 갤럽 조사에서도 미국인의 64%가 사형제를 지지했다."(권태호 특파원, "데이비스가 재점화한 '사형제 폐지'", ≪한겨레≫, 2011. 9. 24.)

세계적으로 대역죄에 적용되는 통상적인 형벌이었다. 그러나 이와 관련하여 사형은, 역사의 위조자들이 제기하는 진정한 문제가 아니라, 단지 오늘날 사람들로 하여금 1930년대의 그 재판들을 비난하게 하려는 구실일 뿐이다. 쏘련을 비판하는 사람들이 실제로 제기하는 문제는, 그 재판은 광대극이었으며, 정부 반대파를, 즉 그 비판가들에 따르면 일단의 사상가들, 철학가들, 시인들, 세계 개혁가들 등이었던 반대파를 제거하는 것이 그 재판의 목표였다는 것이다.

그것이 바로 스웨덴의 작가 알마르크나 스코테, 엥글룬드가 자신들의 책들과 잡지들에 쓰는 내용이다. 그러나 이러한 역사 위조자들의 영웅은, 쏘련의 국가 권력을 잡기 위해 나찌 독일이나 파쇼 일본과 동맹했던 최악의 범죄자들 집단이다. 알마르크나 스코테, 엥글룬드가 영웅시해 왔고 스웨덴의 학교에서 학생들에게 모범으로 제시하고자 하는 것은 바로 그들 나찌와 파쇼의 동맹자들이다. 그들은 막심 고리끼와 끼로프를 죽인 살인자들이며, 올로프 팔메(Olof Palme)*를 살해한 자들과 같은 급의 인물들이다. 그들은 문화혁명을 저지하기 위하여 종이 공급을 방해하여 쏘련의 학생들에게 공책을 공급하는 것을 불가능하게 만든 인물들이다. 그들은 공장과 광산, 기차들을 파괴한 자들이고, 또한 버터에 못과 유리를 넣어 인민의

---

* [역주] 올로프 팔메(Sven Olof Joachim Palme, 1927-1986). 스웨덴의 사회민주당의 정치가. 1969-76년, 1982-86년까지 두 차례에 걸쳐 총리직을 역임했고, 미국 존슨 정권의 베트남 침략 전쟁을 강력히 비판하고, 핵 확산 방지운동을 전개했으며, 아프리카와 팔레스타인을 지원하는 등 진보적인 행보를 보였는데, 1986년 2월 28일에 암살되었다.

목구멍과 위장을 갈기갈기 찢어지게 만든다든지, 가축 역병을 퍼뜨려 수만 마리의 말과 가축을 죽이는 등 수천 명의 노동자들을 주저 없이 살해한 자들이다. 러시아의 매국노들이자 나찌의 협력자들인 그들이 바로 자본주의 대중 매체의 우상이자 스웨덴 우익의 영웅들이다.

부하린-르이꼬프 재판에 대한
모스끄바 주재 스웨덴 대사관의 보고

오늘날 부르주아는 1938년 3월 모스끄바에서 유죄판결을 받은 자들에 대하여 호의적이고 찬양 일변도이지만, 그 당시 모스끄바 주재 스웨덴 대사관이 스웨덴 외무부에 보낸 보고서의 태도는 전혀 달랐다. 그리고 우리는 여기서 스웨덴 외무부와 대사관들은 언제나 우익들이, 즉 스웨덴 부르주아 계급 상류층 출신의 사람들이 그 자리들을 차지해 오고 있다는 사실을 잊어서는 안 된다. 대사관 측은 스웨덴 외무부에 보내는 서신에서, 유죄판결을 받은 사람들은 정말로 쏘련 정부를 전복하고 국가권력을 장악하려는 음모에 연루되어 있었다고 보고했다.

발신: 스웨덴 대사관
최근의 뜨로츠끼 재판에서 드러난 사항
모스끄바, 1938년 3월 30일
기밀
수신: 외무부 장관 각하

최근 종결된 '우익과 뜨로츠끼파 블록'에 대한 재판의 피고인들이 기소된 범죄에 어느 정도까지 유죄인지는 아직 한 번도 완전히는 조사되지 않았습니다. 세계적으로도 진실을 듣기가 어렵지만, 이는, 객관적인 것은 언제나 거의 전해지지 않고, 설혹 진실이 전해지더라도 짓밟혀 온 러시아에 대해서 특히 해당되는 얘기입니다. 사실에 관한 논의가 여기에 있는 외국인들 사회에서 현재 아직 진행 중입니다만, 의견은 일정한 방향으로 굳어가고 있는 듯합니다. 스물한 명의 고참 혁명가들에 대한 기소에 간여해 온 많은 사람들이 그 기소는, 그런 일들이 일어날 것 같지도 않고 또한 많은 면에서 증거가 일관되지 않음에도 불구하고, 지금 유죄 판결을 받은 저들이 당국자들을 제거하려고 결심했고, 기회가 닿는 대로 집권자들을 제거하려는 강한 의지에 차 있었으며, 그들이 자신들의 목표를 실현하기 위한 예비적 조치들을 취해 왔다는, 중요한 핵심적 진실을 담고 있다는 것을 인정하지 않을 수 없게 되었습니다.[127]

또한, 수백만 명이 숙청되고 사형을 선고받음으로써 혼돈상태에 있다고 묘사되어 왔고 묘사되고 있던, 모스끄바 재판 이후 쏘련의 일반적인 분위기와 관련하여 대사관은 그와는 다른 모습을 전해 주고 있다.

발신: 스웨덴 대사관
테러리스트 숙청에 대하여.
모스끄바, 1938년 7월 14일

---

[127] "Correspondence from the Swedish Embassy in Moscow to the Swedish Department of Foreign Affairs in Stockholm", *Riksarkivet*, Stockholm.

기밀
수신: 외무부 샌들러(Sandler) 장관

  지금 쏘련에서 흘러나와 외국 언론에 확산되기 시작한 테러에 관한 충격적인 이야기들은 어쩌면 한여름의 무더위와 어떤 관계가 있을지도 모르겠습니다. 지난 20년 동안 언제나 그랬던 것처럼, 확실히 지금 쏘련으로부터는 이례적인 얘기들이 너무 많이 흘러나오고 있지만, 그러나 분명한 것은 만약 그 얘기들이 정체불명의, 일정한 의도를 가진 상상에 의해서 장식되지 않고 사실 그대로 표현된다면 그것들은 또 다른 모습을 띠리라는 것입니다. 모스끄바 발 외국 언론의 보도들에 관해서는, 아주 작은 핵심적인 진실에 언론의 강한 선정성이 더해져 있어서, 그 주요 내용은 필시 대부분의 경우 오해이거나 반쏘 경향의 사람들이 가진 강한 정치적 성향과 결합된 적극적인 공상의 산물이라고 하지 않으면 안 됩니다.[128]

  일부 "명백한 사례들"을 충분히 검토한 후에, 그리고 "부적합한" 인물들과 "평범한 지위"를 가진 사람들에 대해서, 즉 "평균에 미치지 못하거나" "인민위원회에서 감옥으로 보내진" 부패한 인민위원과 같은 사람들에 대해서 얘기한 후에 대사는 계속해서 숙청의 원인에 대해 얘기하고 있다. 보고에 따르면, 정권의 반대파들이 숙청을 당했지만("실제로는 그 수는 상대적으로 극히 적다"), 숙청된 사람들의 대부분은 현저하게 권력을 남용했거나 난잡하고 무능하여 수준 이하이고 유해한 것으로 드러난 사람들이다. 쏘련 정부는 노동 계급 출신으로 행정에

---

128) *ibid.*

새로운 활기를 불어넣고자 열망했고, 그것이 사실상 이루어졌
다. 그리고 스웨덴 대사관의 보고서도, "여기서 실제로 일어나
는 일들은, 그것들을 해체나 타락의 징후로 볼 수 없고, 또 그
렇게 보아서도 안 되며, 거꾸로 사회주의의 강화의 징후로 보
아야 한다"고 확인하고 있다. 여기에 우리는 매우 중요한 사
실 하나를 더 덧붙여야 할 것이다. 오스트리아 침공으로 전쟁
은 이미 시작되고 있었고, 나찌는 곧 쏘련을 침공할 터였다.
이러한 상황에서 정부는 민간의, 그리고 군사적, 경제적 행정
기관들을 신뢰할 수 있어야 했다. 대사의 보고서는 계속된다.

그러나 쏘련에 유행한다는 테러의 중요한 측면은, 그 이유를
우리가 거듭 상기시켜 온 것처럼, 결코 단지 이들 고위직의
몰락에 있지 않습니다. 이들 고위직의 몰락은 외부의 관찰자
들에게는 당연히 보다 놀라운 구경거리겠지만, 실제로는 수적
으로 극소수이고 주로 그 사회의 극소수 집단을 대표하고 있
을 뿐입니다. 중요한 것은 1935년 이래 민간과 군부, 경제 등
모든 행정 부문과 사회의 모든 층에서 다양한 기세로 전개 중
인 대중적 숙청입니다. 전례가 없는 이 숙청 과정은 부패나
권력 남용 혹은 무능력으로 인해 수준 이하이자 유해한 것으
로 판명된 사람들을 가능한 한 철저히 숙청하려는 것이고, 또
한 현 정부에 대항하는 사람들을 제거하려는 것인데, 그 최고
위직의 인물들은 바로 이 대항자 집단에 속해 있었고, 바로
그 때문에 가장 철저하게 몰락한 것입니다. 이 격렬한 과정은,
한편에서는 사회를 혁신하고, 다른 한편에서는 모든 행정에 새
로운 활기를 불어넣기 위한 의식적인 노력에 의해서, 즉 실질
적으로 혁명을 수행해 왔고 새로운 질서의 열매를 향유할 정
당한 청구권을 가진 사회 집단의 사람들을 등용하려는 노력에

의해서 추진되고 있습니다. 이는 우선 그리고 무엇보다도, 이를 테면, 순수한 쏘비에뜨의 환경에서 성장하고 교육받은 사람들을, 즉 오늘날 여러 종류의 고등학교 등을 거쳐 사회에 배출되어 명예로운 자리에서 일할 권리를 요구하고 있는 젊은 노동자·농민 집단을 선발하려는 노력을 의미합니다. ... 제 생각으로는, 실천적인 이유에서도 이를 주목하고, 더 나아가 기억해야 하는 것이 중요합니다. 왜냐하면, 이는, 지금 여기에서 일어나고 있는 일들을, 그것들이 우리의 관점에서는 아무리 이상하게 보일지라도, 실제로는 해체나 타락의 징후로 볼 수 없고, 또 그렇게 보아서도 안 되며, 거꾸로 사회-정치적 강화로 보아야 하기 때문입니다. 그리고 그것들이 이상하게 보이는 데에는 그럴 만한 당연한 이유가 있습니다. 즉, 그것은 지금 이 나라를 지배하고 있는 — 역사적, 민족적, 지리적 등등의 — 정세가 분명 이상하기 때문입니다.[129]

부하린-르이꼬프 재판과 조셉 데이비스 대사

재판이 진행되는 동안 매일 온종일 법정을 지켜본 한 사람은 당시 미국 대사 조셉 데이비스였다. 그는 미국 정부를 위하여 전체 재판과정을 면밀하게 파악하고, 피고인들을 둘러싼 상황들과 그 재판의 신뢰성에 관해 보고해야 했던 것이다. 나는 조셉 데이비스의 저서 ≪모스끄바에서의 임무≫로부터 인용한다. 첫 번째 인용문은 데이비스가 1938년 3월 8일에 그의

---

129) *ibid.*

딸 엠렌(Emlen)에게 보낸 편지의 일부이다. 그의 딸은 당시에는 미국에 있었지만, 그전에는 가족들과 함께 모스끄바에서 살았었다.

부하린 반역 재판에 대하여
1938년 3월 8일

내 '귀여운 보물'에게,
지난주에 나는 매일 부하린 반역 재판을 방청해 왔다. 너도 분명히 신문을 통해 그것을 주시해 왔을 것이다. 정말 굉장하단다. 나에게는 그것이 무척 지적으로 흥미롭구나. 왜냐하면, 예전에 내가 오랫동안 법정에서 사건들을 다룰 때에 내 자신에게 요구되었던 모든 지적 능력들, 즉 증인들의 신빙성을 평가하고 껍데기에서 밀알을, 즉 거짓에서 진실을 가려내는 데에 관련된 모든 지적 능력들을 다시 가동하게 하고 있으니 말이다.

재판 과정에서 인간 본성의 모든 근본적인 약점들과 결점들이 —최악으로는 개인적인 야망들이— 드러났다. 쏘련 정부를 전복시키려던, 거의 성공할 뻔했던 음모의 윤곽이 밝혀지고 있다.

이 법정 증언으로 이제야 우리가 이해할 수 없었던 지난봄과 여름의 일들의 실체가 명확해지고 있다. 끄렘린의 출입을 통제했을 때 끄렘린 주변의 심상치 않은 움직임에 대해서 대법관청에서 사람들이 들려주었던 이야기, 즉 커다란 소동의 기미가 있고, 경비 병사들이 교체되었다는 얘기를 기억할 것이다. 기억하겠지만, 새로 교체된 경비대는 거의 전원이 스딸린의 고향인 그루지야(Georgia) 출신들로 구성되었다고 했다.

끄레스쩬스끼와 부하린, 그리고 나머지 피고인들의 엄청난 증언은, 끄렘린이 느꼈던 두려움에 상당한 이유가 있었음을 보여 주는 듯하구나. 그들의 증언으로 미루어 보건대, 1936년 11

월 초에는 이미 그 다음해 5월 중에 뚜하체프스끼를 수괴로 하여 쿠데타를 감행하려는 음모가 있었던 것 같구나. 분명히 그 당시는 쿠데타가 실제로 실행되느냐 마느냐 하는 아슬아슬한 상태였구나.

하지만 쏘련 정부는 아주 강력하고 신속하게 움직였다. 붉은 군대의 장군들이 총살당했고, 당의 모든 조직은 숙청되어 완전히 정화되었다. 그리고 나서 아주 소수의 최고위 인사들이 정부를 전복하려는 음모의 바이러스에 심각하게 감염되었으며, 실제로 독일 및 일본의 첩보부에 부역하고 있었음이 밝혀졌다.

쏘련 정부가 현재 외국인들에게 공적으로 적대적인 태도를 취하고 있는 것도, 즉 여러 외국 영사관을 폐쇄하는 등의 조치를 취하고 있는 것도 이러한 사정 때문이다. 정말 솔직히 말해서, 지금 법정에서 폭로되고 있는 것을 고려해 본다면, 쏘련 정부가 과잉 반응한다고 비난할 수만은 없구나.

다시 말하지만, 이러한 것들은 확정적으로 받아들일 수는 없다는 것을 상기해야 할 것이다. 왜냐하면, 이러한 사실들은 믿기 어려운 범죄자들의 자백을 통해서 제시된 것들이기 때문이다.

오전 11시에 재판이 속개되기 때문에 이제 그만 줄여야 되겠다. 뛰어가야 할 것 같구나.[130]

미국 국무장관에게 보내는 서신

이것은 서방에서 온 한 원로 법률가가 부하린 재판에 대하여 쓰고 있는 내용이다. 자, 데이비스 대사가 1938년 3월 17

---

130) Joseph E. Davies, *Mission to Moscow*, New York, 1941, p. 269.

일에 자신의 상관인 미국의 외무장관[국무장관-역자]에게 보낸 비밀 전문(電文) 제1039호를 보자.

소위 부하린의 집단 반역 재판에 대하여
No. 1039
모스끄바, 1938년 3월 17일
국무 장관 귀하
기밀

자백 증언을 듣고 생기는 편견과 피고인들을 실질적으로 보호하지 못하는 사법제도에 대한 선입관에도 불구하고, 정치적 피고인들에 관한 한 기소된 혐의들 가운데, 의심할 여지없이 반역죄에 대한 유죄 평결과 쏘련의 형법전(刑法典)에 규정된 형벌의 선고를 정당화할 만한 범죄들을 그들이 범했음이 쏘련의 법률 하에서 증거에 의해서 입증되었다는 것이, 증인과 그들의 증언 태도, 그들의 증언 속에 부지불식간에 드러난 보강 증거들, 그리고 재판에서 드러난 다른 사실들을 법률적 판단력이 있는 다른 사람들과 함께 매일 지켜본 후, 저의 소견입니다. 그 재판을 통해 만만치 않은 정치적 반대 세력과 대단히 심각한 음모가 있었음이 밝혀졌으며, 이로써 지난 여섯 달 동안 쏘련에서 벌어진, 지금까지 설명할 수 없었던 많은 사태의 전개를 이해할 수 있게 되었다는 것이 거의 정규적으로 그 재판을 방청한 외교관들의 일반적 의견입니다. 그들 사이에 존재하는 것으로 보였던 유일한 의견 차이는, 각각의 피고인들이 그 음모를 어느 정도나 실행했는지, 그리고 그 음모가 어느 정도나 일사불란한 것이었나 하는 것이었습니다.[131]

---

131) *ibid.*, p. 271.

나찌가 유럽을 점령하다

조셉 데이비스 대사는 피고인들의 범죄의 실상을, 즉 그것이 끼쳤을 참으로 극적인 중대한 귀결을 잘 알고 있었다. 나찌는 실제로 유럽으로 진군하고 있었고, 그 재판이 한창 진행 중이던 1938년 3월 11일에는 나찌 독일이 오스트리아를 점령했다. 곧 체코슬로바키아가, 그 다음으로는 폴란드가, 그리고 전 유럽이 나찌 독일에 넘어갈 태세였다. 그리고 나찌 독일이 짓밟아 버리겠다고 자본주의 세계에 호언장담했던 쏘련, 즉 나찌의 바로 그 제1의 목표 속에는 그 정권을 무너뜨리고 국가를 분할하여 나찌 독일과 나누어 가질 요량으로 나찌와 협력하는 고위 정치가 집단이 있었다!

쏘련 정부와 스딸린의 적절한 조치들이 사회주의 쏘련과 슬라브 인민에게 닥치던 재앙을 저지했다. 슬라브 인민을 전멸시키겠다는 히틀러의 위협은 결코 단순한 허풍이 아니었다. 3년 이상 전쟁이 지속되는 동안에, 그리고 우끄라이나와 벨라루씨 및 쏘련의 서부 다른 지역들을 점령하고 있는 동안에, 나찌 군이 2천5백만 명 이상의 인민을 학살했다는 것을 유의하라! 반역자들의 숙청은 쏘련에게는 생사의 문제였고, 제2차 세계대전에서의 승리에 결정적이었다.

그 숙청을 단행한 것은 나찌를 전멸시키고 전 세계가 오늘날의 자유와 민주주의를 누릴 수 있게 하는 데 결정적이었다. 만약 나찌가 쏘련을 정복했다면, 그들은 전 세계를 차지할 수 있었을 것이다. 그러나 우리 공산주의자들만이 이를 깨닫고 공개적으로 표명하고 있는 것이 아니다. 이에 관해서는 정직한 부르주아들 역시 우리와 같은 입장을 취하고 있다.

반역 재판이 러시아 내부의 히틀러의 제5열을 제거했다

다시 한 번 더 조셉 데이비스의 저서 ≪모스끄바에서의 임무≫를 인용하자. 그는 쏘련 내부의 제5열(第五列)의 활동들을 다루고 있다. 제5열이란 외부의 적을 위해 활동하는 반역자들에게 주어진 이름이다. 그 용어는 스페인 내전 당시 파시스트 반란군의 마드리드 공격에서 유래하였다. 파시스트 반란군은 4열로 진군하였는데, 그들은 자신들에게는 방어자들(정부군-역자)을 등 뒤에서 공격할 다섯 번째 열이 있다고 공언했다. 데이비스 대사가 쏘련 내부의 "제5열"에 대하여 말할 수밖에 없었던 바를 들어 보자. ≪모스끄바에서의 임무≫의 이 장(章)은 1941년 여름에 집필된 것이지만, 1938년 3월 17일에 미국 국무장관에게 보낸 비밀 전문(電文)* 바로 다음에 삽입되어 있다는 점을 주목하라.

조셉 데이비스 대사:
러시아 내부의 제5열
― 사후(事後) 1941년에야 깨달은 연구
　(주: 이것은 1941년 여름에 독일이 러시아를 침공한 이후에

---

* [역주] 이 책 p. 247의 '비밀 전문 No. 1039'.

집필되었지만, 여기에 삽입한다. 왜냐하면, 논리적으로 이곳이 야말로 그 반역 재판이 러시아 내부의 히틀러의 제5열을 어떻게 격파했는지를 보여 주는 곳으로 보이기 때문이다. — J. E. 데이비스.)

옛 모교의 6월 학위 수여식을 마치고 시카고를 거쳐 집으로 돌아오던 길에 대학교 연구회 및 위스콘신 학회에서 강연해 줄 것을 부탁받았다. 히틀러가 러시아를 침략한 지 겨우 3일 후였다. 청중들 중 누군가가 질문했다: "러시아 내부의 제5열은 어떻습니까?" 나는 즉흥적으로 대답했다: "전혀 없습니다. 그들은 사형당했습니다."

그날 기차 속에서는 그 생각이 머리를 떠나지 않았다. 최근의 이 나찌 침략에서 러시아 전선의 배후에서의 "내부 공작"에 관한 얘기가 한마디도 없었다는 생각에 이르자, 그것이 오히려 이상했다. 러시아에서는 독일의 고위 사령부와 협동작전을 펴는 이른바 "내부 공격"이 없었던 것이다. 1939년 히틀러가 프라하(Prague)로 진군해 들어갔을 때에는 체코슬로바키아에서 헨라인(Henlein)의 조직들이 적극적으로 군사적으로 지원했다. 노르웨이 침략에서도 마찬가지였다. 쏘련의 경우에는 수데텐 산맥(Sudeten)의 헨라인 일당도, 슬로바키아의 티쏘(Tiso) 일당도, 벨기에의 드 그렐(De Grelle) 일당도, 노르웨이의 퀴즐링(Quisling) 일당도 없었다.*

이런저런 일들을 생각하던 중에, 내가 러시아에 있었을 때에 거기에서 일어났던 일들 중의 일부는 어떤 새로운 의미를 가지고 있을 수도 있다는 생각이 불현듯 들었다. 워싱턴에 도착

---

* [역주] 헨라인(Henlein)이나 티쏘(Tiso), 드 그렐(De Grelle), 퀴즐링(Quisling) 등은 모두 나찌가 침략했을 때 나찌에 내응하여 자국의 군대를 공격한 매국노들.

하자마자 나는 급히 예전의 업무일지의 목록을 다시 읽고, 국무부의 허락을 받아 내가 쓴 보고서들의 일부를 꼼꼼히 살펴보았다.

1937년과 1938년 러시아에서 우리 중 누구도 '제5열'의 활동이라는 관점에서는 생각해 보지 않았다. 당시에는 그러한 표현이 유행하지 않았다. 비교적 최근에야 '제5열'이나 '내부 공격'과 같은 나찌의 수법을 묘사하는 표현들이 사용되기 시작했다.

대체로 전문가들은 히틀러가 그러한 수법을 취하지 않았을까 추측했지만, 많은 이들은 그것은 실제로는 일어나기 어렵다고 생각했다. 다이스위원회(Dies Committee)*와 FBI에 의하여 미국과 남미에서의 독일의 비밀 조직 활동들이 드러나고, 히틀러의 계획적 침략에 협력하여 내부로부터 자신의 조국을 배반한 반역자들이 노르웨이와 체코슬로바키아, 오스트리아에서 독일 첩자들과 함께 벌이는 실제 공작을 목격한 것은 고작 지난 2년 동안의 일이었다.

일찍이 1935년까지는 분명 이러한 활동과 수법이, 쏘련에 대한 독일의 계획의 일부로, 러시아에 존재하였다. 히틀러가 이제는 유명해진 저 뉘른베르크 연설을 했던 것이 1936년이었는데, 거기에서 그는 우끄라이나에 대한 그의 의도를 명확히 암

---

* [역주] 다이스위원회(Dies Committee). 정식 명칭은 '하원비미활동위원회(Committee on Un-American Activities, HAUC)'. 1938년 공산주의자와 파시스트 등의 반미 활동을 조사하기 위해 미국 하원에 설치된 위원회. 1938년부터 1945년까지 초대 위원장을 맡았던 마틴 다이스(Martin Dies, 1900-1972)의 이름을 따서 다이스위원회로도 불렸다. 애초에는 임시위원회였으나 1945년 상임위원회가 되었고, 1969년에는 국내치안위원회(Internal Security Committee)로 개칭되었다가 사상과 표현의 자유를 침해한다는 여론에 따라 1975년 폐지되었다. 반공활동, '적색분자 토벌'의 보루의 하나였다.

시했다.

이제 보면, 쏘련 정부는 당시 이미 독일의 고위 군부 및 정치 지휘부의 계획과, 러시아에 대한 독일의 공격을 예비하여 러시아에서 수행 중이던 '내부 공작'을 예리하게 꿰뚫고 있었던 것으로 보인다.

이러한 상황을 반추하다가 나는 그때 분명 보았던 장면이 불현듯 떠올랐다. 그 얘기를 내가 방청했던 1937년과 1938년의 이른바 반역 즉 숙청 재판에서 들었던 것이다. 이러한 새로운 각도에서 이들 재판의 기록을 재검토하고, 또한 내가 당시 집필했던 것들을 재점검하면서 나는, 사실상 독일의 제5열의 모든 계략이 러시아의 '퀴즐링들Quislings, 매국노들-역재'임을 자인한 자들의 재판에서 나온 자백과 증언에 의해서, 오늘날 우리가 알고 있는 것처럼, 적나라하게 드러났음을 발견했다.

이들 활동이 존재한다는 것을 쏘련 정부가 믿었으며, 매우 놀라서 그들을 강력하게 분쇄해 나갔음이 명백했다. 독일의 침략이 시작된 1941년에는 이미 그동안 조직된 모든 제5열을 일소했다.

그 당시에는 이해하기 어려웠지만, 사태의 전개에 비추어 새로운 의미를 갖게 되는 또 다른 사실은, 쏘련 정부가 1937년과 1938년에 독일과 이딸리아 영사관원을 '압박하던' 방식이었다. 그 압박은 매우 고압적이었다. 관련 당사국들의 반응은 냉담하게 그리고 거의 무자비하게 무시되었다. 쏘련 정부가 이러한 태도를 취한 이유는 바로 이들 영사관들이 국내의 정치적 전복 활동에 몰두하고 있었고, 바로 이러한 사실들 때문에 그들 영사관들이 폐쇄되어야 했기 때문이었다. 그해에 이들 재판과 집행(숙청)이 러시아 전역에 공표했던 것은, 그 피고인들이 쏘련를 전복시키기 위해서 '외세'를 도와 반역적이고 파괴적인 활동을 범하는 죄를 범했다는 사실이었다.

조셉 데이비스 대사는 계속해서 그들 반역 재판을 설명한 후에 그 장(章)을 이렇게 끝맺고 있다.

> 이들 소송의 증언으로 뚜하체프스끼 장군과 육해군의 많은 군 고위 간부들의 연루 사실과 범죄가 드러났다. 이들은 라제끄의 재판 직후에 체포되었다. 이들은 쏘련을 침공하는 데 있어 뚜하체프스끼의 지휘 하에 독일 지휘부와 협력하기로 합의한 혐의를 받았다. 군대에서 자행된 무수한 파괴행위들이 증언으로 드러났다. 증언에 의하면, 수많은 최고위급 장교들이 부패했거나, 아니면 이 음모에 휩쓸려 들어갔다. 증언에 의하면, 모든 부문에, 즉 정치적 혁명 집단, 군부집단, 그리고 독일과 일본의 고위 지휘부 사이에 완전한 협조관계가 성립되어 있었다.
>
> 재판에서 드러났듯이, 그것이 바로 실제로 일어난 일들이었다. 끄렘린 당국이 이렇게 드러난 사실들과 피고인들의 자백에 얼마나 크게 놀랐을 것인가 하는 데에 대해서는 어떤 의문의 여지도 있을 수 없다. 정부가 신속하게 움직이고 빈틈없이 일을 처리한 것은 그들이 그것을 사실로 받아들였음을 의미한다. 그들은 계속 집안을 청소했으며, 최대로 정력적이고 면밀하게 행동했다. 붉은 군대의 사령관인 보로쉴로프는 이렇게 말했다. —"들어가도록 도와주는 공범자가 있다면, 도둑이 집에 침입하는 것은 더 쉽다. 우리는 그러한 공범자들을 경계해 왔다."
>
> 뚜하체프스끼 장군은 애초에 그가 가기로 계획했던 런던의 대관식*에 가지 않았다. 그는 볼가 지역의 군대를 지휘하기 위

---

* [역주] 1937년 5월 12일에 거행된 영국왕 조지 6세(George VI, 현 엘리자베스 2세의 아버지, 선대왕)의 대관식.

하여 전출된 것으로 보도되었다. 그러나 그때 그가 전출지에 도착하기 전에 기차에서 끌려 나와 체포되었음은 미루어 짐작할 수 있다. 그 후 수주일 뒤인 6월 11일에 그는 비공개로 진행된 군사재판의 판결에 따라 11명의 최고사령부 장교들과 함께 총살되었다. 당시에는 그토록 폭력적으로 보였고 전 세계에 충격을 주었던 이들 모든 재판과 숙청, 청산 행위들은 지금 보면 내부로부터의 혁명뿐 아니라 외부로부터의 공격으로부터도 스스로를 보호하기 위한 스딸린 정부의 강력하고 단호한 노력의 일환이었음이 명백하다. 그들은 국내의 모든 반역적인 요소들을 철저하게 일소해 갔다. 모든 의혹은 정부에 유리하게 해결되었다.

1941년에 러시아에는 어떤 제5열도 존재하지 않았다. ─ 그들이 제5열을 총살했던 것이다. 숙청이 국가를 깨끗이 청소했고, 반역을 제거했던 것이다.[132]

데이비스 대사의 평가는 여느 때보다 오늘날에 더 중요하다. 그것은 숙청에 관한 문제를 올바른 관점에서 제기하고 있다. 그러나 그것은 부르주아 역사가들이 전혀 다루지 않았던 다른 문제들도 또한 제기하고 있다. 이와 관련한 중요한 문제의 하나는 도대체 어떻게 해서 나찌가, 영국군의 도움까지 받았던 군사 강국 프랑스를 쳐부술 수 있었는가 하는 것이다! 두 번의 세계대전 사이에 있었던 프랑스 상층 계급의 자국 및 기타 문제들에 대한 반역행위들은 설명이 필요한 문제들이다.

---

132) *ibid.*, pp. 272-280.

반역자들과 쏘련에 대한 위협

1930년대의 일간 신문들을 읽어 보면, 쏘련에 대한 위협이 어떻게 나날이 증대되어 갔는지를 누구나 쉽게 알 수 있다. 그 위협은 나찌 독일로부터 가해졌지만, 그러나 서방의 다른 자본주의 국가들, 그중에서도 특히 프랑스와 영국으로부터도 가해졌다. 1930년대 내내 그와 같은 상황이 지속되었다. 1939년 9월에 나찌가 폴란드를 침공하자 프랑스와 영국은 독일에 선전포고를 하긴 했지만, 어떤 전투도 벌이지 않았고, 폴란드를 구하려고도 하지 않았다. 이른바 '허풍 전쟁'이었다. 프랑스·영국 연합군과 나찌 독일 간의 실제 전쟁은 그 후 9개월 뒤인 1940년 6월에 나찌가 프랑스를 침공할 때까지는 벌어지지 않았다. 그러나 1939년 9월부터 1940년 6월까지 프랑스와 영국이 관망하고만 있었던 것은 아니었다.

이 국가들에서는 반(反)쏘 정책들이 우세했다. 프랑스에는 쏘련에서 망명한 자들로 구성된 우끄라이나 외인부대가 창설되었고, 프랑스 장군 웨강(Weygand)의 휘하 부대에는 까프까즈인들로 구성된 민족 전투 부대가 창설되었다. 1939년 12월에 핀란드가 쏘련과 전쟁을 시작하자 프랑스와 영국은 핀란드 편을 들었다. 영국은 144대의 전투기와 114문의 중화기, 수십만 개의 수류탄 및 공중 투하 폭탄을 보냈다. 프랑스는 179대의 전투기와 472문의 대포, 5,100정의 기관총과 대략 백만 개의 각종 수류탄을 보냈다. 동시에 이들 국가는 1십5만 명의 군대를 핀란드에 보내 쏘련과 싸우게 하려는 계획을 세웠다.

프랑스와 영국 정부는 그들이 누구 편인지를 나찌 독일에게 보여 주고자 했던 것이다. 쏘련에 대한 대규모의 위협은 1930년대 내내 명백했다. 자본주의 유럽 어디에서나 정부는 반쏘전쟁을 위한 여론을 조성했다. 그 점에서, 이러한 위협은 현실적인 것으로 인식되었다.

쏘련의 지도부는, 어떻게든 모든 사람을 단결시켜 사회를 급속히 발전시키고 사회적 생산의 큰 부분을 흡수하는 엄청난 국방 태세를 갖추지 못하면 국가가 멸망할 것이라는 사실을 깨닫지 않을 수 없었다. 이렇게 긴장된 사회적 분위기 속에서 쏘련 정부는, 쏘련을 위협하는 국가들이 각자 그들 내부에 용병을, 즉 국가와 당의 고위직에까지 연결되는 비밀조직들을 가지고 있다는 사실을 알게 되었다. 쏘련이 살아남기 위해서 모든 사람이 매우 열심히 일하지 않으면 안 되는 이러한 매우 긴박한 상황에서 적에게 정보를 제공하고 생산과 국방을 방해하는 다른 사람들도 있었던 것이다.

쏘련 정부는 반역자들에 대해서, 그리고 이들 반역자들이 활동하거나 그들과 연계되어 있는 쏘련 전역의 집단들에 대해서 냉혹했다. 많은 사람들이 투옥되거나 사형 선고를 받았다. "모든 의혹은 정부에 유리하게 해결되었다"고 데이비스 대사는 말하고 있다. 만약 무고한 사람들이 고통을 당했다면 유감스러운 일이다. 그러나 당시의 정세 속에서 더 잘할 수는 없었다. 쏘련을 전멸시키려는 나찌의 침략과 전쟁이 빠르게 다가오고 있었다. 나찌 침략자들과 협력할 준비가 되어 있는 사람들이나 사회주의 국가에 적대적인 사람들을 그대로 놓아두는 것은 행정부나 국가 기관에 있어 자살행위일 터였다. 강력한 조치를 취함으로써 쏘련 정부는 나찌 잔학으로부터 국가를 — 그리고 전 세계를— 구하고, 나찌즘을 근절하는 데 성공했다. 만약 쏘련이 멸망하고 나찌가 전 세계를 차지하였다면, 역사는 쏘련 정부를 어떻게 평가하였을까?

몇 가지 결론들

이 글의 앞부분에서 언급한, 1958년에 출간된 멀 페인쏘드의 ≪쏘련 통치 하의 스몰렌스끄≫로 돌아가 보자. 우리가 알고 있는 사실들로써 우리는, 페인쏘드의 이 책은 독자들을 심각하게 오도하고 있으며, 실은 역사적 사건들을 위조하고 있음을 입증할 수 있다. 설상가상으로 이 책은 수세대에 걸쳐 쏘련 문제에 관한 지식인들의 사고를 지배해 왔으며, 로버트 콘퀘스트와 같은 비열한 경찰 앞잡이를 쏘련 문제에 관한 권위자인 것처럼 돋보이도록 했다. 페인쏘드가 주장하는 대로라면 갈수록 더 그 규모가 커지도록 계획되었다는 연이은 숙청은 아예 존재하지 않았다는 것을 아크 게티의 ≪대숙청의 기원들≫은 명확히 보여 주고 있다. 1936년에 당원증을 교체하면서 중앙위원회가 연이은 숙청을 시작했다는 페인쏘드의 주장 역시 전혀 사실무근이다. 페인쏘드에 따르면 모든 스딸린 반대파를 제거하기 위한 광대극이었다는 그 재판들은 결국 나찌 독일과 협력하던 반역자들에 대한 사법 절차였던 것으로 판명

난다.

사실 1930년대에 쏘련에서 벌어진 정치적 운동은 당과 사회 내 관료들의 권력에 대한 근본적인 문제 제기였다. 모든 것들이 훌륭하거나 완벽하지는 못했지만, 그 투쟁은 쏘련이 사회주의적 생산을 발전시키고, 나찌의 침략에서 살아남기 위해서 필수적인 것이었다. 아크 게티 교수의 ≪대숙청의 기원들≫의 결론부를 인용해 보자.

> 그 증언은, ―대부분의 사람들이 '대숙청기'라고 여기는― 예죠프시치나(Ezhovshcina)*가 재정의되어야 함을 시사한다. 그것은 경직된 관료주의가 반대파들을 짓밟고 급진적인 고참 혁명가들을 몰살시킨 결과가 아니었다. 그것은 실은 그 정반대였을 수도 있다. 예죠프시치나는 오히려 관료주의에 대한 급진적이고 심지어는 병적인 반발이었다고 주장해도 결코 증거와 상반되지 않는다. 특권적 관료들은 의지주의(Voluntarism)와 혁명적인 엄격주의라는 혼돈의 물결에 쓸려 지위고하를 막론하고 퇴출되었다.133)

맺음말

---

* [역주] 예죠프시치나(Ezhovshcina). 부르주아 역사가나 언론들은, 1936-38년에 내무인민위원 예죠프에 의해 대숙청이 자행되었다고 주장하며, 이 시기를 예죠프의 시대, 즉 '예죠프시치나'라고 부른다. 주로 '공포의 시기'를 일컫는 대명사처럼 쓰인다.
133) Getty, 1985, p. 206.

오늘날의 신자유주의 사회에서는 조셉 데이비스 대사와 같은 인물을 찾기 어렵다. 오늘날 양심적인 부르주아 지식인을 찾기 위해서는 망원경과 같은 커다란 돋보기가 필요하다. 부르주아 대중매체는 콘퀘스트나 스코테, 알마르크, 엥글룬드, 그리고 대학 교수직이나 신문의 정치면 편집자직, 그리고 특히 소위 공산주의의 범죄를 조사한다는 직을 채우고 있는, 탐욕스럽고 파렴치한 '저술가들' 같은 어릿광대들에 의해서 지배되고 있다. 오늘날의 부르주아 지식인들은 특히 신용카드를 높이 휘두르며 자신들의 주인의 목소리에 기꺼이 귀를 기울이는 지적 난쟁이들을 연상시킨다. 정직한 지식인들이 존재하긴 하지만, 그들은 거의 감히 고개를 들지 못하고 있고, 거의 언제나 수세에 몰려 있으며, 협잡꾼들을 지목하여 그들을 사실 그대로 역사 위조자들이라고 부르는 데 어려움을 겪고 있다. 일부 보다 대담하고 시민적 용기를 가진 사람들은 대중에게 그 논쟁에 대한 다른 해석을 제공할 수 있었고, 그 논쟁을 적절한 수준으로 끌어올릴 수 있었다. 게다가, '시장 권력'에 대한 지식인들의 순종은 노동자들의 또 다른 멍에가 되어 있다. 착취와 지적 둔화로부터 노동자들을 해방시키기 위해서는 부르주아 계급의 우쭐대는 어릿광대들과 투쟁하지 않으면 안 된다. 역사를 아는 것은 우리의 현재를 이해하고 부르주아 계급의 거짓들을 깨부수는 데에 중요하다! 오늘날의 사회에서 근로인민에게 역사를 알려 주고자 하는 사람들은, 거의 예외 없이, 오직 우리 공산주의자들뿐이다. 우리는 이 임무를 저버려서는 안 될 것이다.

참고 자료

Conquest, Robert: *The Great Terror—Stalin's Purge of the Thirties*, New York 1968.

Correspondence from the Swedish Embassy in Moscow to the Swedish Department of Foreign Affairs in Stockholm, *Riksarkivet*, Stockholm.

Davies, Joseph E.: *Mission to Moscow*, New York 1941.

Englund, Peter: "Den otroliga bilden av Stalins 1937", *Moderna Tider*, 1994:40.

Englund, Peter: *Brev från nollpunkten*, Stockholm 1996.

Fainsod, Merle: *Smolensk under Soviet Rule*, London 1959.

Getty, J. Arch: *Origins of the Great Purges—The Soviet Communist Party Reconsidered, 1933-1938*, New York 1985.

Getty, J. Arch & Naumov, Oleg V.: *The Road to Terror—Stalin and the Self-destruction of the Bolsheviks, 1932-1939*, New Haven 1999.

History of the Communist Party of the Soviet Union (Bolsheviks), Swedish edition, Stockholm 1972.

Hitler, Adolf: *Mein Kampf*, London 1939.

Lenin, Vladimir I.: *Collected Works*. 30, September 1919-April 1920, Moscow 1965.

Littlepage, John D.: *In Search of Soviet Gold*, London 1939.

Nordisk Familjebok, band 19, Malmö 1933.

Pritt, D. N.: "The Moscow Trial Was Fair", >http://www.marxists.org/history/international/comintern/sections/britain/pamphlets/1936/moscow-trial-fair.htm

Report of Court Proceedings—The Case of the Trotskyite-Zinovievite Terrorist Centre, Moscow 1936.

Report of Court Proceedings in the Case of the Anti-Soviet Trotskyite Centre, Moscow 1937.

Report of Court Proceedings in the Case of the Anti-Soviet "Bloc of Rights and Trotskyites", Moscow 1938.

Sousa, Mário: Lies Concerning the History of the Soviet Union—From Hitler to Hearst, from Conquest to Solzhenitsyn, >http://www.mariosousa.se/Liesconcerningthe historyoftheSovietUnion.html, 2005-07-17.

Sovjetunionens kommunistiska partis (bolsjevikerna) historia, Stockholm 1972.

Stalin, Josef V.: *Works*, vol. 7, 1925, Moscow 1954.

Stalin, Josef V.: *Works*, vol. 12, April 1929-June 1930, Moscow 1955.

Stalin, Josef V.: *Works*, vol. 13, July 1930-January 1934, Moscow 1955.

Stalin, Josef V.: *Problems of Leninism*, Peking 1976.

Stalin, Josef V.: *Selected Works*, Tirana 1979.

Tysklands kommunistiska parti och kampen mot fascismen perioden 1928-35, Stockholm 1974.

제3편

안토니 비버의 《스딸린그라드》 비평
나찌의 전쟁 흑색선전

안토니 비버(Antony Beevor)의 저서 ≪스딸린그라드(*Stalingrad*)≫*는 스웨덴의 매체들에 의해서 대단한 호평을 받아 왔다. 영국 육군 장교 출신 안토니 비버는 이제 전쟁사 저술가로 알려져 있다. 나는 이에 놀랐으며, 즉시 호기심이 발동했다. 우익 비평가들에 따르면, 그 책은 "명석하고 대단히 잘 쓴 책"(스웨덴 일간지 ≪스벤스카 다그블라뎃(*Svenska Dagbladet*)≫)이며, "≪스딸린그라드≫는 제2차 세계대전에 대한 책 중에서 거의 최고"(스웨덴 신문 ≪베스트만란츠 랜스 티드닝(*Vestmanlands Läns Tidning*)≫)이다. '놀랍구나'라고 생각했다! 그들은 나찌가 스딸린그라드에서 패배했을 때 울부짖었다! 그런데 지금 안토니 비버의 ≪스딸린그라드≫를 격찬하다니!? 혹시 세월이 흘러 제정신을 차렸나? 결론적으로 그것은 나찌즘에 맞선 싸움이었다. 혹시 세월이 흘러 쏘련의 승리를 조금은 정당하게 평가하고자 하는 것인가? 이런 생각들을 하며 나는 비버의 ≪스딸린그라드≫를 읽기 시작했다.

처음엔 짧은 논평을 할 생각이었다. 그러나 생각처럼 쉽지

---

* [역주] 안토니 비버의 ≪스딸린그라드≫는 국내에서는 ≪여기 들어오는 자 모든 희망을 버려라≫(안종설 역, 서해문집, 2004)라는 제목으로 번역·출판되어, 상당한 판매 부수를 기록하며 제2차 대전사와 관련한 필독서의 하나로 자리 잡고 있다. 하지만 여기 소개되고 있는, 이 책에 대한 마리오 소사의 짧은 논평을 읽는 것만으로도 독자들은 이 책이 반쏘·반공적인 관점에서 역사를 왜곡·위조하고 있는 "나찌의 흑색선전"일 뿐이라는 것을 알 수 있을 것이다.

않았다. 비버의 ≪스딸린그라드≫는 페이지마다 역사를 통째로 위조하는 거짓말들로 가득 찬 반(反)쏘 선전 책자라는 것이 곧 명백해졌다. 이들 거짓말을 모두 반박하기 위해서는 여러 권의 책을 써야 할 것이다. 가장 야비한 거짓들의 일부만을 다루어 논평하더라도 신문 지면의 많은 부분을 채울 것이다. 그리고 이 논평은 최소한으로 줄인 것인데도 불구하고 여전히 내가 예상했던 분량의 두 배에 달한다.

서론의 맨 첫 페이지에서부터 나는 어떤 잘못이 있는지 자문하기 시작했다. 비버는, 쏘련을 침공하여 4년 동안 2천5백만 명 이상을 죽이면서 섬멸전과 대량학살을 자행한 나찌가 아니라, 쏘련군을 무자비하게 비난하고 있다! 그 책의 첫 페이지에서 비버는 쏘련군이 탈영병들을 처형했다고 지적하고 있다. 그러나 독일군의 탈영병들 처형에 대해서는 일언반구도 없다! 왜 비버는 오직 쏘련군만을 비판하는가? 잘 알려져 있듯이, 독일 헌병은 수천 명의 독일 탈영병들을 재판도 없이 처형했다. 독일 제6군이 스딸린그라드에서 포위당했을 때, 독일군 항공기에서 투하한 식량 보급품에서 먹을 것을 훔치려던 수천 명의 독일 병사들을 독일 헌병이 처형했다[1]는 사실 또한 잘 알려져 있다. 그 식량 보급품들은 우선적으로 장교들과 헌병들에게 배급될 예정이었다.

---

1) Theodor Plievier, *Stalingrad*, New York, 1966, p. 271.

수백만의 쏘련 인민이 독일군에 의해 처형당하다

왜 비버는 이에 대해서 말하지 않는가? 그러나 무엇보다도 우선, 왜 비버는 나찌 군대에 의해 처형된 수백만의 쏘련 인민들에 대해서 말하지 않는가? 그리고 점령당한 마을들과 도시들에서 독일군에 의해 다른 사람들로부터 격리되어 처형된 모든 공산주의자들과 유대인들에 대해서는, 그리고 모든 가족들에 대해서는 왜 아무런 언급이 없는가? 왜 비버는 걸치고 있던 옷만 입은 채 집 밖으로 끌려 나와 영하 20도에서 얼어죽은 수백만의 인민에 대해서 아무 말이 없는가? 왜 그는 독일군에 의해 투옥되어 독일에 노예로 팔려 간 수백만의 쏘련 시민에 대해서는 쓰지 않는가? 왜 비버는 독일에 성노예로 팔려 간 수십만의 쏘련 여성들에 대해서는 쓰지 않는가? 왜 비버는 이 사람들이 팔려 나간 나찌 독일 전역의 노예시장에 대해서는 쓰지 않는가? 이것이야말로 독일군과 독일의 침략의 진면목이다. 그러나 비버는 이 모두에 대해서 아무것도 말하지 않는다. 그는 나찌의 범죄들을 숨기고 싶은 것이다.

또한 비버는 "독일 군복을 입은 5만 명의 쏘비에뜨 시민들"[2]이 있었다고 쓰고 있다. 이 책 전체에서 그는, 자신이 "히비스(hiwis)"*라고 부르는 이 사람들에 대해서 언급하고 있다. 그는 독자들에게 쏘련 주민들이 나찌군을 환영했다는 허상을

---

2) Antony Beevor, *Stalingrad*, London, 1999, p. 14.
* [역주] 히비스(hiwis) - Hilfswilliger(도움 자원자)라는 독일어 조어(造語)의 약어(略語) Hiwi에 영어식으로 어미 s를 붙여 만든 복수형. 구태여 번역하자면, '자원병들'이나 '의용군들' 정도가 될 것이다.

심으려 하는 것이다. 비버는 스딸린그라드에서는 최전방 사단에 5만 명의 러시아인이 있었고, 다른 사단에도 7만 명이 있었다고 쓰고 있다.[3] 그렇다면 스딸린그라드에 있던 독일군의 거의 절반이 러시아인들로 구성되어 있었을 것이다! 완전히 백치 같고 허구로 가득 찬 주장으로, 독일의 서적들을 포함하여 전쟁사를 다룬 어떤 책에서도 그 근거를 찾아볼 수 없다. 비버는 독자들로 하여금 대규모 쏘비에뜨 탈영병들이 나찌 편으로 넘어갔다고 믿게끔 만들고 싶어 한다. 그것은 사실이 아니다. 전쟁 중에, 심지어 스딸린그라드에서도, 나찌 편에 선 쏘련 시민들이 있었던 것은 사실이다. 그러나 비버는 이들, "독일 군복을 입은 러시아인들"이 어디서 왔는지 말하지 않고 있다. 다양한 이유로 전쟁 중에 나찌 편을 자원한 사람들이 있었다. 그러나 그러한 사람들은 극소수였다.

나찌의 노예로서 강제 노역에 동원되다

"독일 군복을 입은 쏘련 시민들"은 대부분 독일인들을 위해서 강제로 노예처럼 노역 중인 사람들이었다. 그들은 피점령 촌락과 도시들에서 포로가 되어 강제로 독일군의 장비를 운송하고 온갖 더럽고 힘든 작업을 수행했다. 그들은 몹시 학대당했고, 기아에 시달렸다. 그들 중 다수가 죽고, 그 빈자리는 새로운 노예들로 채워졌다. 이들 포로의 일부는, 폴란드의 수용

---

3) *ibid.*, p. 184.

소에서 끌려온 유대인들 등 다른 사람들과 함께 지뢰 제거작업을 벌이다 죽기도 했다. 이들 지뢰 제거작업조(除去作業組)는 매일같이 더 많은 유대인들과 "독일 군복을 입은 쏘련 시민들"로 채워졌다. 쏘련 여성 포로의 일부는 낮에는 취사업무를 담당하거나 독일 병사들의 숙소를 청소해야 했고, 밤에는 성노예로 이용되었다. 독일 제6군이 스딸린그라드에서 포위되어 후방으로 달아났을 때에도 독일군은 이들 쏘련 여성 포로들을 혼잡한 트럭에 강제로 태워 갔다. 수천 명의 독일의 부상병들은 방치되어 기아와 추위로 죽어갔다.[4]

비버가 말하는 "독일 군복을 입은 쏘련 시민들"은 주로 포로와 노예로 끌려온 쏘련 시민들이었다. 비버가 이들이 마치 대규모의 쏘련 탈영병들인 것처럼 암시하는 것은 단지 독자들을 자신이 날조한 이야기 속으로 유인하기 위한 것이다. "독일 군복을 입은 쏘련 시민들" 중 일부는 실은 독일군에 의해 프랑스에서 러시아로 끌려온 사람들이었다는 사실도 덧붙여야 할 것이다. 프랑스 장군 웨강—독일군에 항복한 바로 그 장군—이 1930년대에 프랑스 군대 내에 우익 러시아인들의 부대를 창설했었다. 그들은 프랑스와 영국이 쏘련에 대해 벌이려던 "서방(西方)의 전쟁"에 참전할 예정이었다. 이들 부대는 프랑스의 항복 이후 나찌에 넘겨졌다. 독일 군대 내에는 또한 우끄라이나의 나찌들로 구성된 부대들도 있었다. 비버는 이들을 "우끄라이나 민족주의자들"[5]이라고 부르고 있다. 비버는 이들

---

4) Plievier, 1966, p. 192.
5) Beevor, 1999, p. 23.

나찌 지원 부대들에 긍정적인 이미지를 부여하고 싶어 한다.
[그러나-역자] 이들 우끄라이나 나찌들은 전쟁에서 최악의 살인
마들에 속했다. 그들은 우끄라이나 점령지의 모든 반대세력을
잔인하게 학대했고, 유대인들과 반파쇼 우끄라이나인들이 수백
만의 쏘련 전쟁포로들과 함께 사라진 독일의 죽음의 수용소의
최악의 살인마들이었다.

나찌의 역사 위조

이 책은 스딸린그라드에 있던 나찌 장교들의 주장을 재생산
하고 있다. '러시아인들' 자신의 이야기는 극히 예외적으로만
들려주고 있다. 쏘련 장교들의 이야기는 단지 불가피한 경우
에만 언급되고 있는 것이다. 비버는 스딸린그라드에서 쏘련을
승리로 이끈 전략가들이 무엇을 말하고자 하는가에 대해서는
관심이 없다. 예컨대, 스딸린그라드에서 나찌 군대들을 쳐부순
주꼬프(Zhukov) 장군이나 로꼬쏘프스끼(Rokossovskij) 장군, 추
이꼬프(Tjujkov) 장군, 혹은 다른 장군들의 진술에 대해서는
전혀 관심이 없는 것이다. 영국군 장교이자 신사인 비버에게
는 독일 장교들의 고귀한 신분이 더 중요했다. 이러한 인간해
충들이 5천만 명의 목숨을 앗아간 전쟁을 일으켰다는 사실에
도 비버는 당혹해 하지 않는다. 하지만, 서방세계에 사는 우리
가 자유를 누리게 된 데에 감사해야 하는 것은 바로 쏘련의
병사들이다. 쏘련은 그 이전 10년 동안 문맹 및 저개발과의

투쟁에서 승리하여 공장들과 제철소들을 건설했고, 가장 정교한 기계들과 가장 최신의 무기들을 생산했는데, 바로 이 쏘련의 병사들이 나찌 독일을 쳐부수고 나찌로부터 세계를 구했던 것이다.

심지어는 전쟁 범죄와 대량학살에 관해서조차 비버는 나찌 장군들의 이야기를 되풀이하고 있다. 비버에 따르면, 히틀러만이 유일한 범죄자였고, 독일군 사령부는 그에 반대했다는 것이다. 그러나 이는 진실이 아니다. 독일군 사령부의 근원은 제1차 세계대전 후 독일에서 노동자들의 폭동을 진압하고, 1933년 1월에 히틀러를 집권시키는 데에 기여한 '자유 여단(free brigades)'이다. 1934년 히틀러가 독일 의회에 의해 총리 및 국가원수(Reichskanzler)로 선출되고, 총통(Führer)이라는 칭호로 독일군의 최고 사령관이 될 수 있었던 것은 바로 군 사령부의 지원에 의한 것이었다. 장교들과 병사들은 히틀러에 개인적인 충성을 맹세해야 했다. 나찌의 독재는 군부의 지지 속에서 이루어졌다. 비버는, 나찌의 학살 지시들, 즉 "빨찌산과 '인민위원단'이 활동하던 촌락들에 대한 집단적 강제조치"에 관한 쏘련에서의 "특별 명령들"[6]을 "수많은 지휘관들이 받아들여 하달하기를 거부했으며,"[7] 그들은 쏘련 인민을 분쇄하기 위한 수단으로서의 "인종 전쟁"[8]과 "기아(飢餓)"[9]에 반대했다고 주장한다. [그러나-역자] 비버는 이들 주장을 뒷받침할 어떠

---

6) *ibid.*, p. 14.
7) *ibid.*, p. 15.
8) *ibid.*
9) *ibid.*

한 근거도 가지고 있지 않다. 설사 독일 군대 내에 그러한 장교들이 있었다고 하더라도, 극히 소수에 불과했다. 4년 동안에 쏘련에서 2천 5백만 이상의 사람들이 살해되었다는 사실은, 이야말로 분명 전체 독일군과 그 동맹군들이 가담한 대량 학살이었음을 보여 주고 있다.

쏘련에 관한 거짓말들

비버의 책의 전반부 약 1/3은 스딸린그라드 전투 이전의 전쟁을 다루고 있는데, 그 책의 다른 부분과 마찬가지로, 이 부분 역시 쏘련과 쏘련의 지도자들에 대한 비열한 비방이다. 그것은 전쟁 초기 수개월간에 관한 이야기로서, 애초 1941년에는 나찌의 흑색선전이 세상에 유포했고, 나중에는 전후(戰後)의 자본주의 선전가들이 받아들인 이야기이다. 그것은 쏘련군이 완전히 궤멸되기 직전의 상태였다는 이야기이고, 스딸린이 쏘련군을 전쟁을 수행할 수 없는 군대로 만들었으며 쏘련 장군들이 독일군에 반격하는 것을 금지했다는 이야기이다. 비버는 거침없이 단도직입적으로 말하고 있다. 심지어 베를린 주재 쏘련 대사관에도 배역(配役)이 주어지고 있다. 나찌에 의하면, 그리고 이제 또한 비버에 의하면, 쏘련 대사는 "작은 매부리코에다 겨우 몇 가닥의 검은 머리카락이 붙어 있는 대머리이며, 키는 겨우 5피트[≒150cm-역자]인" "교수형 집행인"으로 알려졌다. 그것이 역사란 말인가? 대사관에는 대사가 "반역자로 의심되는 자들을 고문하고 처형하는 지하실이 있었다."[10]

이러한 이야기는 나찌의 흑색선전의 일부였다. 이것은 이제는 부르주아 이야기이다. 스딸린에 대한 공격은, 책 전체를 통해서, 타의 추종을 불허한다. "스딸린의 배배 꼬인 심성"[11], "전체주의적 독재자 스딸린"[12], 스딸린의 "강박관념에 사로잡힌 일련의 오산(誤算)"[13], "폭군적 본성이 강한 겁쟁이 기질을 억누른 스딸린"[14], 스딸린은 "편집증, 가학성 과대망상증, 오랜 냉대에 대한 복수심의 독특한 혼합물"[15], "스딸린은 심지어 자기 아들조차 부인했다"[16], "히틀러만큼이나 냉담한" 스딸린의 "굶주리는 민중에 대한 무관심".[17] 비버가 왜 자본주의 언론과 반동적인 사람들로부터 총애를 받는가를 쉽게 이해할 수 있다.

비버는, 스딸린과 베리야(Beria), 몰로또프가 평화를 위하여 나찌에게 "우끄라이나와 벨라루씨, 발트 3국"을 넘겨줄 생각이었다고 쓰고 있다. 그러나 불가리아 대사는, "당신들이 우랄산맥으로 퇴각한다고 한다고 할지라도, 결국엔 당신들이 승리할 것이다"라고 단언했다.[18] 비버에 의하면, 그리하여 그 문제는 일단락되고, 쏘련은 나찌 독일과 전쟁을 하기로 결정했다! 이

---

10) *ibid*, p. 7.
11) *ibid*, p. 4.
12) *ibid*, p. 6.
13) *ibid*, p. 9.
14) *ibid*.
15) *ibid*, p. 23.
16) *ibid*, p. 26.
17) *ibid*, p. 37.
18) *ibid*, p. 9.

런 식의 이야기를 보통 사람들이 곧이곧대로 받아들일 것이라 믿는다면, 분명 어리석기 짝이 없을 것이다. 강대국의 지도자들이 자국의 장래에 관련된 그렇게 중요한 결정을, 군사적으로 보잘 것 없는 나라인데다가 더구나 히틀러의 종속국의 대사가 내뱉는 몇 마디 말에 의존하다니!

쏘련 영토를 지키려는 확고한 결정

비버의 주장과는 정반대로, 쏘련 지도부는 쏘비에뜨 영토를 단 한 치도 내주지 않겠다는 단호한 결정을 내렸다. 1930년대에 서방의 어떠한 침략에도 안전한 거리인 우랄산맥 너머에 대규모 제철소들을 건설한 것이 바로 그 증거이다. 거기라면 전쟁이 오래 지속되는 중에도 무기와 다른 군수 물품을 계속 생산할 수 있다. 실제로 침략이 발생하자 쏘련은 모든 대규모 제조업을 그곳으로 이전했다. 그 책의 제1장(章)은 쏘련 인민들에게 전하는 몰로또프의 라디오 방송으로 끝이 난다. 이 방송 역시 비버에게는 불만이다. 그에 따르면, "몰로또프의 말들은 감흥이 없었고, 그의 연설은 서툴렀다." 그럼에도 불구하고 비버, 이 "연설이 쏘련 전역에 강력한 반응을 불러일으켰다"는 것을 인정하지 않을 수 없었다. "예비군들은 동원령을 기다리지 않았다. 그들은 즉시 출동했다."[19] 이상하지 않은가!

---

19) *ibid.*, p. 10.

독일군 쪽으로 대규모로 탈영하지 않았단 말인가? 혹은 "주민들로부터 따뜻한 환영"20)이 없었단 말인가?*

비버는 또한 CIA의 자료도 인용하고 있다. 1937년 쏘련군에서 "총 36,671명의 장교들이 처형되거나 투옥 혹은 면직당했다"21)는 오래된 이야기를 다시 들춰내고 있는 것이다. 이는 영국의 비밀경찰 요원이었다가 나중에는 CIA 요원이 된 로버트 콘퀘스트가 퍼트린 이야기였다(이 책의 제1편 "쏘련 역사에 대한 거짓말" 참조). 비버에 따르면, 전쟁 초기에 쏘련 측의 사상자들이 많았던 것은 장교들이 부족했기 때문이었다. 하지만 비버는 본의는 아니지만 이렇게 얘기한다. 1937-39년 사이에 퇴출된 장교는 (전체 7만 5천 명 중에서) 약 2만2천명이었다. 그들의 퇴출은 각 부대의 총회에서 결정되었다. 그들은 병사들의 신뢰를 받지 못했다. 그러나, 1941년에 쏘련의 장교 숫자는 이미 30만 명 이상이었다!22) 쏘련은 나찌 독일에 대한 거대한 방어 준비를 해 왔던 것이다. 퇴출당한 장교들의 수는 초기 수개월 동안의 전쟁의 전개 상황에 사소한 영향밖에는 줄 수 없었다. 전쟁 초기 수개월 동안 쏘련 군대가 퇴각한 이유는 군대의 규모에서 찾아야 할 것이다. 비버는 나찌 침략군

---

20) *ibid.*, p. 26.
* [역주] 비버가 "hiwis" 혹은 "독일 군복을 입은 수만 명의 쏘련인들"이라는 말로 쏘련군으로부터 수만 명이 독일군 쪽으로 탈주했고, 쏘련 인민이 독일군의 침략을 환영한 것처럼 주장하는 데에 대한 비꼼.
21) *ibid.*, p. 23.
22) Roger R. Reese, "The Red Army and the Great Purges" in Getty, J. Arch & Manning, Roberta(eds), *Stalinist terror—New perspectives*, Cambridge University Press, 1993, p. 198.

이 "대략 3백5만 명의 독일 부대였고, 다른 추축국 부대까지 합치면 총 4백만"[23]이었다고 쓰고 있다. 그러나 쏘련에 대한 침략군은 실제로는 5백만 명 이상이었고, 이는 인류 역사상 가장 거대한 침략군이었다. 서부 국경선에 배치된 쏘련군은 약 2백90만 명이었다. 10년 동안 대비했지만, 쏘련은 그보다 더 큰 규모의 군대를 양성할 수는 없었다. 게다가 나찌는 5대 1 이상으로 수적으로 우세한 일정 지역들에 그들의 공격을 집중할 수 있었다. 이들 지역에 나찌는 난공불락의 대규모 기갑부대들을 집중시켰다. 이것이 바로 개전 초기 몇 달 동안 독일군이 승전할 수 있었던 주요 이유였다. 그러나 이러한 승전들은 비싼 대가를 치르고 얻은 것이었다. 비버는 마치 햇볕에 그을린 독일 병사들이 "시민들로부터 따뜻한 환영"을 받으며 쏘련 전역으로 휴가 여행을 즐긴 듯이 쓰고 있지만, 그것은 결코 그렇게 쉬운 게 아니었다.

비버의 거짓말 대 프란츠 할더의 자료

비버의 이야기들을 독일군 참모총장 프란츠 할더(Franz Halder) 장군의 자료와 비교하면 흥미롭다. 할더는 1938년 8월부터 1942년 9월 24일까지 히틀러의 참모장이었다. 할더는 이 기간 내내 모든 전선에서 나찌의 모든 전쟁을 지휘했다. 이 기간에 그는 사적이고 비밀스런 일기를 썼다. 이 일기에는,

---

23) Beevor, 1999, p. 12.

그가 가벨스베르크 속기술(Gabelsberg shorthand)이라는 소수만이 읽을 수 있는 옛 속기 언어로 기록한 전쟁에 대한 그의 논평을 포함되어 있다. 할더의 이 전쟁일기는 출판할 의도로 집필된 것이 아니었으나, 전후(戰後)에 ≪할더의 전쟁일기, 1939-1942(*The Halder War Diary, 1939-1942*)≫라는 제목으로 출판되었다. 할더와 나찌 권력가들이 누설을 원치 않았던 많은 진실이 담겨 있는 아주 흥미로운 책이다. 비버는 "쏘련 측의" 히스테리나 전반적인 패닉, "혼란"[24]에 대해서 이야기하고 있다. 그러나 쏘련을 침략한 첫날인 1941년 6월 22일 저녁에 이미 할더는 이렇게 쓰고 있다.

> 작전상 후퇴할 기미가 보이지 않는다. 그럴 가능성은 없을 것 같다.[25]

쏘련 병사들은 도망가려 하지 않았다. 그들은 반격했다. 이틀 후인 6월 24일에 할더는 이렇게 쓰고 있다.

> 러시아 부대들의 완강한 저항이 놀랍다. ... 분명히 러시아인들은 퇴각할 생각이 없고, 독일 침략을 저지하기 위하여 사력을 다하여 싸우고 있다.[26]

침공 일주일 후인 6월 29일에 할더는 이렇게 쓰고 있다.

---

24) *ibid.*, p. 73.
25) Franz Halder, *The Halder War Diary 1939-1942*, London, 1988, pp. 412-413.
26) *ibid.*, p. 419.

모든 전선에서 들어오는 보고는 러시아인들이 마지막 한 사
람까지 싸우고 있다는 이전의 징후를 확인해 주고 있다.[27]

할더 장군은 히틀러나 다른 장군들과 마찬가지로, 독일이 침
공하면 쏘련 병사들은 도망칠 수밖에 없을 것이고, 자신들이
쏘련 군대를 괴멸시킬 것이라고 생각했다. 군사 강국이었던
프랑스에서 그랬듯이 말이다. 그러나 쏘련에 대한 전쟁은 갈
수록 더 격렬해졌다. 나찌는 쏘련군에 막대한 손실을 입히고,
후퇴하지 않을 수 없도록 만들었다. 그러나 나찌군 또한 막대
한 손실을 보았다. 할더에 의하면, 10일 후인 7월 3일에 독일
군은 "약 5만4천 명이 죽었고", "많은 수(거의 5만4천 명)가
부상을 입었다."[28] 7월 4일의 일기에는 할더는 공격 탱크들의
손실이 커서 어떤 기갑부대들의 경우에는 그 손실이 50%에
이른다고 각주에 쓰고 있다.[29] 실제의 전쟁은 비버의 책 내용
과는 완전히 달랐다.

비버의, 명문 "군인 가문" 출신의 "전설적인" 장군들

비버가 그의 책에서 주장하는 명제들 중 하나는 히틀러와
독일 장군들 간에 전략상의 대립이 있었다는 것이다. 비버가
보기에, 모두가 다 독일의 명문 "군인 가문"[30] 출신의 "전설적

---

27) *ibid.*, p. 433.
28) *ibid.*, pp. 453-454.
29) *ibid.*, p. 449.

이고"[31], "뛰어난"[32] 장군들로 구성된 독일군 사령부는 매우 유능했으며, 전쟁을 지휘하는 데에 "무책임하고" "무식한" 히틀러가 자신의 생각을 강요하지만 않았더라면, 독일군이 승리하였을 터였다. 그러나 ≪할더의 전쟁일기≫에는 이러한 명제를 뒷받침할 어떤 근거도 없다. 독일군 사령부는, 정확히 히틀러와 마찬가지로, 쏘련에 대해서 완전히 잘못 생각하고 있었다. 바로 히틀러와 마찬가지로 독일군 사령부는 쏘련을 손쉽게 격파할 것이며, 전쟁은 수주일 내에 끝날 것으로 판단했다. 침략 11일째인 7월 3일에 전황 분석을 하면서 할더는 그의 전쟁일기에 이렇게 쓰고 있다.

> 따라서 러시아와의 전쟁을 지난 두 주일 사이에 승리했다고 말하더라도 결코 과장이 아닐 것이다.[33]

독일 사령부는 1941년 7월 3일 중에 쏘련을 완전히 격파할 것으로 기대했던 것이다!

7월 4일 할더는 이렇게 쓰고 있다.

> 우리 군대가 진격함에 따라, 쏘련군의 더 이상의 저항은 아마 곧 무너지게 될 것이고, 우리는 레닌그라드와 모스끄바를 점령하게 될 것이다.[34]

---

30) Beever, 1999, p. 15.
31) *ibid.*, p. 66.
32) *ibid.*, p. 16.
33) Halder, 1988, p. 446.
34) *ibid.*, p. 450.

히틀러와 독일 장군들은 똑같이 전황을 잘못 파악하고 있었고, 똑같이 승리에 대한 환상을 가지고 있었다. 그뿐만이 아니었다. 그들은 전쟁 범죄에 관해서도, 즉 쏘련 주민들을 몰살시키려는 것뿐만 아니라 쏘련 도시들을 완전히 파괴하려는 것에 관해서도 의견이 일치하였다. 1941년 7월 8일에 할더는 히틀러와 가졌던 한 회의에 대해서 쓰고 있는데, 그 회의에서는 전황이 분석되고 중요한 결정들이 내려졌다. 히틀러는 아주 단호히 말했다.

> 모스끄바와 레닌그라드를 완전히 파괴해서, 우리가 겨울에 그곳 주민들을 먹여 살릴 필요가 없도록 사람이 살 수 없는 곳으로 만들어야 한다. 이 도시들은 공습으로 완전히 파괴될 것이다. 탱크를 투입해서는 안 된다. 국민적 참사는 볼쉐비즘뿐만 아니라 모스끄바 시민들의 애국주의의 중심 또한 없앨 것이다.[35]

군 사령부의 누구도 히틀러의 계획에 반대하지 않았다. 만일 쏘련이 나찌를 물리치지 못했더라면 실제로 그렇게 되었을 것이다. 같은 기록 속에서 할더는 겨울의 숙영(宿營)에 대해 이렇게 쓰고 있다.

> 우리 군대는 마을이나 도시에 숙영해서는 안 된다. 왜냐하면 폭동이 일어날 경우 언제라도 그곳들을 폭격할 수 있어야 하기 때문이다.[36]

---

35) *ibid.*, p. 458.
36) *ibid.*, p. 459.

여기서 우리는 나찌 장군들의 진면목을 볼 수 있다. 비버가 말하는 명문 "군인 가문" 출신의 "전설적인" 장군들 역시 히틀러와 진배없는 전쟁 범죄자들이었을 뿐이다.

히틀러가 참석한 7월 8일의 바로 그 회의에서 스몰렌스끄 공격이 결정되었다. 이 도시는 모스끄바로 가는 간선도로 상에 있는 도시로서 모스끄바를 공격하기 위해서는 그전에 옐냐(Yelnya) 및 로슬라블(Roslavl)과 함께 반드시 점령해야만 했다. 독일 참모장 프란츠 할더는 그의 일기에 이렇게 쓰고 있다.

> 스몰렌스끄 전투에서 러시아 군대들을 격퇴한 후에 우리는 볼가강을 통과하는 철로를 봉쇄하고, 그 강까지의 영토를 점령할 것이며, 그러고 나서, 기갑부대들과 공군이 러시아의 나머지 산업 중심지들을 파괴해 나갈 것이다.[37]

당시 나찌 부대들은 스몰렌스끄에서 100km 지점에 있었고, 그 도시에서 모스끄바까지는 약 500km이며, 다시 볼가강까지도 같은 거리임을 기억해야 한다. 모든 것이 그렇게 쉬울 것 같았다! 그러나 결과는 그렇지 않았다. 스몰렌스끄 전투는, 비버에 의하면, 나찌에게는 놀이였고, 쏘련에게는 "여러 부대가 함정에 빠지고" "더 많은 쏘련군 사단이 희생된" "대재앙"[38]이었다. 그렇다면 모스끄바로 가는 길이 열렸어야만 했다! 그러나 왜 계속해서 모스끄바로 진격하지 않았는가? 비버는 그 이유를 '설명'한다. 히틀러가 7월 말에 정지하라고 명령했다는

---

37) *ibid.*
38) Beevor, 1999, pp. 28-29.

것이다. 그의 "모스끄바로 진군을 피하려는 본능은 부분적으로는 나폴레옹의 전철(前轍)을 밟지 않으려는 미신에 사로잡혀 있었기 때문이었다."39) 그렇게 히틀러는 "미신에 사로잡혀", 군대에 정지할 것을 명령했다! 이것을 역사라 불러야 한단 말인가?

스몰렌스끄를 방어하다

비버의 주장과는 정반대로, 스몰렌스끄의 전투는 나찌에게 매우 타격이 컸다. 스몰렌스끄의 방어 군은 전혀 항복할 의사가 없이 완고하게 싸웠고, 쏘련군은 강하게 반격했다. 모든 교외와 모든 주택, 그리고 모든 거리가 다 전쟁터였다. 나찌는 병력을 보충하고 물자를 보급받기 위해 중지하지 않을 수 없었다. 할더 장군은 7월 11일 그의 전쟁일기에 스몰렌스끄 전투에서 쏘련의 기갑부대들이 "매번, 전부는 아니더라도, 주력부대들이 포위망을 벗어나고 있다"40)고 쓰고 있다. 7월 13일이 되자 할더와 군 사령부는 히틀러에게 "모스끄바 진격을 일시 중지해야 할 것"41)이라고 건의했다. 도저히 더 이상 진격할 수 없었던 것이다. 7월 15일에는 할더는 "러시아 군대는 지금, 여느 때처럼, 사생결단의 각오로 싸우고 있다"42)고 보고

---

39) *ibid.*, p. 32.
40) Halder, 1988, p. 465.
41) *ibid.*, p. 470.
42) *ibid.*, p. 474.

하고 있다. 그 후 일주일 동안, 쏘련군은 여러 지역에서 독일군의 전선들을 뚫고 들어가는 데 성공한다. 7월 26일에 할더는 이렇게 쓰고 있다.

> 전반적인 전황: 적의 방어가 더욱 공세적으로 되고 있고, 더 많은 탱크들과 비행기들이 투입되고 있다. 지난번에 보고된 새로운 10개 사단 이외에 15개의 새로운 사단이 추가로 보고되었다.[43]

같은 날, 포위당했던 쏘련군의 대부분이 포위망에서 벗어나는 데 성공하였고, 그들은 쏘련의 주력 부대와 합세하여 모스끄바 앞에 새로운 방어선을 구축하였다. 모스끄바로 향하던 나찌 부대들은 크게 지쳐 있었고 약해져 있었다. 나찌의 사상자는 너무나 많아지고 있었고, 나찌군은 새로운 병력과 장비를 제때 보급하지 못했다.

7월 30일에 히틀러는 총사령부의 7월 13일의 건의를 수용하기로 결정하고, 방어선을 유지할 것을 명령했다. 할더는 그의 전쟁일기에서 이 결정에 대해 다음과 같이 언급했다.

> 군대의 고위 지휘부가 우리의 제안을 수용한 새로운 "작전명령"에 서명했다! 이 결정으로 병사들은 지난 며칠 동안 우리를 괴롭히던 끔찍한 전망에서 벗어날 수 있게 되었다. 총통의 고집으로 동부 전선이 곧 수렁으로 내몰릴 듯이 보였기 때문이다. 드디어 우리는 숨을 돌릴 수 있게 되었다![44]

---

43) *ibid.*, p. 485.
44) *ibid.*, p. 490.

총사령부는 마침내 일단 멈출 수 있게 되었다. 히틀러가 공세를 멈추기로 결정한 것은 그가 "미신에 사로잡혀" 있었기 때문도 아니었고, 총사령부와 대립해서도 아니었다. 히틀러가 공세를 멈추기로 결정한 것은 총사령부가 그것을 요구했기 때문이었고, 군 내부의 상황이 그것을 요구했기 때문이었다. 미신에 사로잡힌 히틀러에 관한 비버의 거짓말은 명백하다.

스몰렌스끄에서 나찌는 제2차 세계대전 중 처음으로 멈추지 않을 수 없었고, 그리하여 그것으로 나찌의 "전격전(Blitzkrieg)"은 막을 내렸다. 8월 11일에 할더는 이렇게 쓰고 있다.

> 전반적인 상황을 볼 때, 우리가 러시아라는 거인을 과소평가했다는 사실이 갈수록 명백해지고 있다.[45]

전쟁이 시작된 지 6주 후에 그는 이렇게 쓰고 있다.

> 6월 22일부터 8월 13일까지 총 사상자: 389,924명[46]

8월 28일엔 이렇게 쓰고 있다.

> 탱크 상황: 기갑 1부대: 평균 50%, 기갑 2부대: 평균 45%, 기갑 3부대: 평균 45%, 기갑 4부대: 최고(체코제!) 평균 50-75%[47]

나찌는 전선에 새로운 병력과 물자를 공급하기 위한 시간이

---

45) *ibid.*, p. 506.
46) *ibid.*, p. 521.
47) *ibid.*, pp. 519-520.

필요했다. 10월이 되어서야 나찌는 새로운 무기 및 새로운 사단과 함께 모스끄바를 향한 공세를 재개할 수 있었다. 비버는 히틀러의 새로운 공세를, 히틀러가 "그의 마음을 다시 바꾸었다"[48]는 말로 설명한다. 비버에 의하면, 히틀러는 이제 더 이상 "미신에 사로잡혀" 있지 않은 것이다...

쏘련 입장에서 보면, 스몰렌스끄 전투는 전략상의 성공이었다. 모스끄바의 방어를 확보할 수 있었다.

뚤라, 나찌의 공격을 저지하다

비버는 매 페이지마다 진실을 왜곡하고 역사적 사실들을 부정하고 있다. 뚤라(Tula) 시에 관한 작은 일화를 살펴보자. 남쪽에서 모스끄바로 가는 길은 뚤라를 거친다. 비버는 이렇게 쓰고 있다.

> 남쪽에서는 구데리안(Guderian)의 기갑부대가 뚤라를 흔들고 지나가 쏘련의 수도를 아래쪽에서 위협했다.[49]

이는 마치 뚤라가 이미 점령되었다는 인상을 준다. 그러나 실제로는 구데리안의 기갑부대는 뚤라를 정복한 적이 없다. 뚤라의 방어부대는 포기하지 않고 싸웠다. 아주 힘든 전투 끝

---

48) Beevor, 1999, p. 33.
49) *ibid.*, p. 36.

에 독일의 제2기갑군 사령관인 나찌 장군 구데리안은 뚤라 점령을 포기하지 않을 수 없었다. 회상록에서 구데리안은 이렇게 쓰고 있다.

> 우리가 계획했던 뚤라로의 빠른 진격은 그리하여 당분간 포기해야만 했다.50)
> 수많은 러시아산 T34 전차가 전투에 투입되어 독일 탱크부대에 심대한 손실을 입혔다.51)

구데리안의 기갑부대는 모스끄바로부터 약 200km 지점에 위치한 뚤라 인근에서 봉쇄된 채 머물러 있었다! 한 달 뒤 쏘련의 반격으로 구데리안의 기갑부대는 거기에서 다시 130km 후방으로 밀려났다. 이 패배로 인해 구데리안은 제2기갑군 사령관직에서 해임되었다.

이들 전투에 관한 비버의 설명은 나찌 장교들의 그것과 일치한다. 비버에 따르면, "국방군(Wehrmacht, [독일군의 자신에 대한 호칭-역자])을 급격히 가장 괴롭힌 것은 날씨였다." 그러나 비버의 훌륭한 독일군들은, "탱크 엔진들이 꽁꽁 얼었음"52) (그렇다면 쏘련의 탱크들은 어땠을까?)에도 불구하고, 그리고 "시계(視界)가 나빠 공군(Luftwaffe)의 '미사일 공격'이 어려웠음"53)에도 불구하고, "계속 최선을 다해 싸웠다"54) 쏘련 쪽에

---

50) Heinz Guderian, *Panzer Leader*, New York, 1996, p. 233.
51) *ibid.*, p. 237.
52) Beever, 1999, p. 40.
53) *ibid.*, p. 39.
54) *ibid.*, p. 36.

대해서는, 비버에 의하면, 나라를 지키기 위한 영웅적 행동들은 전혀 논의의 가치가 없는 것이었고, 문제는 "자멸적인 저항"[55]이나 "식량 폭동, 약탈, 술주정"[56]이었다. 11월 7일 모스끄바에서의 10월 혁명 기념 열병식은, 비버에 따르면, 단지 언론을 속이기 위한 책략일 뿐이었다. 비버의 속내는 뻔하다. 쏘련군이 후퇴하지 않을 수 없을 때의 사악한 쾌감, 그리고 나찌의 공세에 대한 찬양. 그러나 비버에게는 유감스럽게도, 나찌의 공격은 점점 더 많은 난관에 부딪혔다. 11월 말이 다가오자 나찌군은 완전히 기진맥진했다. 총사령부는 전황을 전혀 파악하지 못하는 것 같다. 11월 23일에 할더는 그의 전쟁일기에 다음과 같이 쓰고 있다.

> 전황: 동부: 러시아 군의 전투력은 더 이상 위협이 되지 않는다.[57]

그러나 13일 뒤인 12월 6일에 쏘련군은 반격을 가하여 나찌군을 모스끄바로부터 250km 뒤로 몰아붙인다. 나찌가 모스끄바 외곽에서 패배한 후 비버는 핑계를 찾지 않으면 안 된다. 그 이유는 무엇보다도 "히틀러가 거의 미신에 사로잡혀 방한복 지급 명령을 거부했기 때문이었다."[58] 또 다시 이 미신에 사로잡힌 히틀러! 그러나 나찌가 250km 뒤로 후퇴하였다는

---

55) *ibid.*, p. 39.
56) *ibid.*, p. 38.
57) Halder, 1988, p. 563.
58) Beevor, 1999, p. 44.

사실에도 불구하고, 비버는 "스딸린의 총공세는 일련의 난투극으로 악화되었다"[59]고 쓰고 있다. 모스끄바 전투가 실제로는 쏘련의 승리로 끝났다고 하면, 독자들은 아마 놀랄 것이다. 당연히 쏘련이 승리했다! 쏘련은 그 전투에서 이겼고, 나찌는 다시는 모스끄바에 접근하지 못했다.

나찌는 모스끄바 주변의 영토를 다시는 정복할 수 없었다. 비버의 수많은 거짓말들 가운데 다른 예, 즉 대독일 기갑 사단에 관한 예를 들어 보자. 비버는 독자들이, 마지막으로 스딸린그라드를 공격하기 전에 히틀러가 대독일 사단(그리고 아돌프 히틀러 SS친위대 사단)을 프랑스로 보냈다고 믿기를 바란다. 비버는, "대독일 사단과 SS친위대 기계화 보병 사단을 프랑스로 되돌려 보내야 했다"[60]고 쓰고 있다. 비버는 독일의 참모장, 프란츠 할더 장군이 1942년 7월 23일의 그의 전쟁일기에 이 문제에 관해 다음과 같이 언급했다고 덧붙이고 있다.

> 적의 능력을 과소평가하는 이러한 만성적 경향은 점차 기괴하게 커지고 있고, 현실적인 위험으로 발전하고 있다.[61]

진실인가? 《할더의 전쟁일기》를 읽어보면, 비버가 인용한 부분은 대독일 사단이나 아돌프 히틀러 친위 사단에 관한 것이 아니라, 로스또프(Rostov) 주위에 대한 히틀러의 부대 배치에 관한 것임을 알 수 있다! 그 전쟁일기의 같은 페이지에서

---

59) *ibid.*, p. 43.
60) *ibid.*, p. 81.
61) Halder, 1988, p. 646.

할더는 7월 24일에 이렇게 쓰고 있다.

로스또프 동쪽, 대독일 사단의 새로운 승리.[62]

대독일 사단을 프랑스로 보내는 문제는 결코 있지도 않았다. 《할더의 전쟁일기》를 보면, 1942년 7월 5일부터의 대독일 사단의 행적을 추적할 수 있다. 7월에는 대독일 사단은 스딸린그라드의 남쪽에 있었다. 8월 14일에 대독일 사단은 군단본부 사단(division of the Army Group Center)을 지원하기 위해 모스끄바에서 서쪽으로 약 200km 떨어진 르줴프(Rzjev) 부근으로 파송되었는데,[63] 할더에 의하면, 그곳의 "우리[독일군-역자]의 손실이, 특히 탱크부대의 손실이 매우 끔찍했기"[64] 때문이었다. 대독일 사단은 운이 좋았다. 만약 르줴프로 파송되지 않았더라면 그들은 스딸린그라드에서 파멸되었을 것이다. 그것이 대독일 사단이 속한 나찌 제4기갑군의 운명이었다.

까띤 숲 학살에 관한 거짓말

비버의 믿을 수 없는 거짓말 중 또 다른 하나는 스몰렌스끄 인근 까띤(Katyn) 숲에서의 대량학살에 관한 것이다. 쏘련에 대한 조직적인 모략선전을 전개하면서 비버는 아니나 다를까

---

62) *ibid.*, p. 646.
63) *ibid.*, p. 657.
64) *ibid.*, p. 657.

물론 내무인민위원회에 책의 한 장(章)을 할애하여 이 조직에 가장 끔찍한 범죄들을 뒤집어씌우고 있다. 비버는 이렇게 쓰고 있다.

> 1939년 가을에 베리야가 설치한 내무인민위원회의 또 다른 부서가 전쟁포로들을 다루었다. 그 부서의 첫 번째 주요 임무는 까띤에 있는 숲 속에서 4천 명 이상의 폴란드 장교들을 살해하는 것이었다.[65]

그러한 중대한 주장에는 당연히 설명이 요구되지만, 비버는 그것을 설명할 수 없었다. 그는 히틀러 측의 자료를 곧이곧대로 가져다 쓰고 있다! 1943년 4월 13일에 히틀러와 괴벨스의 선전부는 수많은 폴란드 장교들의 집단 매장지의 존재를 공표했다. 나찌는 쏘련 정부가 1만5천 명의 폴란드 장교들을 학살했다고 비난했다. 당시 까띤 지역은 1941년부터 계속 독일 점령 하에 있었다. 그리고 그 2년 동안 나찌는 수용소와 피점령국들에서 수백만의 인민을 살해했고, 그 피점령국들 중에는 쏘련의 일부-역재도 포함되어 있었다. 왜 나찌는 1943년 4월에 1만5천 명의 사람들이 "쏘련의 학살"로 죽었다고 공표한 것일까?

2월 2일에 나찌가 스딸린그라드에서 대패한 지 고작 한 달 후인 4월 13일에* 이 학살 발표가 이뤄졌다는 점에 주목해야

---

65) Beevor, 1999, p. 86.

* [역주] 스웨덴이나 서유럽의 언어상의 관행에 따른 것인지 여부는 확인하지 못했지만, 아무튼 2월 2일과 4월 13일 사이에는 달력상 '3월 한 달'이 끼어 있기 때문에 이렇게 표현한 것 같다. 우리에게 보다 익숙

한다! 나찌에게 흑색선전거리가 필요했던 것이다. 영국의 외무장관 이든(Eden)은 1943년 5월 4일에 의회에서, 수십만 명의 폴란드인들과 러시아인들을 살해한 나찌 살인자들이 연합국 간의 단결을 파괴하기 위해서 대량학살이라는 거짓말을 이용하고 있다고 발표했다. 그러한 발표는 까띤 숲 학살에 대한 나찌의 거짓말에 종지부를 찍었다. 그러나 쏘련에 대한 냉전이 전개되는 중에 까띤 숲에서의 쏘련의 학살에 관한 비난들이 새로이 등장했다. 이번에는 [그 진원지가-역자] 나찌의 비밀경찰(Gestapo)이 아닌, 미국과 영국이었다. 이러한 비난들은 나중에는 고르바쵸프와 옐친(Yeltsin)을 통한 쏘련의 반혁명에 의해 재개되기도 했다. 그 문제를 다시 한 번 점검하여 누가 까띤 숲의 학살을 저질렀는가를 밝혀내기 위한 조사위원회가 조직되었다. 쏘비에뜨-폴란드 조사위원회나 나중의 러시아-폴란드 조사위원회는, 그들의 간절한 열망에도 불구하고, 그 학살에 쏘련이 연루되었다는 어떤 증거도 찾을 수 없었다. 위원회의 조사 결과에 따르면, 까띤에서 죽은 폴란드 장교들은 독일의 무기로 살해되었으며, 희생자는 약 4천 명으로, 히틀러가 말한 1만5천 명이 아니었다.*

한 표현으로 하자면, "2월 2일에 ... 대패한 지 고작 2개월여 후인 4월 13일에"가 될 것이다.
* [역주] 까띤 숲 학살의 진상과 흑색선전에 관한 보다 상세한 내용은 이 책의 부록을 참조하길 바란다.

Antony Beevor, *Stalingrad*,
Penguin Books, 1999, page 86.

Another department of the NKVD, set up by Beria in the autumn of 1939, dealt with enemy prisoners of war. Its first major task had been the liquidation of over 4,000 Polish officers in the forest at Katyn. In the summer of 1942, however, its officers were underemployed because so few Germans were captured during the Axis advance.

Antnoy Beevor, *Stalingrad*,
Historiska Media, Sweden, 2000, page 99.

En annan avdelning inom NKVD, som sattes upp av Berija hösten 1939, ägnade sig åt krigsfångar. Dess första uppgift hade varit avrättningen av 15 000 polska officerare i skogen vid Katyn. Sommaren 1942 var dock dessa officerare undersysselsatta eftersom så få tyskar fångades under axelmakternas offensiv. Varje medlem av en mindre avdelning ur den 29. motorise-

스웨덴어 번역은 영어로 된 원문과 다르다! 스웨덴어 번역판(Historiska Media, 2000, p. 99)에는 까띤에서 1만5천 명의 폴란드 장교들이 처형당했다고 되어 있다. 그러나 원문(Penguin Books, 1999, p. 86)에는 까띤에서 4천 명의 폴란드 장교들이 살해되었다고 쓰여 있다. 그렇게 부풀리기를 원한 것은 안토니 비버인가, 아니면 스웨덴어 편집자인가? 아무튼 이것은 저들의 역사책이란 것들이 얼마나 위험한가를 보여 주고 있다!

나찌는 비버의 영웅들

비버의 거짓말은 책을 읽기가 피곤할 정도로 너무나 많다. 비버가 쓰고 있는 모든 것은 쏘련을 헐뜯기 위한 나찌의 전쟁 흑색선전에 근거하고 있다.

> 전투에 투입된 대부분의 (쏘련) 징집병들은 열이틀 남짓밖에 훈련을 받지 못했으며, 일부는 그보다도 더 짧은 훈련밖에 받지 못했다.[66]
> 분명히 만취한 군 지휘관이 3개 대대의 신임 장교들을, 무기나 식량도 없이, 제16기갑사단에 맞서 싸우도록 파견했다.[67]

비버의 책은 때로는 아예 농담 같아서, 명석한(smart) 독일인들이 러시아 멍청이들을 죽여 없애기도 하고, "상당히 넓은 사슴 사냥터"처럼 "숲을 소거(掃去)하기도 한다"[68] "[독일의-역자] 공군(Luftwaffe) 조종사들은 그들의 적을 '멋들어지게(mit Eleganz)' 해치웠고,"[69] "햇볕에 그을린 젊은 전투기 조종사들은", "빛나는 갑옷을 입은 하늘의 튜톤족 기사(騎士)의 매혹적인 모습을 보여 주는 듯했다!"[70] 그리고 물론 "쏘련의 전투기 조종사들은 여전히 적에 대한 본능적인 두려움에 시달리고 있었다."[71] 스딸린그라드에 관한 장(章)에서 비버는 그의 흑색선

---

66) *ibid.*, p. 89.
67) *ibid.*
68) *ibid.*, p. 96.
69) *ibid.*, p. 110.
70) *ibid.*, p. 115.
71) *ibid.*, p. 138.

전을 계속한다. "러시아군의 공격들은", 그에 의하면, "형편없이 소모적이고 무능했으며,"[72] "공격자들[독일군-역자]의 진정한 장애물은, 곧 밝혀진 것처럼", 쏘련의 방어군들이 아니라, "황폐화된 도시경관(都市景觀)이었다."[73] 그 밖에도, "뛰어난(star) (독일) 지휘관"[74]이나 "(쏘련의) 사악해 보이는 군(軍)인민위원"[75] 같은 전형적인 표현들이 있고, 또한 도망치는 쏘련 장교들과 "군사 재판에 회부되어" "아마 총살을 당한"[76] 병사들에 관한 이야기 등이 있다. 어떻게 "아마 총살을 당할" 수가 있단 말인가?! "우리 앞에 쏘련군 시체들이 산더미처럼 쌓여 우리를 위한 일종의 모래주머니 벽의 역할을 하도록,"[77] 파도처럼 밀려오는 러시아인들을 사살하는 훌륭한 독일인들에 관한 많은 이야기들도 있다.

비버에 의하면, 쏘련군 내에서는 탈영과 처형이 항다반사다. 쏘련의 지도부는 언제나 잔인하고, 냉혹하며, 피에 굶주린 것처럼 묘사되고, 쏘련 장교들은 병사들에게 완전히 맹혹하다. 그렇다면 어떻게 하여 그들이 나찌에 대한 이 전쟁을 1년이 넘도록 수행할 수 있었고, 심지어 그에 승리할 수 있었단 말인가? 수많은 전투가 벌어져 많은 피가 흩뿌려진 언덕인 마마이아 꾸르간(Mamaia Kurgan, 마마이의 무덤)에 세워진, 스딸

---

72) *ibid.*, p. 124.
73) *ibid.*, p. 129.
74) *ibid.*, p. 124.
75) *ibid.*, p. 128.
76) *ibid.*
77) *ibid.*, p. 372.

린그라드를 지켜낸 영웅적인 쏘련 병사들을 기리는 기념비조차 비버는 무시하다시피 한다. 공장에 여성들을 동원하는 것은 범죄로 둔갑된다. 비버는 쏘련 승리의 모든 흔적을 쓸어 없애고 싶어 한다. 쏘련 측에 어떤 문제가 있을 때마다, 비버는 우리로 하여금 쏘련 정부와 장교들이 무능한 지도자들이었다고 믿게끔 하기 위해서 그가 할 수 있는 모든 것을 하고 있다. 독일의 공세가 저지될 때에는 비버는 단지 몇 줄만 쓴다. 언제나 독일군의 패배를 정당화하는 구실들이 있다. 독일인들은 "진흙장군(General Mud)"과 "동(冬)장군(General Winter)"[78] 때문에 패배했다. 쏘련 민간인에 대한 독일의 섬멸전에 대해서 비버는 이렇게 쓰고 있다.

  쏘련은 독일인들이 잔학행위를 벌였다고 수없이 주장하지만, 그것들은 거의 검토 평가할 가치도 없다.[79]

독일의 패배에 대한 많은 감상적인 이야기들—예컨대, 독일식의 성탄 축하—은 아마 스웨덴 신문 ≪스벤스카 다그블라뎃≫의 평론가를 감동시켜 눈물짓게 할 수 있다. 붉은 군대의 장교들과 스딸린에 대한 비버의 공격은 원시적인 반공주의 이외의 아무것도 아니다. 최소한의 근거도 없이 비버는 거짓 이야기들을 차례로 써 대고 있다.

---

78) *ibid.*, p. 282.
79) *ibid.*, p. 263.

스딸린그라드에서의 나찌의 패배

 일부 논평할 가치가 있는 역사적으로 흥미로운 문제들이 있다. 예상할 수 있었던 것처럼, 비버는 스딸린그라드에서의 독일의 패배를 히틀러 탓으로 돌리고 있다. "독일의 명문 군인 가문" 출신의 "전설적인" 독일 장교들은 그 패배에 대한 책임으로부터 벗어나고 있다. 이것은 공정하지 못하다. 스딸린그라드 점령 계획은, 히틀러와 본부 사령부 및 총사령부의 모든 장군들의 완전한 합의 하에 작성된 것이었다. 스딸린그라드 점령은 사실상 필수불가결한 것이었다. 나찌는 쏘련의 석유자원을 탈취하기 위해 50만 명의 A 군단(army group A)을 까프까즈로 보냈다. 남부, 즉 로스또프의 북쪽에는 제6군과 제4기갑군이 포함된 B 군단이 남아 있었다. 스딸린그라드의 서부에 있는 쏘련군의 공격으로부터 A 군단의 좌익(左翼)뿐 아니라 B 군단을 방어해야 할 필요가 있었다. 볼가강까지의 쏘련 영토를 지배하지 않는 한 나찌는 까프까즈로부터 석유를 수송할 수가 없다. 이것이 바로 스딸린그라드를 점령해야만 하는 이유이다. 그러나 스딸린그라드에 대한 독일의 공격은 잘못된 전제에 근거하고 있었다.

 1942년 여름, 히틀러와 독일의 본부 사령부 및 참모부는 쏘련이 대규모 전쟁을 지속할 수 없을 것으로 판단했다. 그들은 쏘련의 군사력이 완전히 바닥났다고 생각했다. 그들은 쏘련 사회주의 체제는 자본주의 국가에서는 불가능한 방식으로 병력을 모을 수 있다는 것을 이해하지 못했다. 그들은, 훈련과 무기의 비용을 고려하면, 일정 수의 주민은 일정 수의 병사만을 지원(支援)할 수 있다고, 자본주의적 방식으로 계산했다. 사회주의는 인간을 해방하여 자본주의보다 훨씬 거대한 병력을 창출할 수 있다는 것을 그들은 이해하지 못했다. 히틀러와 나찌 장군들은 스딸린그라드는 쉬운 전투가 될 것으로 생각했다. 나중에, 즉 1942년 10월에 독일의 고위 사령부는 이렇게 썼다.

> 러시아인들은 최근의 전투로 완전히 지쳐 있다. 1942-3년 겨울엔 작년 겨울만큼 강한 병력을 모을 수 없을 것이다.[80]

그러나 실제로는 그 당시 쏘련의 군수산업은 과거 어느 때보다도 강했고, 히틀러와 그의 장군들에게 쏘련의 반격은 청천벽력과도 같았다.

쏘련 승리의 기반은 사회주의

쏘련의 새로운 부대들이나 총과 탱크, 전투기들 같은 새로운 무기들은 모두 어디에서 왔는가? 그것이 바로 독일 본부 사령부의 작전본부장인 요들(Jodl) 장군이 전쟁 후에 스스로에게 물었던 질문이었다.

---

80) Georgi Zhukov, *Reminiscences and Reflections*, Vol 2, Moscow, 1985, p. 110.

우리는 그 지역의 러시아 군사력에 대해 아는 것이 거의 없었다. 이전에는 그곳에 아무것도 없었는데, 갑자기 강력한 일격을 받았고, 그것이 결국엔 결정타가 되었다.[81]

나찌의 제6군과 제4기갑군이 스딸린그라드에서 포위되자, 나찌는 몇 배나 증대한 난관에 부딪혔다. 히틀러와 본부 사령부는 스딸린그라드의 최고 사령관인 파울루스(Paulus) 장군에게 어떤 대가를 치르더라도 저항하면서 구출을 기다리라고 명령했다. 파울루스가 할 수 있는 일은 많지 않았다. 포위를 벗어나려고 싸우는 것은 위험한 모험이 될 것이다. 그러한 싸움을 위해서는 포위망 속에서 나찌의 병력을 재배치해야 하는데, 이는 수주일이 걸릴 것이고, 그동안 많은 병사가 죽거나 다치고 물자가 파손되는 비싼 대가를 치르게 될 것이다. 만약 탈출이 실패한다면, 그것은 대참사가 될 것이다. 그리고 설사 탈출이 성공하더라도, 수만 명의 사상자가 발생할 것이다. 또한 거대한 양의 물자를 거기에 남겨 두지 않으면 안 될 것이다.

본부 사령부의 어느 누구도, 즉 히틀러도 장군들도, 그에 대한 책임을 짊어지려 하지 않았다. 그리하여 그들에게 내려진 명령이 "위치를 사수하라, 우리가 탈출을 돕겠다"는 것이었다. 그러나 이 명령은 포위당한 군만을 고려해서 내린 것이 아니었다. 그렇게 명령해야만 하는 무언가 아주 중요한 것이 있었다. 독일의 A 군단이 까프까즈에 있었던 것이다!

만약 포위된 제6군이 탈출을 시도한다면, 엄청난 병력과 무

---

81) *ibid.*, p. 97.

기들을 잃을 것이고, 그리하여 B 군단을 약화시켜 쏘련군이 까프까즈에 있는 A 군단을 포위하는 것을 필시 저지할 수 없게 만들고 말 것이다.

그것은 아마 제6군이 스딸린그라드에서 패배하는 것의 최소 2배나 되는 대재앙이 될 것이다.

독일의 본부 사령부와 참모들은 자신들이 얼마나 엄청난 오산을 했는가를 깨달았다. 그들의 최급선무는 까프까즈에서 A 군단을 빨리 철수시키는 것이었다. 결국 독일 제6군은 자신들이 할 수 있는 최선을 다하지 않으면 안 되었다. A 군단은 많은 사상자를 내고 엄청난 물자의 손실을 겪으면서 까프까즈의 쏘련군의 추격에 쫓겨 허겁지겁 퇴각했다.

나찌의 막대한 손실들

나중에 새로운 군, 즉 프랑스와 독일, 그리고 동부 전선에서 급히 차출해 온 병력들로 구성된 독일 돈 군(German Army Don)을 투입하여 제6군의 구출을 시도했다. 이 부대는 만쉬타인(Manstein) 장군이 지휘했는데, 비버에 따르면, 그의 "군인으로서의 자질과 지식"은 "더할 나위 없었다."[82] 만쉬타인 장군은 위풍당당하게 지휘권을 넘겨받았다. 제6군을 구하기 위해서 (스딸린그라드에서 동남쪽으로 약 100km 떨어진) 꼬쩰르니

---

82) Beevor, 1999, p. 273.

꼬보(Kotelnikovo)에서 한 기갑부대가 파견되었다. 비버는 독일군의 이 공격을 "거의 승리"한 것으로 만들고 싶어 한다. 그러나 언제나 전쟁은 마지막 전투에서 이기는 쪽이 승리한다. 만쉬타인의 기갑부대는 쏘련 전선의 50km 안까지 진격해 들어갔지만, 그것이 전부였다. 엄청난 손실을 입은 채, 독일군들은 출발 지점으로, 그리고 심지어 그 훨씬 뒤로 도망쳐 후퇴했다. 독일의 기갑부대와 스딸린그라드 근처 전선에 남아 있던 나머지 부대들은 서쪽으로 50-100km 더 이동했다. 까프까즈가 해방되었고, 독일의 전선은 스딸린그라드로부터 200-300km 뒤로 밀려났다. 죽고, 부상당하고, 실종된 나찌 독일의 병사들 수는 1942년 9월까지 160만 명 이상에 달했다.[83] 두 달 후인 1942년 11월이 되면, 이미 나찌는 200만 명 이상의 병력을 잃어버린다.*

7월에서 11월 사이에 돈강과 볼가강 연안을 따라 벌어진 전투들과 스딸린그라드 자체에서 벌어진 전투들에서 적군=나찌 역자은 70만 명의 병력과 1,000대 이상의 탱크, 2,000정 이상의 총과 박격포, 그리고 거의 1,400대의 비행기를 잃었다.[84]

이들 손실뿐만이 아니라, 스딸린그라드에서는 제6군과 제4기갑군의 대부분을 잃어, 원수(元帥) 1명, 장군 24명, 장교 1만 명과 30만 명 이상의 병사들이 추가로 손실되었다. 나찌가 스

---

83) Halder, 1988, p. 669.
* [역주] 영역본에는 이 문장이 없다.
84) Zhukov, 1985, p. 103.

스딸린그라드에서 잃은 무기류는 독일의 6개월간의 무기류 생산량에 해당했다. 그 패배는 파멸적이었다. 독일군이 그토록 완전히 패배한 적은 일찍이 단 한 번도 없었다. 독일에서 히틀러는 3일간의 전국적 애도기간을 선포했다.

비버의 ≪스딸린그라드≫의 마지막 페이지를 넘기면, 두 가지 의문이 생긴다. 왜 이런 기만적인 책을 썼을까? 누구를 위해서? 우리는 신자유주의가 전 세계적으로 만연한 시대에 살고 있다. 새로운 자유주의적 자본주의는 노동자들에게서 그들의 모든 것을, 즉 그들의 생존조건과 그들의 안전, 심지어 그들의 역사까지를 앗아 가고자 한다. 자본주의자들은 우리가 우리 자신에 대한 신뢰를 잃어 우리를 아무런 제한 없이 지배할 수 있기를 바란다. 이러한 면에서 자유주의와 나찌즘 사이에는 그다지 차이가 없다.

이 글의 필자(Mário Sousa-역재)는 이전에 신자유주의와 나찌즘은 사촌지간이라고 쓴 적이 있다. 그러나 그것들은 오히려 일란성 쌍둥이인 것 같다.

안토니 비버는 제2차 세계대전에서의 쏘련의 승리를 폄하하는 것을 스스로의 책임으로 삼고 있는 신자유주의적 저자들 가운데 한 사람이다. 펭귄출판사는 비버의 책을, 마치 그것이 역사책인 양 출판하고 있다. 왜 그럴까? 이 책은 거의 나찌의 전쟁 흑색선전서(黑色宣傳書)로 간주되어야 할 것이다.

비버의 이야기에 담긴 인종차별주의

 편집자는 심지어 그 책 속의 인종차별적 요소들에 대해서조차 아무런 반응도 보이지 않고 있다. 영 제국의 식민주의자이자 장교로서 비버는, 물론 영국의 장교들에게 감명을 주기 위해서, "그들의 군기를 검증하기 위해 자신의 전사단(戰士團, *impi*)을 낭떠러지 위로 행군시키는 줄루(Zulu)의 왕"[85)]의 이야기를 우리에게 들려주고 있다. …

 쏘련의 승리를 폄하하려는 사람은 단지 비버 한 사람만이 아니다. 미국에는 그와 동류의 인간들이 많다. 그들은 나찌에 대한 쏘련의 승리를 부인하기 위해 임립(林立)한 민간 "재단들"로부터 보수를 받는다.

 그들의 거짓말들을 폭로하는 것은 중요하다. 심지어 베를린 전투를 다룬 비버의 책은 훨씬 더 악질적이다. 무슨 이해관계 때문에 펭귄출판사는 그런 쓰레기를 출판하는가?

---

85) Beevor, 1999, p. 28.

[부록] 까띤 숲 학살

엘라 룰(Ella Rule)[*]
번역: 장진엽[**]

제1차 세계대전의 끝 무렵 러시아와 폴란드의 국경은 그것을 제안한 영국 정치가 커즌 경의 이름을 붙인 커즌선(Curzon line)을 따라 확정되었다.

그 경계는 폴란드인들의 뜻에 맞지 않는 것이었고, 그들은 곧 그들의 영토를 동쪽으로 더 멀리 확장하기 위해 쏘련과의 전쟁에 나섰다. 쏘련은 반격을 개시했고 자신을 방어하기 위해서만이 아니라, 스딸린의 충고를 무시한 채 폴란드 전체를 해방시킬 준비를 했다. 스딸린은 그러한 계획은 결국 실패하게 되어 있다고 생각했다. 왜냐하면, 그가 말하길 폴란드 민족주의가 아직 사라지지 않았기 때문이다. 폴란드인들이 해방되지 '않기로' 결심했기 때문에 그러한 시도는 아무런 효과가 없었다. 따라서 폴란드인들은 쏘련의 진군에 대항하여 격렬한

---

[*] 맑스-레닌주의 영국 공산당(Communist Party of Great Britain(Marxist-Leninist)(CPGB-ML))의 부의장 겸 국제비서로 일하고 있다. 본 번역서의 제1편 "쏘련 역사에 대한 거짓말"과 제2편 "1930년대 쏘련에서의 계급투쟁"의 영역자이기도 하다.
[**] 노동사회과학연구소 회원

저항을 나타냈다. 결국 쏘련은 후퇴할 수밖에 없었고 심지어 폴란드에게 커즌선의 동쪽으로 영토를 양보하기까지 했다. 문제의 지역은 폴란드인보다 벨라루씨와 우끄라이나인이 각각 압도적으로 많이 살고 있는 벨라루씨 서부와 우끄라이나 서부였다. 전체 사건은 폴란드와 러시아 간의 혐오를 격화시키지 않을 수 없었다.

1939년 9월 1일, 나찌 독일이 폴란드를 침공했다. 9월 17일, 쏘련은 커즌선 동쪽에 위치한 폴란드의 그 지역을 재점령하기 위해 이동했다. 그 지역을 접수한 후 쏘련은 소작농을 대상으로 토지를 분배하고 인민들에게는 매우 인기 있고 착취자들에겐 인기가 없는 일종의 민주적 개혁을 실시했다. 커즌선 동쪽 지역을 수복하는 전투 기간에 쏘련은 대략 만 명 정도의 폴란드 장교들을 사로잡았고, 그들은 전쟁포로가 되었다. 이 포로들은 곧 분쟁지역의 막사에 수용되어 도로 건설 등의 작업에 투입되었다.

2년이 지난 1941년 6월 22일, 나찌 독일이 불시에 쏘련을 공격했다. 붉은 군대(The Red Army)는 급히 퇴각해야 했고 우끄라이나는 독일군에게 인계되었다. 이렇게 서둘러 후퇴하는 중에 폴란드 전쟁포로를 쏘련 내부로 후송하는 것은 불가능했다. 제1막사의 수장이었던 베또쉬니꼬프(Vetoshnikov) 소령이 그가 서부 철도의 스몰렌스끄(Smolensk) 부문의 교통 책임자에게 폴란드 포로들의 후송을 위한 철도 차량의 제공을 요청하였으나 가능할 것 같지 않다는 대답을 들었다는 증거를 제공했다.

당시 그 지역 교통 책임자였던 기술자 이바노프(Ivanov)는 내줄 수 있는 차량이 없었음을 확인해 주었다. "게다가," 그가 말하였다. "우리는 폴란드 포로들의 대다수가 있었던 구시노선(Gussino line)으로 차를 보낼 수 없었다. 그 노선은 이미 공격받고 있었다." 그 결과는 그 지역에서의 쏘련의 퇴각에 따라 폴란드 포로들이 독일의 포로가 되었다는 것이다.

1943년 나찌는 독일이 스몰렌스끄 근처의 까띤(Katyn) 숲에서 몇 개의 대량 살상의 흔적, 러시아인들이 죽였다고 하는 수천 명의 폴란드 장교들의 시체가 포함된 무덤을 발견했다고 발표했다.

이 발표는 독일을 무찌르려는 폴란드와 쏘련의 공동 노력을 더욱 손상시키기 위해 계획된 것이었다. 런던에 기반을 둔 폴란드 망명정부는 명백히 착취계급의 정부였기 때문에 러시아와 폴란드의 동맹은 항상 어려웠다. 독일이 국민생활권(lebensraum)을 위해 그들 나라를 냉소적으로 탈취했기 때문에 그들은 독일에 대항해야 했다. 쏘련의 입장은, 쏘련이 커즌선 동쪽 지역을 보유하는 한 폴란드 부르주아 정부의 재건을 받아들일 수 있다는 것이었다. 그러나 시꼬르스끼(Sikorski) 장군이 이끄는 폴란드 망명정부가 그 땅의 반환에 동의하지 않았기 때문에 이 동맹은 이미 난관에 봉착해 있었다. 1941년 히틀러가 폴란드를 침공한 후, 쏘련과 폴란드 망명정부는 외교 관계만 수립한 것이 아니라 또한 '쏘비에뜨 정부의 승인 하에 폴란드 망명정부가 지명한 책임자의 명령 아래' 쏘련이 폴란드 군대의 창설에 재정지원을 하기로 합의했는데도 불구하고 말이다. 결국

이 군대는 (1939년부터 쏘련의 포로였던) 완전한 반쏘 성향의 앤더스(Anders) 장군이 수장을 맡게 되었다. 1941년 10월 25일까지 이 군대는 2,630명의 장교들을 포함하여 41,000명의 병사를 갖게 되었다. 그러나 앤더스 장군은 쏘련과 폴란드 사이의 국경분쟁을 이유로 결국 쏘련-독일 전선에서 싸우기를 거부하였고, 폴란드 군대는 다른 곳, 예컨대 이란 등지로 파견되어야 했다.

그러나 폴란드 망명정부의 적의에도 불구하고, 반쏘적이지 않고 커즌선 동쪽 영역에 대한 쏘련의 주장을 받아들였던 쏘련 내 폴란드 거주민의 중요한 부분이 있었다. 그들 중 다수는 유대인이었다. 이 사람들은 대안적인 폴란드 망명정부의 중추를 이루었던 폴란드 애국자 연합(The Union of Polish Patriots)을 형성하고 있었다.

까띤 숲 학살에 관련한 나찌의 선전은 쏘련이 폴란드와 어떠한 교섭도 전혀 할 수 없게 만들기 위해 기획된 것이었다. 시꼬르스끼 장군은 처칠에게 그가 '풍부한 증거'를 갖고 있다고 주장하면서 철저하게 나찌의 선전에 응했다. 그가 어떻게 독일의 발표와 동시에 이 '증거'를 획득했는가하는 것은 쏘련의 잔학 행위가 분명한 것이 아님을 의미하며, 그것이 시꼬르스끼와 나찌의 비밀리의 합작임을 큰 소리로 말해 주고 있을 뿐이다. 독일은 4월 13일에 그들의 주장을 공표했다. 4월 16일 쏘련 정부는 "1940년 봄에 스몰렌스끄 지역의 쏘비에뜨 기관에 의해 이루어진 이른바 대량 살상이라는 중상모략"을 부인하는 공식 성명을 발표했다. 다음은 성명서에 포함된 문구이다.

독일의 주장은 1941년에 스몰렌스끄 서부 지역에서 건설 작업에 투입되었던, 그리고 쏘비에뜨 부대의 철수 후 많은 쏘련 인민들과 함께 독일의 교수형 집행인들의 손에 떨어졌던 이전 폴란드 전쟁 포로들의 비극적 운명을 의심할 여지없이 보여 주고 있다.

독일인들은 사건의 줄거리를 꾸며 낼 때 학살을 담당했던 쏘비에뜨 장교들의 이름을 댈 수 있다고 주장함으로써 반유대적인 곡해로 그 이야기를 윤색하기로 결정했다. 그들 모두는 유대인 이름을 가지고 있었다. 4월 19일 ≪쁘라브다(Pravda)≫는 다음과 같이 반응했다.

평화를 원하는 시민들, 특히 유대인들에 대한 저들의 학살을 향한 모든 진보적 인간성의 분개를 느끼면서도 독일인들은 지금 속기 쉬운 사람들의 유대인들에 대한 분노를 자극하려고 애쓰고 있다. 이러한 이유로 그들은, 그들이 말하길 일만 명의 폴란드 장교들을 살해하는 데 참여했다는 '유대인 인민위원들'이라는 완전한 컬렉션을 창조했다. 저런 노련한 사기꾼들에게 레프 르이바끄(Lev Rybak), 아브람 브로드닌스끼(Avraam Brodninsky), 차임 피네베르크(Chaim Fineberg) 같은, 결코 존재하지 않았던 사람들의 이름 몇 개쯤 만들어 내는 일은 어렵지 않았을 것이다. 그런 사람들은 'OGPU(연방국가정치보안부)의 스몰렌스끄 부문'이나 NKVD(내무인민위원회)의 어떤 부문에도 존재한 적이 없었다.

독일의 선전을 뒷받침하는 시꼬르스끼의 주장은, 괴벨스가 그의 일기에서 언급한 것에 따르면 런던의 폴란드 망명정부와 쏘비에뜨 정부 사이의 관계를 완전한 파탄으로 이끌었다.

이 분열은 독일의 선전이 백 퍼센트 승리했음을 의미하며, 특별히 나에게는 개인적으로 우리가 까띤 사건을 고도의 정치적 문제로 바꾸어 놓을 수 있었음을 뜻한다.

그 당시 영국 언론은 시꼬르스끼의 비타협적인 태도를 비난했다.

1943년 4월 28일 ≪더 타임즈(The Times)≫의 기사이다.

> 괴벨스의 선전기구의 불의와 교묘함을 알아차릴 너무나 많은 이유들이 있었던 사람들이, 그 자신이 그 덫에 빠졌던 것에 대해 후회와 동시에 놀라움을 느낄 것이다. 폴란드의 평화로운 독일인 거주지에 대한 폴란드인들의 잔혹행위로 알려졌던, 사진들을 포함하여 상황 증거의 모든 상세한 부분들과 함께 묘사된 그 전쟁의 첫 번째 겨울에 널리 돌아다녔던 책자를 폴란드인들은 잊기 힘들었을 것이다.*

학살이 독일인들이 아닌 쏘비에뜨에 의해 수행되었다는 시꼬르스끼의 주장의 근저에 놓인 것은 커즌선 동쪽 영역에 대한 분쟁이다. 시꼬르스끼는 그 영토에 대한 폴란드의 주장을 지지하는 서구 제국주의 국가들을 결집하고, 그가 보았듯이 이 국경 분쟁에서 쏘련의 편에 서 있는 그들을 몰아내기 위해서 독일의 선전을 이용하고자 한 것이다.

오늘날 부르주아 자료들을 읽으면, 그것들은 모두 쏘련이 까띤 숲 학살에 책임이 있다고 확언하고 있다. 그들은 그러한

---

* [역주] 맥락상 나찌가, 폴란드인이 저질렀다고 주장하는 '그단스끄(독일식으로는 단치히) 학살'을 뜻하는 것으로 보인다. '그단스끄 학살'은 나찌의 폴란드 침공을 정당화하는 계기가 되었다.

확신과 일관성을 갖고 그것을 주장하고 있기 때문에 이에 반대되는 주장을 시도할 때면 마치 나찌 수정주의자들이 히틀러의 유대인 학살을 부인할 때와 같이 느끼게 만든다. 쏘련이 붕괴한 후에 고르바쵸프는 심지어 이 허위정보 선전에 동참했고, 쏘비에뜨가 그 잔혹행위를, 물론 스딸린의 명령에 따라 저질렀다는 것을 '증명하는' 쏘비에뜨 문서국에서 나왔다는 자료들을 만들어 냈다. 그런데 우리는 이 세계의 고르바쵸프들이 스딸린을 악마화하는 데에 흥미를 갖고 있다는 것을 알고 있다. 그들의 표적은 스딸린이라기보다는 사회주의이다. 사회주의를 헐뜯는 그들의 목적은 자본주의를 복구하고 쏘비에뜨 인민들의 집단적 고통을 대가로 그들 자신과 군식구들의 호화로운 기생 생활을 소생시키기 위해서이다. 그들의 냉소주의는 나찌 독일에 필적하며, 그들이 똑같은 찬송가 악보를 보고 노래하는 것을 발견하는 것도 그리 놀랍지 않다.

부르주아 자료들은 그 만행에 대한 독일의 책임을 묻는 쏘비에뜨의 증거들이 완전히 결여되어 있거나, 협박받은 그 지역 거주민들이 말한, 순전히 소문에 근거한 것들이라고 태평스럽게 주장한다. 그들은 심지어 괴벨스조차도 그의 관점에서 다소간 실패작이었다고 인정해야 했던 증거는 단 하나도 대지 않는다. 그는 1943년 8월 일기에서 다음과 같이 썼다.

> 불행히도 독일군의 탄약이 까띤 숲의 무덤들에서 발견되었다. 이 사건은 반드시 일급비밀로 지켜져야 한다. 만약 그것이 적에게 알려지게 될 경우 까띤 숲 사건 전체가 엎어지게 될 것이다.

1971년에 ≪더 타임즈≫에 까띤 숲 학살이 독일인들에 의해 저질러졌을 수가 없음을 암시하는 기사가 실렸다. 왜냐하면 까띤 숲의 희생자들이 죽임을 당했던 방식, 예컨대 뒤통수에 총을 쏘는 처형 방식보다는 오히려 기총 소사와 가스 처형실이 독일의 특색이기 때문이라는 것이다. 당시 고달밍(Godalming)에 살았던 전직 독일군 주레이(Surrey)가 이 기사에 끼어들었다.

독일의 군인으로서 나는 당시에 우리 명분의 정당함을 확신하고서 러시아 작전 동안 많은 전투와 활동에 참가했다. 나는 까띤이나 근처의 숲에는 가 본 적이 없다. 그러나 나는 1943년 붉은 군대(The Red Army)에게 위협받던 지역인 까띤 근처에서 소름끼치는 대량 학살 무덤이 발견되었다는 뉴스가 터졌을 때의 야단법석을 잘 기억하고 있다.

요제프 괴벨스는 그의 역사적인 기록이 보여 주듯이 많은 사람들을 속였다. 결국 그것이 그의 직업이었고 그의 거의 완벽한 지배력에 대해 이의를 제기하는 사람은 거의 없을 것이다. 그러나 진정 놀라운 것은 30여년이 지난 후 ≪더 타임즈≫의 지면에서 여전히 그 지배력의 증거를 보여 주고 있다는 것이다. 경험을 통해 보건대 나는 전쟁의 막바지에 괴벨스가 까띤 숲 문제에 대해 러시아에 있는 많은 독일 군인들을 용케 잘 속였다고 생각하지 않는다. 독일 군인들은 뒤통수에 총을 쏘는 것에 대해 아주 잘 알고 있었다. 우리 독일 군인들은 폴란드 장교들이 다른 누구도 아닌 우리들에 의해 처형당했음을 알고 있었다.

게다가 매우 많은 증인들이 독일이 그 지역을 탈취한 뒤에 폴란드 장교들이 아직 그곳에 남아 있었음을 증명하고 나섰다.

지역 초등학교 교사인 마리야 알렉산드로브나 사쉬네바(Maria Alexandrovna Sashneva)는 그 지역이 독일인들에게서 해방된 바로 직후인 1943년 가을 쏘련이 세운 특별 위원회에 증거를 제공했다. 쏘비에뜨의 퇴각 후 두 달이 지난 1941년 8월에 자기 집에 폴란드 전쟁 포로를 숨겨 주었다는 취지의 이야기였다. 그의 이름은 주제뻬 록(Juzepe Lock)이었고 그는 그녀에게 독일군 아래에서 폴란드 포로들이 당했던 학대에 대해 이야기했다.

> 독일군이 도착했을 때 그들은 폴란드 막사를 포위했고 그 속에 엄격한 체제를 구축했다. 독일군들은 폴란드인들을 인간으로 취급하지 않았다. 그들은 만방으로 폴란드인들을 억압하고 유린했다. 어떤 경우에 폴란드인들은 아무 이유도 없이 총을 맞았다. 그는 탈출하기로 결심했다.

몇몇 다른 증인들이 1941년 8월과 9월에 도로에서 일하는 폴란드인들을 보았다는 증거를 제공했다.

게다가 증인들은 또한 1941년 가을에 탈출한 폴란드 포로들에 대한 독일의 일제 검거에 대해서도 증언했다. 지역 소작농인 다닐렌꼬(Danilenko)는 이것을 증언한 몇몇 증인들 중 한 사람이다.

> 도망친 폴란드 전쟁 포로들을 붙잡기 위한 특별 검거가 우리 지역에서 이루어졌다. 우리 집에서도 두세 차례 수색이 있었다. 그런 수색들 중 하나가 있은 후에 내가 촌장에게 물었

다. … 우리 마을에서 누구를 찾느냐고. [그는] 독일 사령부로부터 모든 집에 예외 없이 수색이 이루어져야 한다는 명령을 받았다고 말했다. 막사에서 탈출한 폴란드 전쟁 포로들이 우리 마을에 숨어 있기 때문이라고 했다.

분명히 독일군이 폴란드인들을 지역의 증인들이 다 보는 앞에서 쏜 것은 아니다. 그러나 무슨 일이 일어났는지에 대하여는 지역 주민들에게서 나온 분명한 증거가 있다. 한 증인은 그녀의 마을 촌장에 의해 코지 고르(Kozy Góry)로 알려진 까만 숲 근처 지역의 별장에 독일 대원들을 돕기 위해 파견된 알렉세예바(Alexeyeva)이다. 그곳은 내무인민위원회(the People's Commissariat of Internal Affairs)의 스몰렌스끄 행정부의 요양소였던 곳이다. 이 집은 대량학살 무덤이 발견된 곳에서 700미터가량 떨어진 곳에 위치하고 있다. 알렉세예바가 말했다.

> 1941년 8월의 막바지와 9월 대부분의 기간에 몇 대의 트럭이 거의 매일 코지 고르 별장으로 오곤 했다. 처음에 나는 거기에 관심을 기울이지 않았다. 그러나 나중에 이 트럭들이 별장 마당에 도착할 때마다 그들이 30분 동안, 때로는 한 시간 내내 별장과 큰길을 연결하는 시골길 어딘가에 멈춰 있다는 것을 알아차렸다. 내가 이러한 결론을 이끌어 낸 것은 이 트럭들이 별장 마당에 도착하고 얼마 후에 시끄러운 소리가 그치곤 했기 때문이다.
>
> 그 소리가 그침과 동시에 단발 총성들이 들려오곤 했다. 총성은 짧고 대략 균등한 간격을 두고 뒤따랐다. 그러고 나면 총성이 사라지고 트럭들은 곧바로 별장까지 운전해 오곤 했다. 독일 병사들과 하사관들이 트럭에서 내렸다. 그들은 시끄럽게

떠들면서 욕실에서 씻었고, 그런 다음에 진탕 마시며 놀았다.

트럭들이 도착한 날들이면 몇 곳의 독일 부대들에서 온 더 많은 병사들이 별장에 도착했다. 그들을 위해 여분의 침대가 만들어졌다. 트럭이 별장에 도착하기 직전에 무장한 병사들이 숲으로, 명백히 그 트럭들이 멈춰 섰던 지점으로 갔다. 왜냐하면 반시간 이내에 그들이 별장에 상시 거주하는 병사들과 함께 이 트럭을 타고 돌아왔기 때문이다.

몇몇 경우에 나는 두 병장들의 옷에 묻은 선명한 핏자국을 발견했다. 이 모든 것들로부터 나는 독일군이 트럭에 사람들을 태워 별장으로 싣고 가서 그들을 쏘아 죽였다고 추측했다.

알렉세예바는 또한 총을 맞은 사람들이 폴란드 포로들이었음을 알아냈다.

한번은 내가 별장에 평소보다 좀 더 늦게까지 머물러 있었다. 나를 거기 있게 만든 업무가 끝나기 전에, 한 병사가 갑자기 들어와서 나에게 가도 된다고 하였다. 그는 나와 큰길까지 함께 갔다.

길이 별장으로 갈라지는 지점에서 150이나 200미터 떨어진 큰길에 서서 나는 독일군의 엄격한 호위 아래 큰길을 따라 행군하는 30명가량의 폴란드 포로 무리를 보았다. 나는 그들이 어디로 끌려가는지를 보려고 길가에 서 있었다. 그리고 그들이 코지 고르에 있는 별장 쪽을 향해 가는 것을 보았다.

그때까지 나는 별장에서 일어나는 모든 일들을 면밀히 살펴보았기 때문에 이 일에 관심을 갖게 되었다. 나는 큰길을 따라 얼마쯤 되돌아가서 길가의 수풀 속에 숨어 기다렸다. 20분이나 30분 정도 후에 나는 익숙한 단발 총성들을 들었다.

별장에 징발된 또 다른 두 명의 가정부 미하일로바(Mikhailova)와 꼬나꼬프스까야(Konakhovskaya)가 이를 뒷받침하는 증거들을 제공했다. 그 지역의 다른 거주민들도 비슷한 증언을 했다.

스몰렌스끄 감시소 감독인 바실레프스끼(Basilevsky)가 나찌 협력자인 멘샤긴(Menshagin)의 부관으로 임명되었다. 바실레프스끼는 독일군에게 감금된 교사인 쥐글린스끼(Zhiglinsky)의 석방을 확보하려고 애쓰고 있었고, 그 지역의 독일 사령관인 폰 쉬베츠(Von Schwetz)에게 이 문제에 대해 말을 해 주도록 멘샤긴을 설득했다. 멘샤긴은 그렇게 했으나 "베를린으로부터 가장 엄격한 체제가 유지되도록 처방한 지시가 내려왔기" 때문에 이 석방을 보증하는 것이 불가능하다는 대답을 들었다.

바실레프스끼는 이어서 멘샤긴과 그의 대화를 자세히 이야기했다.

> 나는 나도 모르게 '지금 막사에 존재하는 체제보다 더 엄격한 다른 체제가 있을 수 있습니까?'하고 항변했다. 멘샤긴은 야릇한 표정으로 나를 바라보더니 내 귀 쪽으로 몸을 굽혀 낮은 목소리로 대답했다. '그래, 있을 수 있다네! 러시아인들은 적어도 서서히 죽어 가도록 남겨질 수 있겠지만 폴란드 포로들에 대해서라면 그들은 단순히 몰살될 것이라고 명령서에 적혀 있다네.'

해방 이후 필적 감정 전문가들에 의해 확인된, 멘샤긴의 자필 노트가 발견되었다. 10쪽, 1941년 8월 15일 날짜의 기록이다.

도주한 전쟁 포로들 모두를 감금하여 사령관의 사무실로 이송할 예정이다.

이것은 그 자체로 폴란드 포로들이 당시에 생존해 있었음을 증명한다. 날짜가 기입되지 않은 15쪽의 일기는 보여 준다.

코지 고르에서의 폴란드 전쟁 포로에 대한 총살과 관련하여 주민들 사이에 어떤 소문이 있는가. (움노프(Umnov)에 대한) (움노프는 러시아 경찰총장이었다.)

다수의 증인들이 1942-43년에 그들이 독일군에 의해 러시아인들의 폴란드인 총살에 대해서 거짓 증언을 하라는 압박을 받아 왔다는 증거를 제공했다.

코지 고르와 가장 가까운 마을의 거주자인 파르펨 가브릴로비치 끼셀료프(Parfem Gavrilovich Kisselev)는 그가 1942년 가을 게쉬타포에 소환되어 장교와 면담을 했다고 증언했다.

장교는, 게쉬타포가 관할하는 정보에 따르면 1940년 까띤 숲의 코지 고르 지역에서 내무인민위원회의 간부들이 폴란드 장교들을 쏘았다고 주장했다. 그리고 나에게 이 사건의 진상에 관해 무슨 증언을 할 수 있는지 물었다. 나는 내무인민위원회가 코지 고르에서 사람들을 쏘았다는 이야기를 들어 본 적도 없으며 어쨌든 그것은 불가능하다고 대답하고, 코지 고르는 완전히 개방된 곳으로 사람들이 늘상 출입하기 때문에 만약 거기서 총살이 일어났다면 이웃 마을의 전체 주민들이 알았을 것이라고 설명했다.

그러나 통역자는 내 말을 들으려 하지 않고 책상에서 손으로 쓴 문서를 꺼내어 나에게 읽어 주었다. 거기에는 나 끼셀료프는 코지 고르 지역의 마을 거주민으로, 1940년 내무인민위원회의 간부들의 폴란드 장교에 대한 총살을 직접 목격했다고 적혀 있었다.

문서를 다 읽은 후, 통역자는 나에게 서명을 하라고 했다. 나는 거부했다. 마침내 그는 소리쳤다. '즉시 서명하든가, 아니면 우리가 너를 죽일 것이다. 선택을 해라.'

이 위협에 겁을 먹고 나는 문서에 서명했다. 그리고 그것으로 그 일이 끝났다고 생각했다.

그러나 그것으로 문제가 종결된 것이 아니었다. 왜냐하면 독일군은 끼셀료프에게, 쏘비에뜨가 저질렀다고 하는 그 만행의 증거를 보기 위해 이 지역을 방문하도록 독일군이 초청한 '사절단'들 앞에서 그가 '목격한' 것에 대해 구두 증언을 할 것을 요구했기 때문이다.

1943년 4월, 독일 당국이 대량 학살 무덤의 존재를 세계에 발표한 바로 뒤에,

게쉬타포 통역자가 우리 집으로 와서 나를 코지 고르 지역에 있는 숲으로 데리고 갔다.

우리가 집을 나와 둘만 있을 때, 통역자는 나에게 숲에 있는 사람들에게 내가 게쉬타포에서 서명한 문서에 적혀 있는 대로 정확히 모든 것을 말해야 한다고 경고했다.

내가 숲에 왔을 때에 나는 열린 무덤들과 낯선 사람들의 무리를 보았다. 통역자가 이 사람들은 무덤을 조사하기 위해 온 폴란드 사절단이라고 말해 주었다. 우리가 무덤으로 다가가자, 사절들은 폴란드인 총살과 관련하여 나에게 러시아어로 여러

가지 질문을 하기 시작했다. 그러나 게쉬타포에 출두한 지 한 달이 넘게 지났기 때문에 내가 서명한 문서에 적혀 있던 것들을 전부 잊어버렸고 머릿속이 뒤죽박죽이 되어, 마침내 폴란드 장교 총살에 대해서 아무 것도 알지 못한다고 말해 버렸다.

독일군 장교는 매우 화가 났다. 통역자가 나를 '사절단'에게서 거칠게 떼어 내어 쫓아 버렸다. 다음 날 아침 게쉬타포 장교를 태운 차 한 대가 우리 집으로 왔다. 그는 마당에서 나를 발견하고 내가 체포되었다고 말하고는 나를 차에 태워 스몰렌스끄 감옥으로 보냈다.

체포된 후, 나는 여러 차례 심문을 받았다. 그들은 나에게 질문을 하기보다는 때리기를 더 많이 하였다. 처음 불려 간 날, 그들은 내가 자기들을 좌절시켰다면서 나를 심하게 구타하고 욕설을 퍼붓고는 감방으로 돌려보냈다. 그 다음 번에 그들은 나에게 내가 볼쉐비끼의 폴란드 장교에 대한 총살을 보았다고 공개적으로 진술해야 한다고 말했다. 그리고 내가 이 일을 성실하게 수행하여 게쉬타포가 만족할 때까지 감옥에서 풀려나올 수 없다고 하였다. 나는 장교에게 면전에서 사람들에게 거짓말을 하느니 감옥에 앉아 있는 편이 낫겠다고 하였다. 그 후 나는 심하게 두들겨 맞았다.

구타가 동반된 그러한 심문들이 몇 차례 더 있었고, 그 결과 나는 모든 기력을 상실했다. 청력이 감퇴했고 오른쪽 팔을 움직일 수가 없게 되었다. 체포된 지 한 달쯤 후, 독일군 장교가 나를 불러서 말했다. '너는 네 고집의 결과를 보고 있다, 끼셀료프. 우리는 너를 처형하기로 결정했다. 아침에 우리는 너를 까띤 숲으로 데려가서 목을 매달 것이다.' 나는 장교에게 그러지 말라고, 나는 거짓말을 할 줄 몰라서 또 다시 혼동을 일으키게 될 것이므로 총살의 '목격자'라는 역할에 걸맞지 않는다고 그들에게 간청했다.

장교는 계속 주장했다. 몇 분이 지나자 병사들이 방으로 들어와 고무 곤봉으로 나를 때리기 시작했다. 구타와 고문을 견디지 못하고 나는 볼쉐비끼의 폴란드인 총살에 대해 공개적으로 허위 증언을 하는 데에 동의했다. 그 후 나는 독일군의 첫 번째 요구가 있는 즉시로 까띤 숲의 사절단 앞에서 증언하겠다는 조건으로 감옥에서 풀려나왔다.

매번 숲의 무덤으로 데려가기 전에, 통역자는 우리 집으로 와서 나를 마당으로 불러내어 아무도 듣지 못하도록 한쪽 구석으로 데려갔다. 그리고 1940년 내무인민위원회의의 소행이라고 하는 폴란드인 총살에 대해 내가 말해야 할 모든 것들을 반시간 동안 외우게 했다.

통역자가 이런 식의 말을 했던 것으로 기억한다. '나는 내무인민위원회의 별장 가까이 있는 코지 고르 지역의 오두막에 살고 있습니다. 1940년 봄에 나는 폴란드인들이 여러 날 밤에 끌려와 거기서 총살되는 것을 보았습니다.' 그러고 나서 반드시 '이것은 내무인민위원회의 소행입니다.'라고 한 글자도 다르지 않게 진술해야 했다. 내가 통역자가 말해 준 것을 모두 외우고 나면, 그는 나를 숲의 무덤으로 데려가서 그곳에 온 '사절단' 앞에서 이 모든 것을 반복하게 했다.

내 진술들은 게쉬타포 통역자에 의해 엄격하게 감독받고 지시받은 것들이다. 한번은 내가 몇몇 '대표들' 앞에서 말했을 때 이런 질문을 받은 적이 있다. '당신은 이 폴란드인들이 볼쉐비끼들에게 총살되기 전에 직접 본 일이 있습니까?' 나는 그런 질문에 대해서는 준비하지 않았기 때문에 사실대로 대답할 수밖에 없었다. 전쟁 전에 폴란드 전쟁 포로들이 도로를 걷고 있을 때 보았다는 식으로 말이다. 그러자 통역자가 나를 거칠게 끌어내어 집으로 보냈다.

내가 그것을 말할 때 항상 양심의 가책을 느꼈다는 것을 믿어 달라. 나는, 실제로는 폴란드 장교들이 1941년 독일인들에게 총살당했음을 알고 있었다. 나는 달리 선택할 수 없었다. 또 다시 체포되어 고문을 당하게 될 것이라는 협박을 끊임없이 받고 있었기 때문이다.

수많은 사람들이 끼셀료프의 증언을 보강해 주고 있다. 그리고 독일군에게 고문을 당해 왔다는 그의 이야기는 건강 진단을 통해 확증되었다.

지역 철도역(그네즈도보, Gnezdovo)에서 일했던 이바노프(Ivanov)에게도 거짓 증언을 하라는 압력이 들어왔다.

장교가 나에게 1940년 봄 많은 수의 체포된 폴란드 장교 집단이 기차 몇 대로 그네즈도보 역에 도착했다는 것을 아느냐고 물었다. 나는 이것에 대해 안다고 말했다. 그러자 장교는 나에게 같은 해 봄 폴란드 장교들이 도착하고 바로 뒤에 볼쉐비끼가 까띤 숲에서 그들 모두를 총살했다는 것도 아는지 물었다. 나는 그것에 대해선 아무것도 모른다, 그런 일은 있을 수 없는데, 왜냐하면 독일군의 스몰렌스끄 점령까지 1940-41년의 진행 과정에서 나는 1940년 봄에 그네즈도보 역에 도착한 폴란드 포로들을 만났고, 그들은 도로 건설 작업에 종사하고 있었기 때문이라고 대답했다.

장교는 나에게, 만약 독일군 장교가 폴란드인들이 볼쉐비끼에 의해 총살당했다고 말한다면 그것이 사실인 것이라고 말했다. '그러므로', 장교가 말을 이었다. '너는 아무 것도 겁낼 필요가 없다. 붙잡힌 폴란드 장교들이 볼쉐비끼에 의해 처형당했고 네가 목격했다고 적힌 조서에 떳떳한 마음으로 서명할 수 있다.'

나는 대답했다. 나는 이미 노인이고 61살이라고, 그리고 노년기에 죄를 저지를 수 없다고 말이다. 나는 오직 붙잡힌 폴란드인들이 실제로 1940년 봄에 그네즈도보 역에 도착했었다는 사실만을 증언할 수 있었다. 독일군 장교는 그들이 요구하는 증언을 제공하라고 나를 설득하기 시작했다. 만약 내가 동의한다면 그가 나를 철도 건널목 경비원 자리에서, 내가 쏘비에뜨 정부 하에서 맡았던 직책인 그네즈도보 역의 역장으로까지 승진시켜 줄 것이며, 또 물질적인 요구에 대해서도 원조해 줄 것임을 약속하면서 말이다.

통역자는 까띤 숲과 가장 가까운 역인 그네즈도보 역의 전 철도 관료로서의 내 증언이 독일 사령부에 몹시도 중요한 것이며, 내가 그러한 증언을 하게 되면 후회하지 않을 것이라고 강조했다. 나는 내가 극도로 어려운 상황에 봉착했음을, 그리고 슬픈 운명이 나를 기다리고 있음을 알아차렸다. 그러나 나는 다시 한 번 거짓 증언을 하기를 거부했다. 그는 나에게 소리를 지르고 구타와 권총 발사로 위협했으며 내가 무엇이 나에게 좋은 것인지 모른다고 말했다. 그러나 나는 내 입장을 지켰다. 그러자 통역자가 한 페이지에 독일어로 된 짧은 조서를 작성하더니 나에게 그 내용에 대해 의역해서 읽어 주었다. 통역자가 말한 것에 따르면 그 조서는 오직 폴란드 전쟁 포로들이 그네즈도보 역에 도착했다는 사실만을 기록하고 있었다. 내가 내 증언을 독일어뿐 아니라 러시아어로 기록하도록 요청하자 장교는 마침내 분노로 제정신을 잃고 고무 곤봉으로 나를 때리며 건물 밖으로 쫓아냈다.

사바쩨예프(Savvateyev)는 거짓 증언을 하라고 독일군에게 압력을 받은 또 다른 한 사람이다. 그가 쏘비에뜨 조사위원회에 말했다.

게쉬타포에서 나는 1940년 봄 폴란드 전쟁 포로들이 기차 몇 대로 그네즈도보 역에 도착했고, 트럭을 타고 더 나아갔으며 어디로 갔는지는 알지 못했다고 증언했다. 나는 또한 이후에 모스끄바민스끄 도로에서 소그룹으로 수리 작업을 하고 있던 폴란드인들을 여러 차례 만났다고 덧붙였다. 장교는 내가 혼동하고 있다고, 폴란드인들은 볼쉐비끼에게 총살당했기 때문에 내가 도로에서 그들을 만날 수는 없는 것이라고 말했다. 그리고 내가 그렇게 증언하기를 요구했다.

나는 거절했다. 오랜 시간의 협박과 감언이설 뒤에, 장교는 통역자와 독일어로 무언가를 상의했다. 그러고 나서 통역자는 짧은 조서를 써서 나에게 서명하라고 주었다. 그는 그것이 내 증언을 기록한 것이라고 하였다. 나는 통역자에게 내가 스스로 그 조서를 읽을 수 있게 해 달라고 요청했지만 그는 욕을 퍼부으며 나를 저지하고 즉각 서명하고 나가라고 명령했다. 나는 일 분간 망설였다. 통역자는 벽에 걸려 있는 고무 곤봉을 붙잡고 나를 치려고 했다. 그런 후 나는 그가 내민 조서에 서명했다. 통역자는 나에게 나가서 집으로 가라고, 그리고 이것을 누설할 경우 총살당할 것이라고 말했다.

다른 이들도 비슷한 증언을 했다.

학살이 폴란드인들이 그 지역에 도착한 직후인 1940년 봄에 일어난 것이고 1941년 가을에 일어난 것이 아님을 증명하기 위해 독일인들이 희생자들의 무덤을 어떻게 '조작'했는지에 관한 증거 또한 제공되었다. 알렉산드라 미하일로브나(Alexandra Mikhailovna)는 독일 점령 기간에 독일군 부대의 부엌에서 일했다. 1943년 3월, 그녀는 자기 집 창고에 숨어 있는 러시아 전쟁 포로를 발견했다.

그와 대화를 나누고서 나는 그의 이름이 니꼴라이 예고로프 (Nikolai Yegorov)이고 레닌그라드 출신이라는 것을 알게 되었다. 1941년 말부터 그는 스몰렌스끄 지역 전쟁 포로로서 독일 126 병영에 있었다. 1943년 3월 초에 그는 몇 백의 전쟁 포로들의 행렬과 함께 병영에서 까띤 숲으로 보내졌다. 거기서 그들(예고로프를 포함해서)은 폴란드 장교 제복을 입은 시체들이 들어 있는 무덤을 파헤쳐서 시체를 끌어내어 주머니에 있는 문서, 편지, 사진들과 모든 다른 물건들을 꺼내라는 명령을 받았다.

독일군은 시체에 있는 주머니들 속에 어떤 것도 남아 있어서는 안 된다는 엄정한 명령을 내렸다. 두 명의 포로가 총살당했는데, 그들이 시체 몇 구를 수색한 뒤에 독일군 장교가 이 시체들에서 종이 몇 장을 발견했기 때문이었다. 시체의 옷가지에서 나온 물건들, 문서와 편지들은 독일 장교들에 의해 조사되었다. 그런 다음 그들은 종이의 일부를 다시 시체의 주머니에 넣으라고 포로들에게 명령했다. 한편 그 나머지는 그들이 끄집어낸 물건들과 문서 더미 위로 던져졌고 나중에 불태워졌다.

이외에도 독일인들은 포로들에게 그들이 가져온 상자나 수트케이스들(정확히 기억나지 않는다.)에서 꺼낸 몇 장의 종이들을 폴란드 장교들의 주머니에 집어넣게 했다. 까띤 숲에 사는 모든 전쟁 포로들은 천막도 없이 지독한 환경 속에서 지냈으며 몹시 엄중한 감시를 받았다. 1943년 4월 초에 독일군이 계획한 모든 작업이 명백히 끝이 났다. 사흘 동안 포로들 중 한 명도 어떤 일을 할 필요가 없었다.

밤에 갑자기 그들 모두 한 명도 빠짐없이 깨워져서 어떤 곳으로 이끌려갔다. 보초병들이 증강되어 있었다. 예고로프는 무언가 이상함을 감지하고 일어나는 모든 일들을 면밀히 관찰하기 시작했다. 그들은 알 수 없는 방향으로 서너 시간을 행군

했다. 그리고 개척지의 구덩이 곁에 있는 숲에서 멈추었다. 그는 어떻게 한 무리의 전쟁 포로들이 나머지에서 갈라져서, 구덩이 속으로 밀려 들어가 총을 맞는지 보았다. 포로들은 초조하고 불안해졌고 시끄러워졌다. 예고로프에게서 얼마 떨어지지 않은 데서 포로들이 보초병들을 공격했다. 다른 보초들이 그곳으로 달려왔다. 예고로프는 혼란한 틈을 타서 외침과 총성을 들으며 어두운 숲 속으로 달아났다.

이 끔찍한 이야기를 들은 후, 이것이 남은 평생 동안 내 기억 속에 새겨지게 되었다. 나는 예고로프가 너무 불쌍해서 내 방으로 들어와서 몸을 녹이고 힘을 되찾을 때까지 숨어 지내라고 말했다. 그러나 예고로프는 거절했다. 무슨 일이 있어도 바로 그날 밤 떠나야 한다고, 붉은 군대의 전선까지 도달하기 위해 애써볼 것이라고 말했다. 아침에 예고로프가 떠났는지 확인하러 갔더니 그는 여전히 광에 있었다. 그날 밤에 출발하려고 시도했으나 오십 걸음도 못 가서 체력이 떨어져 돌아올 수밖에 없었던 것 같았다. 이것은 병영에서의 오랜 기간 감금 생활과 마지막 날들의 굶주림 때문에 생긴 피로였다. 우리는 그가 우리 집에 며칠 더 머물면서 힘을 되찾아야 한다고 결정했다. 예로고프에게 먹을 것을 준 다음 나는 일을 하러 나갔다. 저녁에 집에 돌아오자 이웃인 브라노바(Branova), 마리야 이바노브나(Maria Ivanovna), 까바노브스까야(Kabanovskaya), 예까쩨리나 빅또로브나(Yekaterina Viktorovna)가 오후에 독일 경찰이 수색을 나와서 적군 전쟁 포로를 발견해 끌고 갔다고 말해 주었다.

스몰렌스끄 도시 제분소에서 독일군 밑에서 기계공으로 일했던 수까체프(Sukhachev)라는 기술자에 의해 또 다른 확증 진술이 제공되었다.

나는 1943년 3월 하반기에 제분소에서 일하고 있었다. 거기서 나는 러시아어를 좀 할 줄 알았던 독일인 운전사에게 말했다. 그가 군대를 위해 사벤끼(Savenki) 마을로 밀가루를 운반하고 있었고 다음 날이면 스몰렌스끄로 돌아왔기 때문에 나는 그에게 기름을 좀 살 수 있게 나를 데려가 달라고 부탁했다. 독일 트럭을 타고 이동해서 감시국에 붙잡힐 위험을 없애려는 생각에서였다. 독일인은 비교적 비싼 값을 받고 나를 태워다 주기로 했다.

같은 날 밤 10시에 우리는 스몰렌스끄-비쩨브스끄(Vitebsk) 도로로 달리고 있었다. 차에는 나와 독일인 운전사 둘뿐이었다. 그날 밤은 밝았고, 다만 길에 낮게 깔린 안개가 시야를 약간 가리는 정도였다. 스몰렌스끄에서 대략 22나 23킬로미터 떨어져 있는 도로 위의 무너진 다리 쪽 우회로에 비교적 가파른 내리막길이 있다. 우리는 도로에서 내려가기 시작했다. 그때 갑자기 안개 속에서 트럭이 나타나 우리를 향해 왔다. 우리 쪽 브레이크가 고장이 났는지 아니면 운전사가 미숙해서인지 우리는 트럭을 멈출 수가 없었다. 그리고 통로가 매우 좁았기 때문에 우리는 이쪽을 향해 오는 트럭과 충돌했다. 충격이 그리 심하지는 않았는데, 다른 트럭의 운전자가 한쪽으로 피하면서 그 결과 트럭이 부딪치면서 옆을 스쳐 갔기 때문이다.

그러나 다른 트럭은 오른쪽 바퀴가 도랑에 빠져서 비탈 위에 엎어졌다. 우리 트럭은 똑바로 서 있었다. 운전사와 나는 즉시 차에서 나와 넘어진 트럭을 향해 달려갔다. 우리는 그 트럭에서 나오는 것이 확실한, 살이 썩을 때의 지독한 악취에 맞닥뜨렸다.

가까워지면서 나는 트럭이 방수 천으로 덮고 밧줄로 묶은 짐을 운반 중임을 알게 되었다. 밧줄은 충격 때문에 끊어져 있었고 짐의 일부가 비탈길 위로 떨어져 나와 있었다. 이것은 무시무시한 짐, 군복을 입은 인간의 시체들이었다. 내가 기억하는 한 트럭 근처에 여섯이나 일곱 명 정도의 남자가 있었다. 독일인 운전사 한 명, 톰슨식 기관총으로 무장한 두 명의 독일인, 나머지는 러시아어로 말하고 러시아 군복을 입은 것으로 보아 러시아인 전쟁 포로들이었다.

독일인들은 우리 쪽 운전사에게 욕을 하고는 트럭을 바로 세우려고 몇 번 시도했다. 약 2분의 시간 동안 트럭 두 대가 사고 장소로 와서 멈춰 섰다. 전체 약 열 명쯤 되는 독일인과 러시아인 전쟁 포로들의 무리가 이 트럭들에서 우리 쪽으로 왔다. 우리는 힘을 합쳐서 트럭을 들어 올리기 시작했다. 적절한 순간을 이용해서 나는 러시아인 전쟁 포로 한 명에게 낮은 목소리로 질문을 했다. '그건 뭡니까?' 그가 아주 조용하게 대답했다. '이미 여러 날 밤 동안 우리는 까띤 숲으로 시체들을 수송 중입니다.'

뒤집힌 트럭을 들어 올리기 전에 독일 하사관이 우리에게 다가와 즉시 가던 길로 가라고 명령했다. 우리 트럭은 심각한 피해를 입지 않았기 때문에 운전사는 한쪽으로 약간 방향을 돌려서 도로 위로 올라가서 계속 나아갔다. 나중에 온 두 대의 덮여 있는 트럭을 지나갈 때 나는 또 다시 시체들의 지독한 악취를 맡았다.

다른 많은 사람들도 또한 시체를 싣고 가는 트럭들을 보았다고 증언했다.

독일군의 초청으로 실제로 1943년 4월에 무덤을 방문한 병리학자 주꼬프(Zhukhov) 또한 증거를 제공했다.

> 시체들의 옷, 특히 외투와 부츠, 벨트는 보존 상태가 좋았다. 옷의 쇠붙이 부분, 즉 벨트 버클이나 단추의 후크와 신발

밑장의 스파이크 등은 심하게 부식되지 않았고 어떤 것들은 여전히 광택을 유지하고 있었다. 얼굴이나 목, 팔 등 눈으로 볼 수 있는 피부 부위들은 주로 탁한 녹색이었고, 몇몇 경우엔 탁한 갈색이었으나 조직의 완전한 분해와 부패는 일어나지 않았다. 몇몇 경우에 희끄무레하게 드러난 힘줄과 근육의 일부가 보이기도 했다.

내가 발굴 현장에 있었을 때, 사람들은 큰 구덩이의 바닥에서 시체들을 가려내어 끌어내는 작업을 하고 있었다. 이것을 위해 그들은 삽과 다른 연장들을 사용했다. 그리고 또 손으로 시체를 붙들고 팔이나 다리, 옷가지들을 잡고 이리저리로 끌고 갔다. 나는 시체들이 분해되거나 한 부분이라도 떨어져 나간 경우를 단 한 건도 보지 못했다.

위에서 말한 모든 것을 숙고한 결과 나는 그 시체들이 독일군이 주장하는 대로 3년이 아니라 그보다 훨씬 더 짧은 기간 땅 속에 묻혀 있었다는 결론에 도달했다. 특히 관도 없는 집단 무덤에서 시체의 부패는 개별 무덤보다 더욱 빨리 진행된다는 것을 알고 있었기 때문에 나는 폴란드인들에 대한 대량 살상이 대략 1년이나 1년 반 전에 일어났고, 그것이 1941년 가을이나 1942년 봄일 수 있다는 결론을 내렸다. 발굴 현장을 방문한 결과 나는 독일인들이 극악무도한 범죄를 저질렀음을 굳게 확신하게 되었다.

당시 무덤을 방문한 몇몇 다른 사람들도 비슷한 증언을 했다.

게다가 1943년에 시체들을 조사한 병리학자들은 그들이 죽은 지 2년이 넘었을 수 없다는 결론을 내렸다. 더군다나 몇몇 시체들에서 독일군들이 증거를 조작할 때 빠뜨렸던 것이 분명한 문서들이 발견되기도 했다. 여기에는 1940년 9월 날짜가 적힌 편지, 1940년 11월 12일 소인의 엽서, 1941년 3월 14일과 1941년 3월 25일에 발행된 전당표, 1941년 4월 6일, 1941년 5월 5일, 1941년 5월 15일의 영수증들, 1941년 6월 20일 날짜가 적힌 폴란드어로 된 부치지 않은 엽서들이 포함되어 있다. 이 모든 날짜들이 쏘비에뜨의 퇴각 이전의 날짜이기는 하지만, 그것들은 모두 거짓 증언을 하라고 독일군이 협박할 수 있었던 사람들이 학살의 날짜라고 밝힌, 1940년 봄에 일어났다고 하는 쏘비에뜨 당국의 학살의 시점보다는 늦은 시기이다. 만약 부르주아 선전원들이 주장하는 것처럼 이 문서들이 위조된 것이라면 쏘비에뜨의 출발 이후의 날짜가 적힌 문서들을 위조하는 것이 가장 쉬운 일이었을 것이다. 그러나 이런 일은 행해지지 않았다. 그리고 그런 일이 일어나지 않은 것은, 발견된 문서들이 의심할 여지없이 진짜이기 때문이다.

저자 소개

나 자신에 대해 소개하자면 이렇다.

나는 1949년 12월, 뽀르뚜갈의 리스본에서 태어났다. 내 양친은 평범한 노동자였다. 그러나 그들은 나를 공부시켰다. 당시 뽀르뚜갈 아이들은 대개 열두 살 정도에, 심지어 열두 살이 되기 전부터 일을 시작했었다. 하지만 나는 청소년기 동안 학교를 계속 다닐 수 있었다. 내가 기억하기로는, 당시 나는 늘 사회와 철학적인 문제들에 관심이 많았다.

당시 뽀르뚜갈은 1933년부터 권력을 잡고 있는 한 파시스트 당(이 당은 1974년까지 권력을 잡고 있었다)에 의한 파쇼 국가였다. 거기서는 어떤 정치적 저술도 허락되지 않았고, 근로인민들에게 정치적 문제들에서 그들 자신을 발전시킬 기회를 제공하는 신문이나 다른 어떤 것들도 없었다. 또한 당시 뽀르뚜갈은 앙골라, 모잠비끄, 기네비싸우, 상뚜메쁘린시뻬, 그 외 여러 곳의 아프리카 식민지들을 가지고 있었다. 뽀르뚜갈 식민주의자들은 1500년대부터 이들을 지배하고 있었다. 이 나라들의 실제적 상황은 순수한 노예제였다. 1960년대에 이들 나라의 인민들은 뽀르뚜갈에 맞서 반란을 일으켰고, 매우 격렬한 전쟁이 시작되었다. 열아홉 나이에 나는, 내 장래 인생에 대해 결정해야 했다. 내 나이 또래의 모든 젊은이들처럼, 나도 군대에 끌려가 자유와 해방을 원하는 사람들에게 총부리를 겨누어야 했다. 나는 탈영했다. 스무 살에 나는 유럽으로 도망가, 스웨덴으로 왔다. 그곳은 나의 인도주의적 망명을 받아 주었다. 그때부터 지금까지 나는 스웨덴에 살고 있다.

스웨덴에 왔을 때 나는 정치적 지식이 없었다. 나는 스무

살이었고, 그때는 뽀르뚜갈의 식민지 전쟁과 식민주의, 인종주의에 반대하고 있었을 뿐이었다. 그러나 세월이 지나면서, 나는 여기 스웨덴에서 공산주의 운동과 관계를 맺었다. 나는 공산당에서 일하기 시작했다. 당시 유럽에서는 젊은이들 사이에, 수많은 공산주의자, 사회주의자, 좌파 단체들 사이에, 거대한 좌파 운동이 있었다. 스웨덴도 예외가 아니었다. 나는 맑스-레닌주의 공산당(KPML(r), Communist Party Marxist Leninist (revolutionaries))에 가입했다. 나는 지금, 그때의 내 선택이 옳았다고 말할 수 있다. 지금은 1970년대 있었던 모든 조직들 중, 우리 당만이 유일한 공산주의 조직이다. 우리 당은 2005년에 지금의 공산당(Kommunistiska Partiet, Communist Party)으로 당명을 개정했다. 이름은 쓰기 쉬워졌지만, 정강은 35년 동안 그대로 가져왔던 것처럼, 맑스-레닌주의적 계급투쟁에 변함이 없다.

나는 평범한 노동자다. 뽀르뚜갈에 있을 때 마지막으로 일한 곳은, 리스본의 자동차 공장이었다. 스웨덴에서도 1970년대에는 공장에서 일했다. 이후 30년 동안, 나는 이곳 웁살라에서 버스 노동자(fulltime bus driver)로 일하고 있다. 버스 노동자로서 나는 여러 해 동안, 임금투쟁과 특히 회사의 사유화에 맞선 투쟁 등 힘든 투쟁들을 진행하고 있다. 1980년대 말에 나는 웁살라 지구당의 위원장으로 선출되었고, 동시에 당 중앙위원이 되었다.

2009년 4월
마리오 소사(Mário Sousa)